上海外国语大学"211工程"三期建设项目

外教社
博学文库

跨文化视角下的林语堂翻译研究

A Cross-culture Study on
Lin Yutang's Translation

王少娣 著

上海外语教育出版社
SHANGHAI FOREIGN LANGUAGE EDUCATION PRESS

图书在版编目（CIP）数据

跨文化视角下的林语堂翻译研究 / 王少娣著.
—上海：上海外语教育出版社，2011（2013重印）
（外教社博学文库）
ISBN 978-7-5446-2356-8

Ⅰ.①跨… Ⅱ.①王… Ⅲ.①林语堂（1895～1976）—翻译理论—研究 Ⅳ.①H059

中国版本图书馆CIP数据核字（2011）第171769号

出版发行：**上海外语教育出版社**
（上海外国语大学内）　邮编：200083
电　　话：021-65425300（总机）
电子邮箱：bookinfo@sflep.com.cn
网　　址：http://www.sflep.com.cn　http://www.sflep.com
责任编辑：孙　静

印　　刷：同济大学印刷厂
开　　本：890×1240　1/32　印张 7.125　字数 209 千字
版　　次：2011年11月第1版　2013年3月第2次印刷
印　　数：1 100 册

书　　号：ISBN 978-7-5446-2356-8 / H · 1084
定　　价：25.00 元

本版图书如有印装质量问题，可向本社调换

博学文库编委会成员

（按姓氏笔画为序）

姓　名	学　校
王守仁	南京大学
王腊宝	苏州大学
王 蔷	北京师范大学
文秋芳	北京外国语大学
石 坚	四川大学
冯庆华	上海外国语大学
吕 俊	南京师范大学
庄智象	上海外国语大学
刘世生	清华大学
杨惠中	上海交通大学
何刚强	复旦大学
何兆熊	上海外国语大学
何莲珍	浙江大学
张绍杰	东北师范大学
陈建平	广东外语外贸大学
胡文仲	北京外国语大学
秦秀白	华南理工大学
贾玉新	哈尔滨工业大学
黄国文	中山大学
黄源深	上海对外贸易学院
程朝翔	北京大学
虞建华	上海外国语大学
潘文国	华东师范大学
戴炜栋	上海外国语大学

出版说明

上海外语教育出版社始终坚持"服务外语教育、传播先进文化、推广学术成果、促进人才培养"的经营理念,凭借自身的专业优势和创新精神,多年来已推出各类学术图书600余种,为中国的外语教学和研究做出了积极的贡献。

为展示学术研究的最新动态和成果,并为广大优秀的博士人才提供广阔的学术交流的平台,上海外语教育出版社隆重推出"外教社博学文库"。该文库遴选国内的优秀博士论文,遵循严格的"专家推荐、匿名评审、好中选优"的筛选流程,内容涵盖语言学、文学、翻译和教学法研究等各个领域。该文库为开放系列,理论创新性强、材料科学翔实、论述周密严谨、文字简洁流畅,其问世必将为国内外广大读者在相关的外语学习和研究领域提供又一宝贵的学术资源。

上海外语教育出版社

序言

作为我国五四文坛上最著名的作家和翻译家之一,林语堂罕见的双语创作实践、翻译理论思考与翻译均呈现出与众不同的特质。他以学贯中西的底蕴,"两脚踏东西文化,一心评宇宙文章",为当时中西文化交流事业做出了不可替代的贡献。就翻译而论,林氏熟谙中西文化,因此与同时代人相比,他的翻译理论与翻译实践也别具特色。而另一方面,由于历史原因,人们对于作为翻译家的林语堂的独特价值认同度还有待提高,相关方面的研究也缺乏应有的深度和力度;与此同时,他所提出的翻译理论始终被排挤在主流之外。然而,无论从哪一方面来看或依据何种标准,林氏均堪称为一位当之无愧的翻译家和翻译理论家。他曾提出过先进的翻译理念和翻译思想,在长期的文学创作与翻译生涯中,他躬身译业,成就卓然,且孜孜不倦,译风严谨,因此,王少娣博士的这部学术著作以林语堂为题,其价值和意义是不言自明的。

然纵观这二十多年的林语堂研究在中国内地的发展状况,虽然研究者众多,成果丰富,但总体上看,研究视角较为单一,研究方法也缺乏创新。因此,当王少娣在博士论文开题之初跟我谈起她对林语堂翻译研究的兴趣时,我对此有些隐忧,唯恐她的研究也落入俗套,并向她谈了我的顾虑。她并未就此作任何承诺,只是说她会努力。看待问题具有深度,

I

富有创造力,同时又扎实可靠,做人低调,这是王少娣的风格。以我对她的了解,我相信她一定会把这个研究做好。读过她完稿的论文,我知道她没有辜负我的信任。这是一篇不可多得的优秀博士论文,于是我鼓励她投稿,不出所料,论文稿件顺利地通过了上海外语教育出版社的评审,并得到了评审专家的一致认同。如今,《跨文化视角下的林语堂翻译研究》这部著作即将出版,我感到十分欣慰。

这部著作的成功,首先在于整个研究具有独特新颖的视角。作者以林语堂的东方文化情结与自我东方主义既融合又矛盾的文化观为切入点并贯穿全书,对林氏的翻译理论与实践进行了全方位的廓清与研究。这一视角不仅顺应了当下译学研究的文化转向和趋势,同时也从一个方面为翻译主题研究以及翻译史的全面梳理提供了现代思路,对更为全面客观地解读身兼作家与翻译家、具有双重文化身份的林语堂的整体研究具有不小的启示作用。

该著作的研究方法科学合理,理论运用恰当到位。作者将互文性理论和概念引入研究,将林语堂的文化观与其翻译理论与翻译现象有机地联系起来,提高了对其翻译倾向的解读的合理性与客观性;作者还根据论证需要对其他相关理论进行了清晰而客观的解读与重释,例如,她深入探讨了后殖民主义理论与女性理论,从而将诸种理论有机地融入了整个研究过程,这显然有利于更加透彻地说明研究中的相关问题。此外,作者还收集阅读了大量的第一手资料并应用于整个研究过程,运用文本分析的方法对林语堂的翻译思想、翻译标准以及翻译作品进行了详细的探讨,与以往东鳞西爪式的研究相比,丰富的资料积累为全面客观的论证与结论提供了有力的依据与基础。

总的看来,本书文献综述完整,作者能够全面把握本领域最新的研究成果及前沿学术动向,并具有较强的分析综合能力。文中理论引用正确,论述充分,结构严密,条理清晰,结论客观公正,引用规范,语言正确地道,表现出作者相当强的学术研究能力,是一部优秀的学术研究专著。

作为王少娣的导师，我见证了她从选题、收集资料到论文撰写，以及到后来对博士论文不断修改完善的整个过程，也见证了她在这个过程中所经历的种种艰辛与磨砺。如今，这部著作终于要面世了，我由衷地为她感到自豪，并希望她继续沿着学术研究的道路，以她惯有的严谨与勤奋不断追求，取得更加丰硕的研究成果。

冯庆华

上海外国语大学

2010 年 12 月 20 日

前言

　　作者真正走进林语堂的世界始于对小说《京华烟云》英文原著的兴趣与好奇。出于对语言现象的敏感,我发现林氏在文本中用了许多典型的汉语式的英语,例如,*A poxy toad thinking of eating swan's flesh; You have crossed more bridges than we have crossed streets; My intestines are broken*,等等。因为整个故事围绕中国晚清到抗日战争这一段历史展开,其中涉及了政治、文化、文学、历史、宗教、哲学等诸多层面的中国社会现实,因此,作为中国人的林语堂在用英文创作时难免会涉及大量汉英翻译的成分。而这类汉语式的英语可以说是对相应的一些汉语习惯用语望文生义而成的,懂英语的中国人一看便知它们所对应的汉语,那么英语读者看了会不会产生误解?而以林氏深厚的英语语言文化功底,显然不会在翻译中犯如此肤浅的错误,那么就只有一种解释:他是有意而为之。而他如此为之的意图又是什么呢?随着阅读的深入,我的兴趣越来越浓厚,而想要解开这些疑问的欲望也越来越强烈。于是,我接着又读了他的《京华烟云》的汉译本,《吾国与吾民》与《生活的艺术》的英汉文本,以及他大量的汉译英作品,如《浮生六记》和由天津百花文艺出版社出版的《林语堂中英对照丛书》,等等。这些作品和译作中都存在着与《京华烟云》中类似的语言现象,我对这些内容都做了详细的记录,并对之进行了分析与梳理,发现林氏在其翻译文本中除了汉语式的英语,还有大量的音译、对原文的改写、省略、补充等较为独特的现象。

v

如果不能从译者的语言能力层面找到解释的话,那么就只能另辟蹊径了。

这期间正值我的博士论文开题,随着我对林语堂的创、译作以及相关的研究文献的阅读量的增加,我产生了将林语堂作为博士论文研究课题的想法。我的导师冯庆华教授认为这个选题可以,但提醒我一定要有自己独特的研究视角和研究方法。导师的话打消了我对这个选题可行性的疑虑,也给了我做好这个研究的信心。而我一直在思考的问题是如何合理解读林语堂的翻译语言中那些典型的现象。我坚信,如果找到解答这个问题的途径,也就打开了研究的视角。期间我又读了施建伟、万平近、王兆胜等人的关于林语堂生平的著作与研究文献,也关注了很多中国内地、台湾地区的相关研究以及林语堂本人的其他作品。作为文人的林语堂,与同时代的其他文人相比,其独特之处就是他的双重文化环境及其双重文化身份:他来自中国,并且接受了传统中国文化的浸淫,对自己的母语文化有着深厚的情感与依恋;同时,他出身的基督教家庭让他从早期就受到了西方文化与语言的影响;成年后在西方国家旅居三十余年的经历更是让他熟知这种异己的文化。林语堂自评"两脚踏东西文化,一心评宇宙文章",通过创作与翻译担当起"对外国人讲中国文化,而对中国人讲外国文化"的重任。在履行这个文化传递的使命过程中,他又不得不接受外部环境的影响。一方面,他对自己出身的东方文化具有一种无法割舍的情结;另一方面,他在西方的环境下感受到了东西方由于经济发展差距带来的差异,以及这种差异导致的东西方话语权的失衡;他享受西方工业发达所带来的舒适,又认识到物质发达之下的人的精神的堕落与颓废;他要在西方环境下生存,又必须要迎合主流社会的兴趣品味以及期待。这些复杂的因素必然会造成林语堂文化立场的矛盾,从而形成他在特定时代下的特殊的文化观。而这种文化观不可避免地会在一定程度上对其翻译以及创作活动产生影响。能将两者有机联系起来的是克里斯蒂娃提出的互文性理论及其延伸的理论。根据这个理论,文本与文本之间、文本与文本之外的社会经验之间存在着广泛的相互影响的关系。因此,在林氏的文化观与其翻译文本之间也必然存在着互文关系,前者会影响后者,而后者则可以彰显前者。到这里,我的眼前豁然开朗：文化观正是本人要寻求的研究视角，而互文性理论则是一座必不可缺的桥梁。于是，《跨文化视角下的林语堂翻译研究》一题便应运而生了。

在林语堂的文化立场中既有他无法割舍的东方文化情结，又有他摆脱不了的自我东方主义，两者矛盾统一，交互融合，构成了他独特的文化观。本研究从林语堂的文化选择入手，进一步挖掘隐藏在这种复杂而矛盾的文化观背后的根源。将林氏的文化观与其翻译通过互文性概念联系起来，在跨文化的视角下透视其汉英翻译，通过译者这种既矛盾复杂、又融合统一的文化选择对其翻译文本中的特征进行解读和阐释，从不同角度分析其文化观如何并在多大程度上影响其翻译态度和翻译策略。具体来看，主要包括以下内容：首先，对林语堂的翻译理论及其价值与意义进行廓清与综合评述，并对表现在其翻译作品中的翻译语言特点和翻译策略的特点做出总结与梳理，为研究林语堂的翻译奠定必要的基础与依据。其次，在东方主义的理论基础上，结合林语堂个人所处的主客观文化环境，探究林语堂的自我东方主义和东方文化情结矛盾统一的文化立场的形成根源；通过互文性理论的视角，揭示林语堂的翻译文本与创作文本所隐含的自我东方主义与东方文化情结的文化观。而本研究的重点是在互文性的理论框架下，通过文本分析探讨林语堂的文化观如何和在多大程度上影响其汉英翻译，以及后者如何彰显出前者。

通过本研究，我主要提出并论证了以下观点：其一，林语堂在东西文化不平等的对话关系中所处的位置及其双重的文化身份决定了他文化观体系中自我东方主义与东方文化情结的矛盾统一的存在形态。其二，因为林氏的文学创作大多以东方文化作为叙事的题材，其内容与汉语语言文化息息相关，因此，其英文的创作语言大多以对汉语的翻译为基础。另外，林氏在英文创作中为真实再现汉语语言文化的原貌，会特意采用汉语式的英语（Chinglish）表达形式。针对于以上两种情况，林氏的部分英语创作语言可以被视为对汉语语言文化的英译。其三，由于文本与其他文本以及文本以外的社会知识和实践因素之间存在广义的互文关系，所以林语堂的文化取向与其英语创作以及翻译之间也必然存在着紧密的互文关系。其四，林语堂矛盾复杂的文化观影响了他对源语文本、翻

VII

译策略的选择；反之，表现在翻译文本中的各类特征也会从不同角度折射出林氏东方主义与东方文化情结矛盾统一的文化立场。本研究采用的方法与思路是以理论分析为主要框架，以史料的梳理为研究基础，以林语堂的翻译文本解读为研究的依据，沿着林氏文化观的主线，深入到其汉英翻译当中，挖掘其翻译文本特征背后的文化根源，并借此对之做客观全面的解读。

自2007年完稿至今我一直坚持对论文的修改工作，结构、论证、理论运用甚至措辞成句都会令我自疑。如今书稿即将付梓出版，欣慰之余也愈加惴惴。由于作者能力所限，疏漏之处在所难免，我期待得到同行专家的批评指正，帮助自己增长学识，积累更多的研究经验。而由博士论文到学术著作的转变，固然有自己的努力与坚持，但更离不开那些一路走来一直在我身边，给予我无私帮助和鼓励、也给我前行动力的人。

首先，要感谢我一直十分敬重的导师冯庆华教授。为学者，先生谦虚严谨，一丝不苟；而为师者，则博学敏锐，宽容而耐心。如果说我在学术研究的道路上迈出了第一步的话，那么这一步首先得力于先生的指引，让我于迷茫之中，找到了最适合自己的方向。在论文漫长的撰写和修改过程中，也一直有先生殷切的鼓励和耐心的指导相伴。我研究过程中的每一步前行，都倾注了先生的心血。先生身体力行，教我认识到学术研究除了需要敏锐的领悟力，还需要一丝不苟的严谨态度。从先生身上学到的一切将使我终生受益。

还要感谢读硕士期间的导师陈坚林教授，他多年来一直在给予我鼓励、帮助和关心。感谢梅德明、张健等多位教授。从他们的课上，我不仅学到了专业知识，也在研究思路和研究方法上受到了很大的启发。此外，我还有幸得到了香港岭南大学孙艺风教授、香港理工大学朱志瑜教授、复旦大学曲卫国教授、王建开教授的指教。感谢他们以深邃的学术眼光审视我的研究，并为我提出了有建设性的意见和建议。我还要特别感谢陆国强教授、韩忠华教授、刘全福教授、温建平教授等学术前辈的支持与帮助。他们对我的研究提出了中肯的修改意见，帮助我顺利完成书稿的修改和完善工作。

感谢我的五位优秀的同窗好友：迟庆立、董海雅、费玉英、冯晓黎和杨雪。因为她们，我的三年艰苦的求学生活变得快乐、充实而温暖。

　　我的求学生涯一直都离不开家人的关怀和理解。感谢我的父母给了我生命，也给了我健全的人格。他们在我的学习和生活上付出的关爱从不溢于言表，但是却最为真实。感谢我的先生李广栋，在我做论文期间，他始终如一地在我身后给予我支持，以宽广的胸怀包容我的急躁与不安。感谢他为我营造的宁静而温暖的港湾。感谢我一岁半的儿子，他给我带来了无限的满足与快乐，也给了我无穷的动力。

　　最后，感谢上海外语教育出版社对年轻学者的关心与支持，感谢他们对本书的出版给予的帮助。

王少娣

2010 年 11 月 16 日于上海

目录

第一章 绪论 ·· 1
  1.1 林语堂的研究价值 ·· 1
  1.2 林语堂的研究发展与现状 ·· 5
  1.3 本研究的方法和意义 ·· 11

第二章 林语堂的双重文化取向：自我东方主义与东方文化情结 ···· 14
  2.1 东方主义概论 ·· 14
  2.2 自我东方主义 ·· 18
  2.3 林语堂的自我东方主义 ·· 22
  2.4 林语堂的东方文化情结 ·· 27

第三章 互文性视阈下林语堂的东西宗教哲学观探源 ····················· 32
  3.1 互文性·翻译·文化 ··· 33
  3.2 互文性与林语堂作品 ·· 35
  3.3 多元的宗教哲学观 ··· 37
    3.3.1 基督教 ·· 37
      3.3.1.1 形成——疏离——皈依 ·· 38
      3.3.1.2 基督教于林语堂作品中的体现 ···································· 43

- 3.3.2 道家的哲学观 ·· 45
  - 3.3.2.1 形成 ··· 45
  - 3.3.2.2 互文视角下林语堂道家哲学的体现 ········· 48
- 3.3.3 儒教的伦理观 ·· 52
  - 3.3.3.1 林语堂儒家哲学概述 ································ 52
  - 3.3.3.2 林语堂作品中儒家哲学的互文性分析 ······· 55
- 3.3.4 佛教的宿命观 ·· 59
- 3.4 小结 ·· 62

第四章 林语堂女性观的互文性解析 ······························· 64

- 4.1 历史背景 ·· 64
- 4.2 林语堂矛盾的女性观 ·· 68
  - 4.2.1 先进的女性观的互文解读 ································ 70
  - 4.2.2 滞后保守的男权主义 ······································· 73
- 4.3 矛盾的背后 ··· 75
- 4.4 小结 ·· 79

第五章 互文性视阈下的林语堂东西融合的审美观 ········· 81

- 5.1 无处不在的审美情趣 ·· 82
- 5.2 林语堂的幽默观 ·· 84
- 5.3 林语堂审美观的东西方探源及其互文性分析 ·········· 87
  - 5.3.1 东方审美观因素及其体现 ································ 88
  - 5.3.2 西方的文学审美观因素及其体现 ···················· 90
- 5.4 小结 ·· 92

第六章 林语堂翻译观综述 ·· 94

- 6.1 翻译理论 ·· 94
  - 6.1.1 忠实的标准 ·· 94
  - 6.1.2 审美的问题 ·· 97
  - 6.1.3 其他翻译理论 ·· 100

  6.1.4　林语堂翻译理论的价值和意义 ……………………… 102
 6.2　林语堂翻译的语言特点 …………………………………… 103
  6.2.1　林语堂的语言观 ……………………………………… 103
   6.2.1.1　林语堂的国语语言观 ………………………… 103
   6.2.1.2　林语堂的英语语言观 ………………………… 105
  6.2.2　圆熟地道的翻译语言 ………………………………… 107
 6.3　小结 ………………………………………………………… 113

第七章　概观林语堂译本中的翻译策略 ………………………… 114
 7.1　归化与异化 ………………………………………………… 115
 7.2　"死译"的另解 …………………………………………… 120
 7.3　值得商榷的忠实 …………………………………………… 123
  7.3.1　增译 …………………………………………………… 123
  7.3.2　漏译与省略 …………………………………………… 125
  7.3.3　改译 …………………………………………………… 127
 7.4　文内文外注释 ……………………………………………… 130
  7.4.1　文内注释 ……………………………………………… 131
  7.4.2　文外注释 ……………………………………………… 133
 7.5　小结 ………………………………………………………… 135

第八章　东西文化观照下的林语堂翻译 ………………………… 137
 8.1　林语堂的文化选择与翻译 ………………………………… 137
 8.2　林语堂翻译文本的选择倾向 ……………………………… 140
  8.2.1　影响文本选择的因素 ………………………………… 140
  8.2.2　林语堂的文本选择 …………………………………… 142
  8.2.3　文本选择的背后 ……………………………………… 146
 8.3　林语堂翻译策略的跨文化解读 …………………………… 148
  8.3.1　文化补偿 ……………………………………………… 149
  8.3.2　文化借用 ……………………………………………… 154
  8.3.3　文化置换 ……………………………………………… 158

    8.3.4 文化删除 ·· 163
  8.4 小结 ··· 167

第九章 文化视角下的林语堂翻译的审美再现 ············ 169

  9.1 韵文翻译意形取舍 ·· 169
    9.1.1 见形舍意 ·· 170
    9.1.2 见意舍形 ·· 172
    9.1.3 意形兼顾 ·· 174
  9.2 模糊语言的审美再现 ····································· 176
    9.2.1 模糊的手法 ·· 178
    9.2.2 模糊手法与补充手法相结合 ························ 179
    9.2.3 模糊语言的直白化 ··································· 180
  9.3 其他修辞语言的审美翻译 ······························· 182
  9.4 小结 ··· 185

第十章 结论 ·· 187

  10.1 本研究的回顾 ·· 187
  10.2 本研究的价值与不足 ··································· 189
  10.3 林语堂翻译研究的前景展望 ·························· 191

参考文献 ·· 193

附录 林语堂汉文英译鉴赏 ································ 200

第一章

绪 论

1.1 林语堂的研究价值

　　林语堂的创作和研究生涯长达六十年之久,在不同时期都留下了丰富的成果,形式不一,包括小说、散文随笔、翻译作品、教材、词典等等,甚至还有科学发明,如中文打字机。这些成果不仅体现了林语堂的智慧与勤奋,也体现了他在文学、哲学、历史、语言、政治等不同领域里的不凡造诣。

　　作为一位作家和翻译家,林语堂在国际国内文坛上享有极高的知名度,曾经被美国文化界列为"二十世纪智慧人物"之一(施建伟,1997：105)。1936年前他以写散文随笔或针砭时弊的小品文为主,发表于当时的期刊,如19世纪20年代的《语丝》,30年代上海的《论语》、《宇宙风》以及他自己创办的《人世间》等刊物。1936年后,他开始从事长篇创作。林氏第一部英文作品《吾国与吾民》于1936年在美国出版,向英语读者展现了中国人在性格、心理、思想方面的特点及社会、政治、文学、艺术等国民生活的各个侧面的情况。虽然国内对这本书褒贬不一,但是当时在美国却引起了不小的轰动。赛珍珠在这部著作的序里说:"我想这一本书是历来有关中国的著作中最忠实、最钜丽、最完备、最重要底成绩(林语堂 Vol. 20①, 1994: 6)"。美国书评家克尼迪(R. E. Kennedy)在《纽约时报》发表书评说:"读林先生的书使人得到很大启发。我非常感激他,因为他的书使我大开眼界。只有中国人才能这样坦诚、信实而又毫不偏颇地论述他的同胞"(施建伟, 1999: 376)。此后,他的创作便一发不可收。1937年他的第二部著作《生活的艺术》在美国发行,向西方社会全面介绍了中国人的生活方式和人生哲学。这部著作在美国连续五十二周位居畅销书榜的榜首,自发行以来再版四十余次。当时美国有很多书评家对这本书作了很高的评价。《纽约时报》发表了一位叫皮特·普罗克特(Peter Prescott)的评论者的评论:"读完《生活的艺术》这本书后,我很想跑到唐人街,遇到每一个中国人,我便向他深鞠躬,表示感谢!"另一位叫卡斯睿·沃德斯(Katherine Woods)的女士称:"林语堂滤清了许多历史悠久的哲学思想,加上现代的香料,并根据自己的见解,以机智、明快、优美、动人的笔调,写出了一部有思想、有风骨的著作。作者在《生活的艺术》一书中谈论的许多问题,见解独特,学识渊博,对中西文化思想都有深刻的认识,也是颇具意义的"(王兆胜, 2006: 216)。除了在美国盛行外,这本书在英、法、德、意、丹麦、瑞典、西班牙、荷兰、葡萄牙等国也同样畅销。1983年被德国 Europe Bildungagem 读书会选为特别推荐书。1986年以后,巴西、丹麦、意大利、瑞典、德国等都再版过(施建伟, 1997: 106),其影响力可见一斑。

《京华烟云》是林语堂借鉴中国古典名著《红楼梦》的艺术形式而创作的第一部长篇小说,通过一个家庭的境况变迁,反映了中国从19世纪末期到20世纪30年代抗日战争时期的国情以及变化,可以说是林语堂的代表作。这部小说于1939年出版后也引起了极大的轰动。当时美国的《时代周刊》评论说:"《京华烟云》很可能是现代中国小说的经典之作";林语堂的长女林如斯称:《京华烟云》是"现代中国的一本伟大的小说";其次女林太乙则说:"在现代中国小说中,《京华烟云》是首屈一指的杰作";而林语堂本人也说:"我写过几本好书,尤其以写《京华烟云》自

---

① 《林语堂名著全集》共包括林语堂的30卷作品,本书对该著作集中作品的引用皆以"林语堂 Vol. + 卷数序号"标识。

豪"(施建伟,1999:423)。小说出版后,被美国"每月读书会"(Book of the Month)选为当年十二月的特别推荐书。小说后来获得了诺贝尔文学奖的提名,体现了它在世界现代文学中引起的重要关注和受到的认可。在以后的三十多年时间里,林语堂一直笔耕不辍,先后发表了几十篇小说和专著,如《风声鹤唳》、《唐人街》、《朱门》、《红牡丹》、《苏东坡传》,等等。这些作品大都以中国为叙事背景,从不同角度刻画出东方文化中的中国人在各种环境下的生活与思想的现实。林语堂的这些文学作品自成一体,在现代文学领域里具有强大的影响力,也因而为文学研究提供了许多可供探讨的话题。

林语堂丰富的研究价值也来源于他多元的哲学思想和东西兼备的文化背景和文化身份。林语堂出生于基督教家庭,所以教会教育是影响他早期思想的重要组成部分,而他成年后在圣约翰大学接受的也是基督教文化教育。但是在上学期间林氏开始意识到自己对本国的历史、传统以及语言文化有着深厚的兴趣,同时也意识到自己这方面知识的荒废与欠缺,因而开始对中国古代文学、哲学、语言等知识进行弥补,凭借自己的勤奋和悟性在其母语与母语历史文化方面打下了坚实的基础。因此,在林语堂的哲学思想里,既有西方基督教教义的存在,也有中国传统的道家哲学、儒家伦理和佛教信条的成分。其中老庄的道家文化对林语堂的影响最深:"老子思想的中心大旨是'道'。老子的道是一切现象背后活动的大原理,是使各种形式的生命兴起的、抽象的大原理"(林语堂Vol.10,1994:132)。林语堂对儒家文化的推崇则可以通过其著作《孔子的智慧》一书体现。他的这些分属东西方文化的思想综合在一起构成了其丰富而多元的思想体系。而这种多元的思想也体现在其文学作品中,如《京华烟云》里不同的人物以及情节当中都蕴涵了作者丰富的哲学思想内容①。

林语堂出生在中国,却有着三十余年在西方国家生活的经历,深谙中国传统文化,同时也熟知西方文化。东西方的生活环境与其熟悉的东西方文化赋予了林氏双重的文化背景和身份。林语堂毕生创作和翻译

---

① 具体的人物和情节的哲学剖析,参阅第三章3.1和3.2两节中的内容。

书写东西文化,履行着文化传递和交流的使命。他以一副对联如是评价自己:"两脚踏东西文化,一心评宇宙文章"。30年代,他的一位朋友曾说过林语堂最大的长处就是对外国人讲中国文化,而对中国人讲外国文化。1974年,曾虚白先生在林语堂80岁寿辰上送他一帧立轴,写道:"谢谢你把渊深的中国文化通俗化了介绍给世界"(施建伟,1997:40)。除了林语堂特殊的生活背景和他对东西文化的熟知等客观因素之外,他本人对东西文化的观点和态度也在他的文化传递过程中起到了重要的作用。20世纪30年代之前,林语堂主要是通过自己犀利的笔锋毫不客气地批评中国文化和时局的弊病,大力提倡学习西方文化;而30年代后,随着其著作在国外的盛行,他逐渐开始转向向西方读者大力介绍东方的传统文化和哲学思想。这种多元复杂的思想及其发展变化为林语堂的研究创造了多层次、多角度的空间。

　　林语堂除了是一位文学家、思想家、哲学家以外,更是一位伟大的语言学家,因此在语言文字方面,林语堂也是一个颇具研究价值的对象。因为教会教育的缘故,林语堂自小就开始接触英语。而他过人的语言天赋和后期的大量阅读,以及几十年的旅美生活,都为他打下了深厚的英语功底。林语堂早在20世纪30年代在上海编写了一系列英语教材,包括《开明英文读本》、《开明英文文法》、《英文文学读本》(上下册),被定为英语学习的权威教材,受到一致的认可。徐訏在谈到林语堂的英文教科书时说:"读《开明英文文法》,始悟过去自己所受英语教育之错误,深以未能有像林语堂先生这样的老师教我英文为可惜"(子通编,2003:146)。林语堂出国后的三十多年里,由于大部分作品是在海外发行,因此他的小说和其他著作大多都由英语创作,而在国内发行的作品大都由他人翻译而成。除了英语作品外,林语堂在晚年开始着手编写汉英词典,从1967年起,他花了五年的时间完成了《当代汉英词典》的编写,于1972年在香港发行。这些成果都离不开他对英语语言良好的驾驭和娴熟的运用。纽约艾迈拉大学(Elmira College)的校长如是称赞其英语:"您以深具艺术技巧的笔锋向英语世界阐释伟大中国民族的精神,获致前人未能取得的效果。您的英文极其美妙,使以英文为母语的人既羡慕钦佩又深自惭愧"。(林语堂 Vol.

29,1994：188—189)

　　林语堂超常的语言能力更能体现在其翻译活动中。林氏万余字的论文《论翻译》综合反映了他对翻译以及翻译活动的看法,成为林氏具有代表性的翻译理论①。而与之对应的是他大量的汉英和英汉翻译作品,尤其是他的汉英翻译作品占了较大比例并且具有很大的影响力。林语堂自己的英语作品大都请别人翻译②,而他自己则多从事汉英翻译,较有代表性的《孔子的智慧》和《老子的智慧》两部译作,是在他对儒家和道家的经典作品进行整理的基础上进行的翻译。此外,他还翻译了历史上许多其他文人的作品,如沈复的《浮生六记》、郑板桥的《家书》、屠隆的《冥寥子游》、张潮(张心齐)的《幽梦影》以及《东坡诗文选》,等等。翻译活动固然是语言文字的操作过程,但决不仅限于此。翻译过程除了体现译者的语言功底之外,同时也必然会体现其翻译观,并且会受到其文化背景、文化意识与观点、时代背景等诸多因素的影响。因此,林语堂的翻译也蕴含着许多值得挖掘和探讨的研究资源。

　　作为一位多产作家和知名的社会学者,蕴涵在林语堂的作品中的内容除了文学、文化、哲学、语言、翻译等成分之外,更有许多已被挖掘和有待挖掘的课题,如他的幽默观、女性观、宗教观、政治观、历史观,等等。而且不同视角的交叉研究又可以产生新的研究课题。所以,林语堂以其丰富的作品和独特的思想与经历不断为后人提供可研究的源泉,而多维的研究成果又助于促进整个人文科学和社会科学的多元化和纵深化的发展。

1.2　林语堂的研究发展与现状

　　上世纪 20 年代到 30 年代对于林语堂的思想和作品给予关注与评价的主要有鲁迅、郁达夫和胡风,但是这一时期对他的评论都打上了时

---

① 见《林语堂名著全集》第十九卷,304—321 页。
② 林语堂的英语作品《啼笑皆非》,是唯一一部完全由他自己翻译成汉语的作品。

代的烙印。鲁迅在与林语堂"相得者两次,疏离者两次"(林语堂 Vol. 18,1994:289)的过程中,首先肯定林语堂的文学造诣,同时又针对两者当时的革命和战斗思想的不同及艺术风格的差异,曾就"费厄泼赖"、"幽默"、"性灵"等问题对林氏提出过批评。胡风作为左翼现实主义批评家,其《林语堂论》是较早的研究林语堂的作品。他认为林语堂提出的性灵和幽默不适合于当时的中国现状。郁达夫则从林语堂的性格与当时的时局背景来剖析林语堂提出的性灵说。总的看来,这一时期对林语堂的研究因受时代的局限是片面的、不成熟的;而对他的评价也以否定为主,尤其是鲁迅从阶级的角度对林语堂进行批评,极大地影响到了当时主流的学术观点。

国内对林语堂的关注随着他于1936年动身去美国而逐渐消失,在此后一直到1979年的四十余年的时间里,林语堂的名字因历史原因在中国内地是沉寂的。而这期间,他却一直吸引着海外众人的目光。在美国生活的三十年是林语堂创作十分丰富的时期。其英文作品《吾国与吾民》和《生活的艺术》在美国读者中引起强烈的反响,他们开始更加关注中国人与中国文化。《中国与印度之智慧》(*The Wisdom of China and India*)被列为美国大学的教学用书。小说《京华烟云》更是将林语堂推上了诺贝尔文学奖候选人的席位。美国文化界还将其列为"20世纪智慧人物"之一。

随着林语堂在美国的影响日益扩大,台湾地区从上世纪50年代开始就不断有人从事对林语堂的研究,在文学、史学、哲学等领域里对他的关注越来越多。首先,林氏的幽默是众多研究者的兴趣所在,仲伟庭、李庆荣、彭歌、江石江、廖峰香、黄肇珩等都从不同侧面对之作了解读。仲伟庭早在1953年在《中国一周》上发表论文"幽默大师林语堂";李庆荣于1966年先后发表论文"林语堂博士说写作和幽默"和"林语堂幽默新论";彭歌则于1970年先后在《台湾新生报》发表论文"幽默大师说幽默"和"血泪中的幽默"。因为林语堂对于《红楼梦》的深厚情结,所以也有不少学者以此为研究对象,研究成果也很丰富。上世纪60年代,严明、葛建时、严冬阳、赵冈、严灵峰等人的多篇论文都针对林语堂对《红楼梦》的探讨作过研究,如1966年严明在《中华杂志》发表论文"论林语堂红楼翻案",1967年发表"论林语堂所谓'曹雪芹手订'本红楼梦之真相";同年,严冬阳、葛建时在《联合报》发表"评林语堂对红楼梦的新发现"、"再评林语堂先生对红楼梦的新发现"和"论红楼梦后四十回之伪——三评林语堂先生的新发现"三篇论文。此外,台湾地区从60年代起也有不少人对林语堂的生平进行了研究,主要代表人物有林太乙、黄肇珩、马星野、黎东方、陈石学、谢冰莹等。另外,还有许多研究者从其他角度展开对林语堂的研究,如上官甫、黄宣范等针对林语堂的《当代汉英词典》发表评论,而张希哲、程靖宇则从文化角度展开了对林氏的研究。总的来看,50年代起台湾地区对林语堂的研究已经从其生平延伸到了文学、哲学、语言等领域里,同时也已经达到了相当的深度,这足以说明当时远在美国的林语堂及其创作对台湾地区的学术界产生了深刻的影响。

而同一时期的内地由于空间的阻隔及其他政治历史等原因,人们无从了解林语堂旅美三十年间的作品,对他的认识局限于1936年以前的散文小品,而对他的印象也受到鲁迅30年代"痛打落水狗"的批判的影响,将他的名字与"反动文人"、"卖国文人"等负面符号联系起来,这便造成了内地长期以来对林语堂研究的真空。从1979年起,随着人们的视野的逐渐开阔与人文研究环境的逐渐宽松,林语堂作为一位文学大师,又公正地走进了内地学者的视线,对他的研究犹如雨后春笋般地发展起来。

在内地对林语堂的研究复苏后,先后有万平近、施建伟和王兆胜等学者对其做过系统研究。万平近于1987年发表的著作《林语堂论》是第一部研究林语堂的专著。他以严谨的治学态度收集整理史料,对林语堂的生平、思想、创作等方面作了系统的研究。1989年他又发表著作《林语堂论中西文化》,从文化视角对林语堂进行了深入的研究。此外,万平近还在国内的期刊上发表了多篇论文,如1988年他在《福建学刊》第6期发表文章"从文化视角看林语堂";1990年分别发表文章"《京华烟云》小说与电视剧比较谈"和"《京华烟云》中译本",开辟了从多维视角研究林语堂的道路。施建伟是另一较早开始系统研究林语堂的重要学者。他于90年代初连续发表著作《林语堂在大陆》、《林语堂在海外》,依据大量的资料,系统介绍了林语堂在国内国外的生活经历。此后他又陆续发表著作《幽默大师林语堂传》、

《林语堂——走向世界的幽默大师》《林语堂廖翠凤》,并于 1998 年发表《林语堂传》,对林语堂作了系统全面的研究。同时,他从 80 年代开始连续在各期刊上发表关于林语堂研究的文章三十余篇,如他最早于 1983 年在《天津社会科学》第 4 期发表文章"试谈前期《论语》半月刊",1984 年发表"语丝派的分化和论语派的歧途"。这些文章从不同侧面解读林语堂的创作、生平和思想,反映了施建伟对林语堂研究的全面性与多元性。王兆胜对林语堂的研究虽然较前两者晚,但是同样也比较全面和深入。除了文章之外,他于 1998 年发表著作《林语堂的文化情怀》,又于 2005 年出版《林语堂:两脚踏中西文化》,2006 年发表《林语堂大传》,在前人的基础上对林语堂作了进一步的系统研究。近年来,也不断出现新的研究者及研究成果。2005 年上海三联出版社出版了高鸿的专著《跨文化的中国叙事——以赛珍珠、林语堂、汤亭亭为中心的讨论》,从跨文化的角度对具有特殊文化身份的林语堂进行了诠释。同年,北京大学出版社出版了施萍的著作《林语堂:文化转型的人格符号》。

内地对林语堂研究的重视及其迅速的发展也体现在相关资料的出版上。1994 年,东北师范大学出版了《林语堂名著全集》,共 30 卷,收集了林氏的大部分著作,为林语堂研究提供了必要的参考资料。此后,陕西师范大学出版社也相继出版了林语堂的著作和译作;2001 年,中共中央党校出版社分两集出版了《林语堂评说中国文化》,分别收集了从 1930 年到 1932 年间和从 1933 年到 1935 年期间林语堂创作的英文小品的中文版,并附录了未被译成汉语的英文小品文原文。2003 年,中国华侨出版社出版了子通编著的《林语堂评说 70 年》,收录了有关林语堂研究的批评、忆念以及论说方面的文章 40 篇。此外,天津百花文艺出版社和北京外语研究出版社还相继出版了林语堂的汉译英的系列作品。

除了对林语堂的系统研究之外,内地对林语堂的思想及创作的不同层面的研究成果也相当丰富,如林语堂的宗教观、文化观、哲学观、女性观、历史观、幽默观,等等都是学者们感兴趣的研究对象。自上世纪 80 年代初,从历史角度综合研究林语堂的文章就不断见诸各个学刊。1982 年,人大复印资料发表林志浩的文章"林语堂述评"。章克标先后于 1986 年、1988 年和 1989 年发表文章"闲话《论语》半月刊"、"林语堂与我"和"林语堂在上海"。此外,康永秋、张梁、周黎庵、倪文尖、彭立、程金武、陈志铭,等等都从历史的角度对林语堂进行过不同程度的研究。从哲学观角度研究林语堂的也大有人在。1992 年,陈旋波发表"论林语堂的基督教思想与中国传统文化的联系",2002 年又发表论文"林语堂与佛学的关系",从不同侧面阐述了林语堂的中西哲学观。彭映艳、谢友祥、张芸、冯羽、王本朝、姚传德、詹声斌、王建红等分别就林语堂及其作品中的道家哲学、儒家伦理、基督教、佛教等哲学思想进行了剖析。对林语堂上世纪 30 年代提出的幽默论,除了施建伟进行过研究外,吕克难、陈漱渝、庄钟庆、阎三林等在 80 年代都发表过相关文章。90 年代后,将林语堂的幽默观与其他视角相结合起来成为新的研究趋势。1989 年,徐学发表文章"孔孟风骨 幽默文章——试谈林语堂其人其文",将林氏的幽默观与孔孟哲学相结合,产生了新的研究视角。林语堂特殊的文化身份与文化使命注定了其文化观会引起学者的广泛关注。陈平原于 1986 年和 1989 年分别发表文章"林语堂的审美观与东西文化"、"两脚踏东西文化——林语堂其人其文",是解读林语堂的文化观代表作。90 年代后,此类论文的数量呈上升趋势,研究程度也逐渐深入。戴家树、李建东、陈旋波、李永康、邓丽兰、王智慧、高鸿、刘炎生、陈才忆等都从文化角度对林语堂作过研究。林语堂的女性观也一直备受关注,尤其是进入 21 世纪以来,女性观成了一个研究林语堂的新视角。东红于 2002 年发表论文"论林语堂的女性观";王兆胜又于 2003 年发表"林语堂的女性崇拜思想"。王小玲、闵建国、李惠等也都通过文本分析或思想分析的方法探讨过林语堂的女性观。

　　总之,内地对林语堂的研究从无到有,从零散无序到系统有序,从单一的阶级视角到文学思想、哲学观、女性观、翻译观等多元的开放视角,逐步地丰富和发展起来,到今天不仅有一支庞大的研究队伍,而且有丰硕的研究成果。但是纵观以上的研究成果,欣慰之余,也有缺憾,那就是林语堂作为一位语言大师,对他的翻译研究目前还有待拓展。林语堂在语言文字方面有深厚的造诣,除了丰富的创作成果外,也有相当多的翻译成果,作为翻译家的林语堂,其翻译思想、翻译理论以及其翻译活动都具有很高的研究价值。

　　从语言文化角度看,林语堂大量以中国文化为叙事主题的英文著作与其他华裔美国作家如汤亭亭、谭恩美等人的作品相比有着根本的区别。后者是在美国的文化和教育环境影响下成长起来的,所以中国的语言文化对他们而言是异域的、外来的。虽然他们的文学创作同样以中国为叙事对象,但他们所了解的中国与中国文化是通过间接的途径获取的,因此,可以说他们是从异域的视角来观察中国历史文化,用自己的"母语"(英语)对外来的事物进行创作。林语堂则不同。其作品中关于中国历史文化的内容是他所熟知的本土产品,而其创作所用的英语对他来说虽然驾轻就熟,但毕竟是在母语之外的习得,所以从本质上看,其英文创作中有相当一部分是对其本土文化的翻译。因此,林语堂大量的英文作品亦可看作是某种程度上的汉英翻译。此外,他也从事过大量的翻译工作,尤其是汉英翻译,在翻译界里也是一位多产的翻译家。而在翻译理论上,其万余字的论文《论翻译》从译者的素质、语言学、心理学、翻译的单位等角度阐述了他对翻译的认识,较为系统和全面地体现了林语堂的翻译思想。所以,林语堂又是一个集翻译理论与翻译实践于一身的翻译家,为翻译领域里对他的研究提供了许多值得挖掘的话题。

近年来对林氏翻译的研究也呈不断升温的态势,但大多都是零散地针对某部译作,如以《浮生六记》的英译本为研究主题的论文有 10 余篇。2002 年,刘旭、程晏萍发表论文"文言文的英译技巧——林语堂译《浮生六记》与马丁·路德翻译细则之碰撞",同年,董晖发表论文"老到圆熟 出神入化——林语堂《浮生六记》英译本赏析"。此后,王海霞、刘嫦、钟慧连等都分别从不同角度就《浮生六记》英译本进行过研究。此外,有一部分论文是关于林语堂的翻译观的研究。2003 年,郎江涛、王静发表文章"林语堂译学思想述评",2004 年宋浩成、王黎君发表"译坛开拓的交错履痕——鲁迅林语堂翻译观比较论",周仕宝发表"林语堂的翻译观"。此外,吴玲玲、李丹、张智中、杨玉文等也发表过以林语堂的译本赏析为主题的论文。2004 年,杨柳博士的专著《林语堂翻译研究——审美的现代性透视》,从审美角度对林语堂的翻译进行了全面系统的研究,体现了林氏翻译研究从零散到整体,从微观到宏观的转变,使林语堂翻译研究上了一个台阶,也为今后的研究打开了新的视野。但从总体上看,对于林氏翻译的研究只占了林语堂研究整体的一小部分,研究的角度也相对单一,在系统性和全面性上相对欠缺。所以从零散到完整,从微观到宏观,从杂乱到有序的转变,以及开拓多元的视角应成为林语堂翻译研究的发展趋向。

1.3 本研究的方法和意义

翻译离不开语言,而语言则是文化的载体,因此,翻译从来都不可能与文化脱离干系。从上世纪 70 年代起,西方的翻译研究开始出现了以译入语文化为研究对象的文化学派翻译理论。这当中比较有代表性的翻译学家及翻译理论包括埃文-左哈尔(Itamar Even-Zohar)和图里(Gideon Toury)的多元系统论与描述翻译学理论,安德烈·勒菲弗尔(André Lefevere)、苏姗·巴斯奈特(Susan Bassnett)、西奥·赫曼斯(Theo Hermans)为主要代表的"操纵学派"(manipulation school)理论。在这些理论的引导之下,近年来从文化角度探讨翻译成为翻译研究新的发展方向。这些新生的以文化作为翻译研究视点的理论为我们提供了认识翻译和研究翻译的崭新角度,而文化分析的引入为翻译研究的发展也注入了新的生命力。这不仅扩大了翻译研究的空间,也开辟了新的研究视角,为更全面、更客观地考察研究对象开辟了新的渠道。同时,翻译研究的文化取向很自然地与翻译主体的问题产生联系,在这个背景之下,译者的文化观和文化身份及其主体性的问题逐渐成为人们关注的对象。

作为翻译家的林语堂,其特殊的双重文化身份令其对东西方两种不同的文化都有深刻而成熟的认识和理解。而这种东西融合的文化身份,与当时文化势力与话语权不平等的时代特征共同造就了林语堂矛盾的文化观,即深厚的东方文化情结与不得已和潜意识里的东方主义[①]思想的矛盾统一。译者的翻译与其文化取向之间必然存在着广义上的互文关系,具体来讲,就是译者的翻译活动必然要受到其文化取向的影响,同

---

① 东方主义与自我东方主义的概念厘清详见第二章第一、第二节内容。

时,翻译文本中的各种特征也必然会体现出译者的文化选择与文化观。所以要研究林语堂这样一位具有特殊文化身份和双重文化选择的翻译家,从跨文化视角对其翻译进行讨论和分析是了解其翻译思想和翻译策略的十分有效的方式,也是解释出现在其翻译中的各种现象与特点的合理切入口。

本研究从分析林语堂的文化选择入手,即通过对其自我东方主义与东方文化情结矛盾统一的文化观的讨论进一步挖掘隐藏在其复杂而矛盾的文化取向中的根源。林语堂主观方面的哲学思想、个性、所受教育等因素和客观上所处的时代背景、文化环境、目标读者以及当时的世界政治、经济、文化格局等等因素都直接或间接地造就了其文化观的形成。在剖析林语堂的文化观的基础上,作者将进一步讨论其翻译思想以及翻译文本中所体现出来的特征。作者首先对林语堂的翻译理论进行综述,从客观的角度对他的翻译特点进行总结和梳理,并将这些特点置于跨文化的视角下进行观察。根据广义的互文性理论,译者的文化观与其翻译之间必然存在着互文关系,所以通过林语堂的自我东方主义与东方文化情结的矛盾的文化选择对其翻译现象进行解读,从不同角度具体分析其文化观如何并在多大程度上影响其翻译思想及翻译策略的选择。

本研究以理论分析为主要框架,以史料的整理为研究的基础,以林语堂的翻译实例解读为研究的依据,以林氏的文化观作为主线,深入到他的翻译当中,挖掘其翻译背后的文化根源。作者近年来通过大量阅读林语堂的著作、译作以及相关的研究资料,收集整理了丰富的翻译实例,这些实例在本研究中起着重要的参考作用,同时也是论证论点的有力依据。本研究探讨的主要对象是林语堂的汉英翻译。

林语堂作为一位充满矛盾和争议的学者,以其丰富的创作成果和思想内容在文学、哲学、史学、翻译等不同领域里具备了很高的研究价值。目前在海内外对他的翻译以外的领域的研究发展迅速,而且成果也很多,但是对他的翻译的研究目前存在着不系统、不全面、创新不足等问题。因此,对林语堂的翻译的研究仍有很大的空间有待于开拓。本研究的意义首先在于为林语堂的翻译研究领域的发展和开拓作出自己的努力。其次,虽然以译者个例为研究主题,本研究却并不囿于传统的翻译个例的研究模式,而是以林语堂的自我东方主义与东方文化情结矛盾统一的文化观为切入点,从文化的角度来观察和研究其翻译,并通过其文化选择与翻译的互文性关系来分析译者的文化观对其翻译的影响。这个视角不仅顺应了当前从文化角度研究翻译的趋势,也为翻译史和翻译流派的研究尝试性地提出了新的思路。更重要的是通过这个特殊的视角,为解读林语堂的翻译提供了一条可行的途径,有助于引发对该领域的研究更深刻的思考。

第二章

林语堂的双重文化取向：
自我东方主义与东方文化情结

2.1 东方主义概论

"东方主义"这一术语是由巴勒斯坦裔美国著名学者萨伊德(Said)提出的。萨伊德是美国哥伦比亚大学英语与比较文学教授，同时也是著名文学家、文化批评家。他于 1978 年出版了理论巨著《东方主义》(*Orientalism*)，也译作《东方学》[①]，成为后殖民批评的经典著作。在这部著作中萨伊德用"东方主义"这一术语概括地表述了西方世界与东方世界

[①] 王宇根在其翻译的《东方学》的绪言里对 "Orientalism" 的两个不同汉译"东方主义"和"东方学"作了解释：在中国学界，"Orientalism" 一词习惯上译为"东方主义"。但正如作者所言，"东方主义"只是该词三个方面含义(一种学术研究学科；一种思维方式；一种权利话语方式)之一，是从作为学术研究学科的"东方学"中引申出来的含义。……由于汉语无法用一个词来囊括这三种含义，译文只能采取变通方式。方式之一是将原文在东方学意义上使用的"Orientalism"译为"东方学"，而将作为思维方式和话语方式的 "Orientalism" 译为"东方主义"。其二是对三者不加区分，将"Orientalism"通译为"东方学"或"东方主义"。在这本译著里，王宇根采用的是后一种译法。另外，由于 Said 的中文名不统一，本书一致用"萨伊德"的译法，而在参考文献中保留所引用作品的译法"赛义德"。

之间的后殖民关系。萨伊德在这部著作的绪言里将"东方主义"理解为三层含义：其一，东方主义是一个学科，即"东方学"，它是对东方的全面研究，所以任何一个人无论他在任何领域中从事关于东方的教学、写作以及科研活动者都可以被称作是"东方主义者"；其二，"东方主义"是一种建立在"东方"与"西方"的本体论和认识论差异的基础上的思维方式，这种差异成为文学家、哲学家和理论家们建构自己理论的出发点；其三，"东方主义"是西方世界自有殖民活动以来对待东方世界的一种机制，即将东方学视为西方用以控制、重建和君临东方的一种方式。（萨伊德，1999：3—4）

萨伊德的东方主义概念是在福柯（Michel Foucault）提出的"知识——权力"理论和葛兰西（Antonio Cramsci）的"霸权"说的基础上形成的。关于知识与权力的关系，福柯认为："在人文科学里，所有门类的知识的发展都与权力的实施密不可分……当社会变成科学研究的对象，人类行为变成供人分析和解决的问题时，我相信，这一切都与权力的斗争有关"（福柯，1997：31）。也就是说，西方借助于其权力的优势掌握了东西对立中的话语权，在其文化体系的隐蔽下进行着知识和认识论的暴力。东方主义话语也就是在西方强权的作用下逐步蔓延并被合理化的，从而使东西方陷于不平等的状态中。霸权的概念则是葛兰西首先提出的，是指在非强制性的社会联合体中（即非集权的民众社会），某些更有影响力的文化形式可能获得支配另一些文化形式的权力，他将这种支配作用的文化形式称为文化霸权（cultural hegemony）。萨伊德运用福柯与葛兰西的理论指出："东方学的策略积久成习地依赖于这一富于弹性的位置的优越性（positional superiority），它将西方人置于与东方所可能发生的关系的整体系列之中，使其永远不会失去相对的优势的地位"。（萨伊德，1999：10）

英国文化评论家齐亚乌丁·萨达尔通过其著作《东方主义》（Orientalism）对东方主义的历史和结构进行了梳理，他认为"客观而不偏不倚的东方主义是不存在的。在定义上，它是具偏见和派别性的主题……虽然东方主义确实存在，但是，其仍然只不过是一种人为的构建。其所构建的东方，与东方（East）内部理解的东方（East）即东方理解的东方截然不同，且与之毫不相干……东方主义不是源自东方经验的产物，它是一种先在的西方思想和虚构,是对东方的夸张,并将之强加于东方"(萨达尔,2005:1—14)。东方主义的产生并非自然发展趋向使然,而是西方为了对东方的殖民与控制而人为创造出来的理论和实践体系,这也从根本上决定了西方话语中的东方形象是被肆意歪曲的、不真实的。

萨伊德的"东方主义"的三层含义中的第三层含义,即处于中心地位的西方,以强势话语对东方长期实施主宰、重构和话语权力的压迫方式是最引人注目的,也成为以后的学者所研究的重点。虽然萨伊德的"东方"主要指近东,"《东方主义》这本书有一个缺陷,即萨伊德所说的东方,广义上包括了欧洲以外所有的非基督教地区,狭义上却特指欧美人心目中的中东和近东,西方对远东地区的塑造和认知几乎没有涉及。这样,便留下了进一步讨论的空间(张宽,1995:36)",但是,在东西方的不平等话语权关系中,地处远东的中国也自然属于"东方",也成为"东方主义"所歪曲和贬毁的对象。所以在中国的学界里,"东方主义"也成了在东西方文化研究中一个频频被提及的术语。

从一般意义上说,西方人建构东方的他者形象的目的不是为了异域文化的现实而是出于西方自身的需要。针对中国而言,西方对其形象的描述经历了由正面肯定赞美到负面贬毁抨击的变化。起初,由于中国国势较西方而言相对强大,所以当时西方对中国的态度是友好和肯定的。例如早期传教士发回的关于中国的报道都是有关中国文明发展的正面渲染,其中具有代表性的作品是马可·波罗(Marco Polo)的《马可·波罗游记》,描述了当时中国元代繁荣的景象。而当时西方对中国的赞美也从一定程度上是为了满足西方本身的需要,如当时的天主教会正在试图募集更多的钱财,以便把更多的使者送到中国,使中国人皈依他们的宗教。如马可·波罗做了这样的描述:中国是个巨人,富饶而且人口众多。它也不属于穆斯林,这有几分微妙,但只要能找到使其皈依的正确手段,也是很好的机会(萨达尔,2005:52)。有关中国的信息对欧洲人影响较大的另一人是意大利天主教耶稣会传教士利玛窦(Matteo Racci)。他的札记首次于1616年出版。利玛窦的主要目的是为了劝中国人皈依天主教,因此他不得不尝试着理解中国文明,将中国描述为一个儒家帝国(Confucian Empire)——本质上温和、秩序井然、组织有效。而在向西方渲染中国的过程中,利玛窦对中国的描写只保留了正面的部分,而其负面描写则被删除。

然而,到了后来,尤其是到了晚清,随着国势的减弱,中国沦为西方列强的殖民对象,在西方的正面形象也逐渐被负面形象所取代。在西方对中国的描述中,不管是在学术著作中还是在文艺作品中,都严重扭曲了东方的形象。欧美人眼中的东方人是荒蛮无知的,软弱无能的,欠缺理性的,道德沦丧的,幼稚不堪的;东方国家经常被肆意地想象成野蛮的、丑陋的、落后的、异化的妖魔。如英国作家笛福(Danial Defoe)在其作品《鲁宾逊漂流记》(*Robinson Crusoe*)中对中国做了大肆贬毁。他笔下的中国人不诚实、不卫生、伪善、装模作样、迷信、墨守成规、懒惰。而身处东方的中国被描绘成一个沉睡的怪物,不仅民族文化封闭落后,而且整个国家无改革创新的能力;中国人惟利是图,缺乏诚信,而且诡计多端。相反,欧美人则被刻画成充满了理性和智慧、道德完美、成熟可靠的正面形象。这种模式化了的种种被扭曲变形的东方形象,是西方在没有根据的情况下一手杜撰出来的,远远地偏离了事实。

因此,西方关于东方的学问,是西方这个主体企图征服东方这个客体的产物,"东方主义"并非源于东方,而是源于西方。首先,由于东西方之间文化迥异,地域遥远,时常产生误读,甚至误解是不可避免的;其次,西方世界因其在经济和军事上所占有的优势,以一种居高临下的傲慢态度和救世主式(从根本上说也是霸权主义)的占有欲来审视和对待东方各国民族及其文化,显露出强烈的殖民主义和后殖民主义心态。萨伊德如是归纳西方这种长期形成的殖民和后殖民意识:"东方被观看,因为其几乎是冒犯性的行为的怪异性具有取之不尽的来源;而欧洲人则是看客,用其感受力居高临下地巡视着东方。东方成了怪异性活生生的戏剧舞台"(萨伊德,1999:135)。我们可以看到东方主义是构成西方现代性普世主义观念的重要组成部分。西方通过将自我普世化而将他者特殊化的方式确立自我中心地位与支配异己的目的。酒井直树认为,"西方永远不满足于他体(other)所认识的西方,它总是迫切地要求去接近自己的他体,以便不断地改造自我形象,它不断地在它与他者(the other)的交往之中寻找自己;它永远不会满足于被认识,相反,它却宁可去认识他体;它宁愿做认识的提供者而不做认识的接受者。要言之,西方必须代表普遍性的契机,在这个契机之下,所有特殊性被扬弃。诚然,西方本身就是一个特殊性,但是它却作为一个普遍的参照系数,按照此参照系数所有他者能够识别出自己是个特殊性,在这一点上,西方以为自己是无所不在的。"(张京媛编,1999:385)

长期的隔膜使得近代逐渐强盛的西方总是以征服者和胜利者来描述幻想中的东方,话语权力的严重失衡使得东方长期失语或"女性化",在西方强权话语中东方人成为被任意扭曲的丑类抑或拜倒在西方列强面前的顺民奴仆。按萨伊德之言:"西方对东方的强权因而就被人们想当然地作为科学的真理而加以接受下来"。(萨伊德,1999:57)

源于地域文化差异和经济军事等因素发展不平衡而萌生的东方主义,在西方世界里所打下的烙印是很深刻的,因此在相当长的时间内无法消失或抹除。而这种积习已久的思想也在东西方发展的持续不平衡过程中不断强化并扩展蔓延,使得东西方之间的话语权不平等的状况成为一种合理存在,这不仅为广大的西方所认同,也在一定程度上为东方所接受。而东方主义的具体表现则渗透到东西方关系的方方面面中,在文学领域里则是或突出或隐含地体现在作者的创作中,不仅包括西方的作品,也包括东方的作品。因此,发掘剖析文学作品或作者的创作背景或创作意图,同样可以成为解读发掘东方主义的重要切入点。

2.2 自我东方主义

诚然,东方主义的源头在西方,但是这并不意味着只有西方人才会对东方世界进行不公正或歪曲的描述。在近现代中西文化关系史中,存在着一个特殊的学者群,他们身上流淌着中国人的血液,并在家庭里或在早期教育中接受了传统的中国文化的影响,但在后期的成长中,又进入了一个纯西方的文化环境。这种迥异的双重文化背景造就了这类华裔学者的特殊文化身份。这种文化身份赋予了这些知识分子跨越文化边界,又兼通两种或多种文化的优势,使他们能够游走于两种文化之间;但同时,也在不同程度上束缚了他们在东西文化间往来过程中的话语自由,使得这类学者在跟西方对话时或者在面向西方谈论其母族文化时会带有一种复杂的情绪:一方面,他们在内心无法割舍与生俱来的与其母族文化的千丝万缕的纽带关系,对他们本源的东方存在着依恋与不舍;同时,东方与西方的巨大差异与经济军事带来的实质上的不平衡又令他们在一定程度上疏离了东方;另一方面,面对西方世界强势的话语权以及物质环境的优越,这类学者感觉到了由此衍生的冷漠与浮躁,也享受着这种优越性给他们带来的舒适,而同时,身处西方的他们又要在一定程度上依附于西方。所以在其文学创作和文化交流活动中,他们会自觉不自觉地迎合西方对东方文化的想象或期待,在以东方为叙事对象时,将东方当成异域的他者来描述,借他们对东方文化的了解而在一定程度上对东方进行曲解或误解,从而满足西方对东方形象的塑造或审美期待。这便形成了本土化的东方主义,这类学者也就成为"东方化的东方人"。索乌克(Nevzat Soguk)将他们描述成:身体住在"东方",有时也在西方,然而精神上以西方思想为食的人。他/她是非西方人,却把自己置身于西方的影像之中:西方的经验,西方的设计,西方的期望……在他/她看来,"西方"总是更加易于理解而易于满足的,因而比"东方"更具有吸引力(Soguk,1993:363)。因此,东方主义同样可以成为东方人与西方人,以及东方人之间相互搏斗的话语策略,体现出东方人的复杂矛盾,及其多种类型的"自我东方论述",因此出现了"东方人的东方主义"。这种现象可以归结为体现在这些华裔学者身上的典型的自我东方主义(Self-Orientalism)。

　　自我东方主义是在东方主义的基础上衍生和延伸出来的一种概念,主要是指具有东方文化身份的学者,透过西方人的视角及其对东方的认识模式来审视东方,书写东方,从东西方文化差异里为自我与他者定位,在跨文化的创作里进行自我描述,而这种描述往往与西方对东方的印象或认识产生一致,从而形成与西方口味相同的"共谋"关系。(高鸿,2005:109)

　　源于西方的东方主义在漫长的历史发展中已经深深地渗透到广大

西方人的骨子里，为他们对东方文化以及东方民族的认识和理解牢牢地设下了一个框架，使得他们产生了根深蒂固的对东方的印象模式，而这也造成了东方人的镜像迷误，成为受殖者在现代化过程中挥之不去的阴影。因为任何一个受殖者在西方设定的现代化路径中必然面对被塑身份与自塑身份书写之间的双重选择与再阐释焦虑，从而对自我身份产生怀疑、自卑，乃至极端的另一种自我中心主义。面对西方的强势文化以及长期以来的势力失衡的局面，东方对西方殖民者的文化塑造和文化意象所作的回应即典型的自我东方主义。具体来看，主要有两种表现方式：第一种方式是试图通过检讨自我的弱处，按照西方的期待和印象模式重塑自我，借以争取西方的认可和赞同来改变自身的处境。换个角度看，就是东方的学者在创作的潜意识里，将西方的标准作为评判是非优劣的权威，对之抱有崇拜和敬畏的心理，极力认同他们对东方的评判、描述以及定位，在作品中不遗余力地迎合并接受西方殖民者为东方人所设定的身份塑形。他们的典型表现就是视西方为主人，"唯西方马首是瞻"，一切以迎合取悦主人为宗旨。其内心潜藏着以其母族的东方为耻、自我怨恨、自我贬损、自我谴责的阿Q精神与奴隶心态。这就如同黑人心怀严重的黑人恐惧症，犹太人怀揣反犹太主义症结一样，其结果就是"像许多人避而不提自己的穷亲戚一样，受殖者为了同化，总是掩盖自己的历史、传统、乃至一切本源，因为那一切都已变成耻辱"（敏米，1998：10）。然而最终，东方学者的自主改变以及试图被西方同化的努力却并未产生结果，其阻力并非来自自身的努力不够，而是来自西方。因为在西方眼里的东方为异己的劣势民族，不容他们加入自己作为高贵主人的行列，所以，"最向往同化的正是受殖者，而拒绝同化的正是殖民者"（同上：11）。

对于一部分东方学者，在主动认同他者以求同化之路的努力并未达到预期的效果时，他们采取了另一种对待西方的回应态度，即自我东方主义的第二种表现方式：视西方为敌，对之采取对立反抗，甚至造反。这种反抗具体表现在政治上、经济上、文化上以及文学上等等各个层面对西方的挑战、质疑和贬损；同时，当这类东方学者重塑自我的努力受挫之后，也转变为对自己民族的历史、文学、文化传统、语言、价值观念、政治体制乃至社会现实全盘的肯定与盲目的认同,只要是本族的就值得珍惜、值得宣扬,越是民族的就越是世界的,即便其本质是陈规陋习、愚昧无知、陈腐落后,甚至充满血腥的阶级压迫与种族屠杀都可以冠之以民族尊严、民族特色加以奉行。敏米一针见血地指出,民族必须自新这是明白不过的事,但自新成什么样子却是问题,"受殖者求翻身,这是绝不含糊的,然而翻身的内容却可能有点含糊"(敏米,1998:19)。这些坚持、肯定和宣扬民族文化、强调文化身份自建的东方学者都采取了一种肯定自己民族历史、崇拜民族语言、探寻文化渊源、赞美民族文化传统的态度,以期达到重新诠释已经被人们广泛认可的东方形象并建立新形象的目的。"恢复本来十分灿烂而后来又被糟蹋得千疮百孔的历史的原貌;恢复原已打算放弃的文化的原貌;恢复僵化了的传统;恢复锈蚀了的语言。这套他终于还是接受下来的文化传统有许多谁见了都会却步的缺点"(敏米,1998:19—20)。那些曾经被西方殖民者所贬损甚至践踏的负面东方形象,在这类东方学者的描述和宣扬之下,发生了翻天覆地的转变。而他们竭力美化的东方是摈弃或掩盖了其缺点、弱点甚至是丑陋点的东方,因此成为东方人自我塑造的带有一定虚假成分的正面形象。如此一来,受殖的东方不仅没能朝向自我描述和设定的形象转变,反而会在受殖的泥潭里越陷越深,使得自己无法改变作为西方的"他者"身份而一直自我异化下去。

  从总体上看,在自我东方主义的两种回应方式中,以前一种回应更为典型和普遍。也就是说,当多数的东方学者身处西方语境时,要在异域里取得立足之本和生存的条件,往往会在一定程度上疏离自己的本族文化,而转向顺应西方的话语导向。当西方对东方的解读或描述背离事实或歪曲事实时,他们多数不会矫正这些错误的印象,而是会接受西方给予的形象定位,并且在自己的描述中会顺应西方人的期待改写东方,以获取西方的认可和赞许。事实上,这类具有双重文化身份的东方学者在同时面对自己本源的东方文化与其身处的西方文化时往往会发现自己难以为自己作明确的身份定位。他们的自我东方主义必然也糅合着东方学者对其本源的东方所怀有的无法割舍和绝对背离的情结。他们固然也希望东方成为强势的一端,借以在西方语境下为自己取得平等的话语权。然而,在看不到东方超越西方或东西方话语权平衡的希望时,他们不得已退而依附于西方,迎合西方,借以自保和在西方的语境下生存。从这个角度上说,自我东方主义并不是东方学者自主选择的一种态度和立场,而是一种因无法改变处境而不得已的妥协和退让。

东方主义是西方人为全面驾驭东方,取得永久的话语优势而创造出来的对东方世界的主观评断。而正是因为存在着这么一个特殊的在西方语境下生存的、具有双重文化背景的学者群,东方主义产生了一个必然的延伸,即东方人对东方的背离事实的自我描述和自我塑形。自我东方主义的表现形式会随着东西方语境关系的变化而变化,但是只要存在着东西方话语权的失衡状况,自我东方主义就会与东方主义共存并立。剖析东方学者的自我东方主义,他们表现在文学创作以及思想意识等方面的特征也就能得到合理的解释。

2.3 林语堂的自我东方主义

林语堂在美国生活三十余年,在这期间,其大量的创、译作都以西方读者为主要目标,因此,他要在异域中求得立足与生存之本,就需要适应这个与其出身的东方截然不同的文化环境。而他这种被居住国的主流文化认同的愿望,则体现为其作品中的自我东方主义。这个倾向发生在像林语堂一样的华裔作家的身上并非偶然,而是与其生存的历史状态与现实环境息息相关。首先,美国的种族主义由来已久,并且有很强大的势力。排华历史早在第一代华人移民踏上美国国土的19世纪中叶就开始了;而臭名昭著的"排华法案"(Chinese Exclusion Act of 1882)一直到二战时期才有所缓解。而且白人主流社会的文化歧视是美国社会中的痼疾,这更迫使在美国的华人希望被认同以求得更多的生存机会。随着美国文化的多元化逐渐形成,华裔文化作为一种边缘文化开始逐渐引起美国人的关注,但是仍无法摆脱"少数民族文化"的宿命。

由于当时的中国文化与美国文化相比明显处于弱势地位,林语堂要在美国取得话语权与认可就不可能以中国文化为标准,而势必要使自己顺应美国主流社会的规范;同时,为了避免完全受主流文化的同化而导致自身个性的消失,他又必须利用中国的民族文化资源为自己作一个标注。这种环境决定了林语堂的大部分英文创作和翻译作品都是以中国历史文化为主题,如他编译了中国古典哲学论著《孔子的智慧》和《老子的智慧》;创作了有关中国人生活观念和生活态度的著作《吾国与吾民》、《生活的艺术》、《苏东坡传》等,以及综合反映中国历史文化与哲学的小说《京华烟云》、《风声鹤唳》等;他还翻译了代表闲适清逸的生活哲学的中国作品《浮生六记》等等。这些作品都在不同层面上体现了中国文化,反映了中国历史传统以及中国人的生活精神状态。这些以中国文化为主题的作品除了能够让林语堂自己的族裔文化在异域文化里占有一席之地外,更为重要的是它们可以在很大程度上满足西方对神秘东方的兴趣与好奇,同时能让自己在异域里作为文化使者的身份取得认可。而要实现这个目的,他首先要知道西方读者对中国文化的期待与中国本土读者的期待是不一样的,他需要顺应西方的主流文化,并去迎合西方读者对作品内容及其审美的期待。正如高鸿所说的,他所创造的整体中国形象又必须获得异国读者的喜爱,与美国/西方读者"期盼视阈"相符合,符合西方社会对中国的"社会集体想象"——一种"他者"认识的社会心理结构(高鸿,2005:110)。因此,要满足西方读者的"社会集体想象",面对西方读者的林语堂,其笔下的东方必然要经受进一步的加工和雕琢,"因为平等的标准是主流社会的,族裔文化势必要经过变异才能为少数族裔所用"。(赵文书,2003:73)

  林语堂20世纪30年代的作品《吾国与吾民》和《生活的艺术》从不同侧面和层面向西方介绍了中国传统的生活哲学及文化思想,尤其是他渲染了中国悠闲豁达的生活态度和知足常乐的精神。例如,他在《吾国与吾民》中向西方读者展现了为中国人所独具的知足态度:"然无论如何,倘把中国人和西洋人分门别类,一阶级归一阶级,处之同一环境下,则中国人或许总是比西方人来得知足,那是不错的。此种愉快而知足的精神流露于知识阶级,也流露于非知识阶级,因为这是中国传统思想的渗透结果(林语堂 Vol.20,1994:59—60)"。在《大荒集》中所收录的文章《中国文化之精神》里林语堂以东方的生活哲学迎合西方社会的实际诉求的痕迹则更加明显：

> 鄙见中国与欧洲之不同，即欧人多发明享乐之物，却较少有消受享乐的能力，而中国人在单纯的环境中，较有消受享乐之能力与决心。
>
> 此为中国文化之一大秘诀。因为中国人能明知足常乐的道理，又有今朝有酒今朝醉，处处想偷闲行乐的决心，所以中国人生活求安而不求进，既得目前可行之乐，即不复追求似有似无疑实疑虚之功名事业。（林语堂 Vol.13, 1994：144)

而在《生活的艺术》里，他又以重彩勾勒了中国人的闲适生活："美国人是闻名的伟大劳碌者，中国人是闻名的伟大的悠闲者……这种爱悠闲的性情是由于酷爱人生而产生，并受了历代浪漫文学潜流的激荡，最后又由一种人生哲学——大体上可以称它为道家哲学——承认它为合理近情的态度"。（林语堂 Vol.21, 1994：153, 156）

渗透于林语堂这些关于中国人悠闲自足的宣传中的自我东方主义就在于当时的中国正处于战乱时期，中国人不仅是无暇享受，更是不具备享受安逸清闲的客观条件，所以林氏宣扬的这种道家精神根本不符合中国的实际国情。相反，当时的美国正处于工业化高度发展的现代化时期，人们在追求物质丰富的同时也陷入了躁动不安、紧张忙碌、人情淡漠的泥潭里，急需一种精神救赎。而林氏向他们所描画的东方生活哲学正是他们所需要的同时也是内心渴望的闲暇与轻松。林语堂的这种主题无疑迎合了大批读者的诉求：

> 因为中国人的生活艺术久为西方读人所见称，而向无专书，苦不知到底中国人如何艺术法子，如何品茗、如何行酒令、如何观山玩水、如何养花蓄鸟、如何吟风弄月等……。夫雪可赏，雨可听，风可吟，月可弄，本来是最令西人听来如痴如醉的题目。《吾国与吾民》所言非此点，但很多人注意到短短的讲饮食园艺的《人生的艺术》末章上去了。很多美国女人据说是已奉此书为生活之法则，实在因赏花弄月之外，有中国诗人旷怀达观、高逸退隐、陶情浅兴、涤烦消愁之人生哲学在焉，此正足予美国赶忙人对症下药（林语堂 Vol.29, 1994：153）。

林语堂为迎合西方而对中国文化所作的雕饰也体现在他在创作和译作中向西方读者展示的中国传统女性的形象。其中最具代表性的是《京华烟云》里的木兰及其英译作品《浮生六记》中的芸娘。他在《浮生六记》的译者序里说:"芸,我想,是中国文学史上一个最可爱的女人"(沈复,1999:17);而"《京华烟云》里的姚木兰,在许多方面很像芸娘"(林语堂 Vol.29,1994:194)。这两位是林语堂心目中的理想女性,她们知性、美丽、通情达理、有反抗精神,但是同时在她们的身上又着上了浓浓的封建落后的色彩,而这个特征甚至盖过了她们的进步性。这些女性身上的封建性典型地表现为她们都坚定地要为自己的丈夫纳妾。"让丈夫有一个妾,她心里越想越美。一个做妻子的若没有一个妾,……就犹如一个皇太子缺少一个觊觎王位的人在旁,一样乏味,她觉得这其间颇有道理。一个合法的妻子的地位当然极其分明,若是有一个'副妻子',就如同总统职位之外有一个副总统,这个总统的职位就听来更好听,也越发值得去做了。……'为人妻若没有妾,就如同花瓶儿里的花儿虽好,却没有绿叶扶持一样'"(林语堂 Vol.2,1994:38)。《浮生六记》中的芸则更是将之付诸行动:"今日得见美而韵者矣……当为子图之"(沈复,1999:76)。这种女性形象也恰恰彰显出了东西方文明进步的差距和文化上的差异。这种浓厚的男尊女卑的观念对于崇尚男女平等的美国来说,是新奇的和不可思议的,极易强化他们先前对东方女性形象已经模式化的印象:柔弱,无知,愚昧;而且会引发他们对遥远东方更多的猜想。对于西方读者来说,这样的描写恰好迎合了他们对中国女性形象的期待,也满足了他们的好奇。

  林语堂对中国文化类似的主观解读和传递体现在其作品的诸多方面,虽然多数情况下其自我东方主义的痕迹并不明显,但是如果放在大的东西方时代背景下去分析的话,便会昭然若揭。例如体现在他作品中的封建宿命观、符合西方品味特征的审美观等,都在不同程度上反映了他站在西方的角度来认识和阐释中国传统文化,表现出其自我东方主义的倾向。唐弢在他的文章《林语堂论》中是这样评价林语堂的:他谈儒家,谈道家,谈中国文化,我总觉得隔着点什么,好像在原来事物的表面上一层釉彩似的……原来林语堂先生也和胡适一样,是用西方的眼睛来看中国人、看中国文化、看中国的儒家和道家的(子通编,2003:267)。

  林语堂身上的自我东方主义倾向也体现在他在作品中的自我文化身份的定位:他在同西方读者的对话中,为自己赋予了西方人的身份,其笔下的东方或中国则成为异己的"他者"。例如,在《吾国与吾民》中,他以"他们"指称中国人:But do the Chinese understand *themselves*? Will *they* be China's best interpreters?(然则中国人能否了解自己呢?他们能否充任中国的最好传译者呢?);而在指称西方时则用"我们":... for behind the creations of literature and events of history there is always the individual who is after all of prime interest to *us*.(因为文学创作和历史事迹之幕后,一定有"人物",此等人物及其行事毕竟最使吾人感到兴趣)(林语堂,2000:12,16)。显然,这里的"us"是指西方人。通过简单的人物的指代用法,林语堂很明显地将自己的身份定位归于西方,而将其出身的中国视为与自己相异的"他",自己站在西方的立场上用西方的目光来评判中国人与中国文化。而在林语堂的一部分以西方文化为主题的作品中,同样也透射出他为自己冠以西方的文化身份的倾向。例如,在其英文小品文 This Santa Claus Nonsense("荒诞的圣诞老人")和 Advice to Santa Claus("给圣诞老人的建议")①中,林语堂完全以西方人的角度对圣诞老人这一代表西方文化的典型形象进行评论。

如果从宏观上说,东西话语权的不平衡是致使林语堂在其创作和翻译中不得已要迎合西方读者的期待与诉求而表现出自我东方主义倾向,那么导致其自我东方主义产生的微观原因也值得一提。首先,林语堂在美国的书开始都由赛珍珠夫妇名下的约翰·黛公司(John Day Company)出版,所以,林语堂的书是否畅销,直接关系到其朋友同时又是老板的利益,同时也关系到林氏在美国生存的物质保障。在这种条件下,林语堂的作品只有迎合并满足西方读者的心理需求和期待才有可能开拓出足够大的市场,以实现经济上的目标。

而林语堂长达三十年之久的海外生活经历,造就了他兼具东西方文化的双重身份,并且得以该身份与东方和西方进行接触。随着他逐渐深入西方文化并受之影响,他与真实的中国的距离也变得越来越远,这也间接而缓慢地导致了他像西方人一样无法避免西方思想文化的影响,带

---

① 这两篇英语小品文因没有中文译文,其英语原文收录在《林语堂评说中国文化》第二集,中共中央出版社于2001年出版,第269—281页。文中题目为笔者所译。

着西方人的眼光来看待东方。同时,中国在林语堂旅居海外期间不断地发展变化,这必然又会导致他与国内生活以及实际情况有一定程度的脱节,从而造成了他所认识和了解的早期中国与当时中国现实之间的差异,所以,林氏更不可能真实地阐释中国文化,或客观地向西方描述中国及中国人的生活现实。换句话说,林氏笔下对中国的描述,难免有一定程度的滞后;并且他的描述也糅合了西方人的眼光和立场,所以他的作品中含有自我东方主义的成分也就无法避免了。

诚然,客观的时代与国际环境等客观因素,会导致许多华裔学者像林语堂一样产生自我东方主义倾向,并以不同的形式表现出来。但林氏的作品与思想中体现的自我东方主义除了时代背景和东西方权利的不平衡这些客观的外部原因外,其自身的独特经历及其哲学观、宗教观、文学观等主观因素令其文化立场具备了明显的个体性特征,所以,研究林语堂,这些个体性的因素是不可忽略的。另外,跟其他华裔学者一样,因为无法选择和决定自己要面临的客观外部环境,林语堂的自我东方主义倾向也并非他完全自主选择的一种文化立场,而是在主客观因素影响下的无法回避的文化归属。

为简化起见,本书在以下的讨论中凡是提到自我东方主义的概念,都以东方主义概之。

2.4 林语堂的东方文化情结

林语堂的东方主义文化倾向是在外部和内在因素共同作用下形成的,但是作为一位具有明显双重文化身份的学者来说,东方主义绝不是他单一的文化选择。在他思想体系里,也始终都存在着挥之不去的东方文化情结,而他这种情结也体现在其创作与翻译作品中。东方主义与东方文化情结这对看似冲突的文化选择同时出现在林语堂身上,从某种意义上也印证了他"一捆矛盾"的自我评价。"林语堂与赛义德一样,他与东方和西方的接触是以一个东方人和西方人的双重身份进行的"(罗世平,2003:159)。因为林语堂是东西文化撞击中所造就出来的一位特殊学者,他一生都漫步在东西文化的接合部上。有时,他用西方文化标准来过滤中国的传统文化,有时又用中国文化的价值标准来过滤西方文化,徘徊于西方文化本位和东方文化本位之间,难以作出取此舍彼的断然选择。(施建伟,1999:669)

这种困难的选择使得林语堂在东西两种文化间游走和徘徊,而其文化观中东方主义与东方文化情结的二元并立便正是他难以决定归属的表现。东方主义固然不可避免,而其东方文化情结则是根深蒂固和不可割舍的。毫无疑问,林氏的东方文化情结源于他深厚的中国文化的根基。首先,他来自中国文化,从童年到青年时期他对中国的文化、历史、哲学、政治、文学等传统知识有了逐渐深刻的认识和理解。其次,林语堂对故土和中国传统文化的钟爱与留恋是他一生始终都无法抹杀的情愫。即便他在特定的时期曾对中国文化和中国的现实进行过批评[①],那也绝不是攻击性的,而是某种意义上的自省,因为他本身就是来自他自己所批评的现实,"他一方面为了生存和进入所在国的民族文化主流而不得不与那一民族的文化相认同,但另一方面,隐藏在他的意识或无意识深处的民族文化记忆却又无时无刻不在与他的新的民族文化身份发生冲突进而达到某种程度的新的交融"(王宁,2000:24)。后来由于生活环境的变化,他为了立足而不得已迎合西方读者的期待而使自己的文化观偏向西方,但是这并不意味着对他原来的文化根源的背弃和割裂。在林语堂的文化观里,从某种意义上看,他的东方主义应该是其东方文化情结的不得已的异化或变异。施建伟用"溶合"来概括林语堂的这种文化观:"这个文化观的关键是'溶合',甚至可以这样说,林氏的所谓中西文化观,实质上就是中西文化溶合观。而这个溶合观又是由'中西文化比较'和'中西文化互补'这两个层面组成。'比较'是'互补'的根据;'互补'是'比较'的结果;而'溶合'则是比较和互补的结论"(施建伟,1997:41)。

---

① 施建伟以30年代为界将林语堂的文化观分为前后两个不同的发展阶段。在前期,林语堂全面否定中国传统文化,极力主张欧化,用西方的文化价值来过滤中国传统文化;而在后期,则极力推崇中国传统文化,将中国士大夫阶级的传统生活态度视为医治西方社会病态心理的灵丹妙药。

所以,"一捆矛盾"也好,文化"溶合"也好,都说明了东方文化情结从未从林语堂的文化观里消失过。

除了深刻的东方文化根源,林语堂挥之不去的东方文化情结还归因于他在西方找不到归属感。脱离了故土而定居在异国的林语堂与许多其他华裔学者一样,尽管他们熟悉当地的文化和语言,并且在物质生活上丝毫不逊色于西方人,但他们最终也是西方人中的少数群体和"他"者,正如其女儿林太乙描述的:"到了美国,我们一家人的与众不同,开始迈向巅峰。母亲……在路上走时,人人都注意她"(林语堂 Vol.29,1994:149)。林语堂一家人在美国的类似经历给每个人的影响很深刻①,在众人好奇的目光里,他们很难找到自己的归属感,所以缅怀东方便成了赖以释怀的选择。萨伊德对这种矛盾的文化角色作了准确的描述:这些研究者(东方人的后裔)扮演了一种双重叛逆的角色:既判离了原来的故土,同时又成了自己的定居地的他者;既是西方精神文明的自我放逐者,又是传统文化的追随者。这就是后殖民主义的矛盾性和许多后殖民理论批评家的民族文化身份的不确定性和可疑性。(王宁,1996:73)

林语堂对西方文化的不完全认同也同样凸现了他的东方文化情结。他对美国人的物质至上、自我为中心等不以为然,"西洋的个人主义,不在他们的书上,而在他们的骨子里头"(万平近编,1989:119)。而他后来与赛珍珠的决裂也让他"看穿了一个美国人"(林语堂 Vol.10,1994:308)。在林语堂旅居国外的30年间,他始终都需要面对来自居住国的不同的价值观、哲学观、文学观、历史观、政治观等方面的冲击,而其骨子里的东方文化的本源无疑是他应对所有这些挑战的一剂良药。

林语堂的东方文化情结首先表现在他的浓厚的"高地人生观②"。林语堂出生在闽南漳州一个叫坂仔的乡村,那里的童年生活为他以后的

---

① 林语堂的二女儿亚娜(林太乙)在美国学校里遭遇了一连串荒唐的问题:"你为什么不裹小脚?";"你吸鸦片吗?";"你是用鼓棒吃饭吗?";"你吃鸽子白粢吗?";"在中国有车吗?";"你不戴碗形的帽子吗?";"你也穿睡衣上街吗?"。

② "高地人生观"是林语堂通过其自传体小说《赖柏英》的主人公新洛提出来的。

东方文化情结牢牢地打下了基础。他在《林语堂自传》里说:"在我一生,直迄今日,我从前所常见的青山和儿时常在那里捡拾石子的河边,种种意象仍然依附在我的脑中。它们令我见文明生活、文艺生活和学院生活的种种骗子而发笑……。如果我有一些健全的观念和简朴的思想,那完全是得之于闽南坂仔之秀美的山陵,因为我相信我仍然是用一种简朴的农家子的眼睛来观看人生"(林语堂 Vol.10,1994:5)。可见,林语堂将自己的人生观和文化观追溯到他在故土的童年生活中来,这种归于自然的古朴思想是他东方文化情结的重要成分。他的小说《赖柏英》更突出地体现了这个文化根源。林语堂通过主人公新洛表达了这种思想:

  人若在高山里长大,高山会使他的观点改变,溶入他的血液之中……它更能压服一切……换一个说法,如果你生在高山里,你用高山来衡量你看到的一栋摩天大楼,就在心里拿它和你以前见过的山峰来比高,当然摩天大楼就显得荒谬、渺小了……(林语堂 Vol.9,1994:74,75)

  林语堂对故土的眷恋正是他无法摆脱的东方文化根源,也为他以后的思想发展打上了深深的烙印。

  林语堂的东方文化情结通过他的生活方式、哲学观等不同的角度也得到了很好的诠释。林语堂在《生活的艺术》中对西方的握手、脱帽、穿西装和打领结等礼仪表示质疑和否定,坚持穿舒适的中国长袍。"他发掘出了西方文化的优美与荣华,但他还是要返回东方,当他的年龄将近四十岁,他的东亚的血流便克制着他。他瞧见了父亲的画像,戴一顶瓜皮绒帽,不由卸却他的西装,换上一套长袍和平底鞋,不图竟乃如此舒服,如此适意,如此雅逸,盖套在中国式长袍和平底鞋里,他的灵魂得到了休息。于是他不复能明了西方'狗项圈'(西装的领带)有何意义,不识当初何以竟会服用了那么长时间"。(林语堂 Vol.20,1994:13)

  而林语堂对中国传统的儒家、道家、佛教等思想的深刻的理解和浓厚的兴趣则体现了他的东方哲学观。如果说林语堂为了迎合西方读者对中国文化的兴趣和期待而将这些传统的哲学思想有选择地传递给他们的话,那么这首先要建立在他对这些思想的深刻理解上。这些哲学思想不仅出现在林语堂的文学作品中,也与他所崇尚的闲适、性灵和幽默等思想相互契合,相互渗透。此外,林语堂对中国传统文化的钟爱还表现在他对中国旧式文人辜鸿铭①的推崇和认可上。辜鸿铭对于中西文化的态度带有极端民族主义的倾向和封建主义的色彩，主张全盘否定西方文化。林语堂对他的推崇也正体现了他对东方文化的深厚情感。

林语堂的东方文化情结也通过他的爱国主义情绪与行动展现出来。有人曾批判他的《吾国与吾民》是卖国的，将其英文 My Country and My People 译成"卖"Country and "卖"People（林语堂 Vol. 29, 1994: 143）是有失公允的。自从中日战争以来，林语堂在美国不断撰文为国家宣传，甚至直接批评美国在战争中的两面派行为。他的作品《啼笑皆非》从中国政治哲学观来讨论世界和平问题，涉及"美国孤立主义"、"英国帝国主义"、"亚洲的前途"等问题，他对中国乃至亚洲命运的关注是不言而喻的。林语堂教育自己的孩子时也充满了民族自豪感："我们在外国，不要忘记自己是中国人。作为一个中国人既要平和又要自豪，既不能妄自尊大更不能自卑自弃……因为我们的文化比他们悠久而又优美。"（王兆胜, 2006: 204）

林语堂在欧美旅居 30 余年之后，最终在晚年选择了回到故土，这是他灵魂的回归，更是他对东方文化深深眷恋的回答。"有什么了不得留人，难分舍②"，这表露了林语堂对即将离开的异土并不留恋，而他要回归故土的迫切心情则显露无遗。林语堂最终回到东方文化的发祥地，也正回应了他内心对东方文化抹不掉的情愫。

---

① 林语堂十分推崇辜鸿铭。辜鸿铭为前清遗老，曾受过西洋教育，通晓多国语言，致力于向西方宣扬东方文化。他有狂妄的一面，又保持极端的民族自尊和保守思想，例如，他不肯入流剪掉长辫，赞同纳妾制度，喜欢妇女裹脚等。

② 这是林语堂在其七十岁寿辰上自己填词的一首《满江红》，全词为：七十古稀，只算得旧时佳话。须记取，岳军曾说发轫初驾，冷眼数完中外帐，细心评定文明价。有什么了不得留人，难分舍。

第三章

互文性视阈下林语堂的东西宗教哲学观探源

要从文化角度客观地解读林氏的翻译,了解其文化观是重要的前提之一,因为两者之间存在着密切的关系。译者在翻译中总是要面对源语和译入语的两种不同的文化,因此,为译入语读者解决由文化差异而带来的理解困难是译者面临的主要任务之一,正如王东风所说的:"译者作为文化交流的使者,其目的之一就是要帮助来自不同文化的交流双方克服文化差距(cultural gap)"(郭建中,2000:244)。这首先要求译者对这两种文化都有相当的熟悉程度,这样才能有助于他的文化传递任务获得成功。但同时不可忽略的是,在译者掌握了两种文化信息的基础上,他所持的文化观或文化态度无疑又会影响其翻译态度及翻译策略的选择。

林语堂熟知东西方两种文化,宏观上的外部因素与微观上的内部因素共同致使他在文化选择上产生了东方主义与东方文化情结的矛盾统一的倾向,而这种复杂的文化观必然会在不同层面上影响到他的翻译态度以及对翻译策略的选择。"翻译文学的文化地位之所以能影响译者的翻译策略的选择,正是因为它通过潜移默化的方式让翻译活动的执行者意识到了出发文化和目标文化之间的差距,从而赋予了他特定的文化态度"(王东风,2000:4)。全面了解其文化观的形成和起源对于研究林语堂跨文化视角下的翻译来说是必要的基础。林氏复杂矛盾的文化身份离不开他在宗教、哲学、审美等方面的思想的形成和演变。本章将在互文性视角下观察林语堂文化观形成的起源,以便为从跨文化角度研究林氏翻译打下必要的基础并提供可靠的参考依据。

3.1　互文性·翻译·文化

　　互文性(intertexuality)或"文本间性",是法国后结构主义批评家克里斯蒂娃(J. Kristeva)在20世纪60年代提出的。她指出,任何一个特定文本的意义的产生都离不开与其他文本相互参照和指涉。因此,任何文本都不是独立的,从中都能够不同程度地辨认其他文本的痕迹。她指出,正如意指作用(signification)由"无限组合的意义"(significance)不确定地表现出来,主体被投射入一个庞大的互文性空间里,在那里他或她变成碎片或粉末,进入他或她自己的文本与他人的文本之间无限交流的过程之中(Kristeva,1969:89)。同时,在巴尔特(R. Barthes)和克里斯蒂娃看来,互文性指任何文本与赋予该文本意义的知识、代码和表意实践之总和的关系,而这些知识、代码和表意实践形成了一个潜力无限的网络(程锡麟,1996:72)。后者的理论代表了互文性的广泛的含义,即文本除了受其他文本的影响,还可能受到文本以外的无处不在的社会知识和实践的影响。"在后现代思想语境中,文本已经获得了超出语言文字这种可感形式之外的意义内容,它一旦与作者、读者、译者或外部环境等各种因素相互关联,就如同进入了一个不确定的、永远向更广的空间开放的'场'中"(秦文华,2006:46)。译者或作者在面向读者时,其文化观、文化取向以及翻译思想都在这个开放的"场"中,相互关联,相互影响也相互透射。

　　翻译是一个涉及文化、文学、语言等诸多因素的一个大而复杂的网络,广义的互文性将这些环节与翻译结合在一起,并分别从不同程度上对翻译产生着影响。这也就意味着研究翻译绝不能忽略同处这个复杂的网络中其他因素的作用。由此,翻译研究与互文性理论相互进入对方的领域,为两者的研究都带来了新的思路和研究方法。

如果我们能够通过互文性理论,对翻译过程中的诸多现象进行合理的分析,那么互文性就不失为一个可参照的视角了。"一方面,互文性理论作为一股新思潮或者新的哲学理论渐渐为翻译研究者所瞩目,他们将翻译研究与互文性之间的互动关系作为一个学术问题提出来,并尝试进行阐释,此举有助于对翻译进行方方面面的描述与透视;另一方面,翻译研究的互文性视角使互文性跳出了传统文学范畴,从文学领域拓展到其他更多的研究领域"(秦文华,2006:35)。从互文性理论来探讨翻译,可以对翻译进行多视角、开放性的透视,从而可以对翻译做出更为全面和合理的阐释。"互文性的翻译研究将研究对象从文本与文本引向了文本与读者、文本与译者,也引向了文本、作者、读者、译者与文学、与外部社会历史语境的对话之场"(同上:37)。这个思路可以将翻译和翻译文本向外呈辐射交叉状无限延伸开来,使得翻译研究的角度和方法更加丰富。

文化作为一个民族的根基,它就是一个有关政治、历史、哲学、语言、宗教等等几乎无所不包的庞大而复杂的"场",而尤为重要的是,文化场中的各个因素与翻译间总是存在着千丝万缕的关系。可以说,翻译活动无论在何时、何地、以何种方法进行,它总在某种程度上受到文化规约以及社会历史语境的影响。因此,在繁复的互文的网络体系当中,文化与翻译之间因为这种永远无法割裂的纽带关系而相互走进对方的研究领域:翻译研究需要从文化因素寻找解释,而文化研究则需要以翻译研究为辅助。

由于林语堂所处的较为特殊的文化背景及其特殊的文化身份,通过互文性的视角观察其翻译,文化自然是一条关键的线索。首先,在他东方主义与东方文化情结这对对立统一体构成的文化观背后,存在着政治、历史、文学、宗教等因素。根据互文性理论,这些因素与其文化观之间必然形成广义上的互文关系。因此,通过对诸多外部因素的探析,可以有效透视出林语堂的文化观的根源。在这个前提之下,林语堂的文化观与其翻译之间同样会产生互文关系,其文化观会影响到他的翻译态度和翻译策略的选择,并因而产生翻译文本中相应的特征。"翻译的话语深处互文性地隐藏着一个潜文本,该文本与文化取向、文化态度有着某种互文性的契合关系"(秦文华,2006:164)。文化观与翻译取向之间的互文关系决定了通过林语堂的文化观来阐释其翻译现象,通过翻译现象来折射其文化观是可行而且有效的。

3.2 互文性与林语堂作品

广义的互文性理论指出,文本与文本之间、文本与文本之外的作者或译者的个人生活体验之间都存在着互为影响、互为折射的关系。在这个视角之下,林语堂的创作文本与翻译文本必然会折射出其他文本以及其个人生活体验的内容,"不仅文学内部的片段,生活场景与人类历史中的片段也可以被文学重组由此进入新文本"(秦文华,2006:91)。将林氏的文本与其他文本联系起来,或者置之于一定的时代背景中,找出它们之间的相互关系,为多角度地全面解读林语堂的创作、译作及其个人思想体系创造了可能。

文本与文本之间的互文关系当首推《京华烟云》与《红楼梦》。林语堂本人最为满意的作品当属《京华烟云》,他自己也曾说过:"我写过好几本书,尤其以写《京华烟云》自豪"(林语堂 Vol. 29,1994:173)。这部小说被称为现代的《红楼梦》,不仅因为它跨越了中国四十年间的时代变更,塑造了八十多个鲜活的人物形象,涉及纷乱复杂的故事情节,更因为作者对该小说的创作动机源于《红楼梦》。林语堂原本想把《红楼梦》译成英文,后来改变初衷,决定借鉴《红楼梦》的艺术形式,写一本反映中国现代生活的小说(施建伟,1999:419)。因此,从人物到故事,在《京华烟云》的文本里都可以看到《红楼梦》的影子。对于小说人物的设计,林语堂自己的表述是最具说服力的:"全书人物,大约以红楼梦人物拟之,木兰似湘云……莫愁似宝钗,红玉似黛玉,桂姐似凤姐而无凤姐之贪辣,迪人似薛蟠,珊瑚似李纨,宝芬似宝琴,雪蕊似鸳鸯,紫薇似紫鹃,暗香似香菱,喜儿似傻大姐,李姨妈似赵姨娘,阿非则远胜宝玉"(同上:424)。在故事构造方面,虽然《京华烟云》里所描述的故事背景为现代,但当中有诸多情节或人物经历可以让读者联想到《红楼梦》。例如,小说中暗香这一人物与《红楼梦》中香菱（幼时名叫英莲）的经历如出一辙。她们都是在幼时不幸被拐卖，与家人失散，后经辗转流离，命运出现了转机，最终都嫁入富贵人家，香菱嫁到薛家，暗香则成为曾家二少爷经亚的太太。再如，《京华烟云》中的红玉与《红楼梦》中的黛玉这两个人物的性情极其相似。两个人都善于吟诗作画，富有才情，同时又有多愁善感、脆弱敏感的性格和瘦弱多病的身体。红玉和阿非这对表兄妹关系跟黛玉与宝玉的关系也是互为对应的。他们都是青梅竹马，自小相知相恋。其中有一个故事情节尤为典型：红玉因为敏感旁听到了阿非的话而误解他对自己的爱情，悲痛绝望之至，将自己的诗稿付之一炬；而《红楼梦》里黛玉也因为误会了宝玉而痛焚诗稿。由这些人物与情节的相似性可以看出，《红楼梦》对《京华烟云》的文本创作的影响一目了然。换句话说，文本与文本之间的互文关系成为分析和阐释《京华烟云》的一条合理途径。

如果说《京华烟云》的艺术性来自于《红楼梦》的话，其写实性则是来自于作者亲历的社会现实。书中刻画了中国从义和团运动到抗日战争间四十余年的画面，如袁世凯的篡位阴谋，张勋的复辟闹剧，安福系的嚣张活动，五四运动，"五卅"惨案，"三·一八"屠杀，语丝派和论语派的论战，革命军北伐，等等历史场景的迭更变换尽在其中。而当时文学和革命知名人士也出现在了小说里：宋庆龄、傅增湘、林琴南（林纾）、辜鸿铭、齐白石、王克敏等等，甚至关于这些人的逸事也跃然纸上，如辜鸿铭①。小说中木兰的女儿阿满在"三·一八"事件中参加学校抗议北伐政府的游行活动，不幸中弹身亡。该情节源自于林语堂本人的经历。他亲历了当时北京女子师范的抗议游行，目睹了学生领袖刘和珍和杨德群的牺牲，因此他对这一场景的描述具有写实的特征。再如，小说中革命代表人物之一的环儿认为结婚证书只有在法院打官司时才必须要拿出来，所以是不必要的。该思想与林氏本人对结婚证书的态度如出一辙②。

---

① 辜鸿铭极端的保守有时让人啼笑皆非。一次他向英国的绅士们宣扬中国的纳妾制度，听得英国男人们大乐。台下大使夫人质问："既然男人可以如此，一个女人为什么不能同时娶几个男人呢？"辜鸿铭则说："尊敬的夫人，只见过一个茶壶配四个杯子，哪见过一个杯子配四个茶壶呢？"

② "为了表示看不起这些（结婚）仪式，后来在上海，征得吾妻同意，把结婚证烧了。我说：'把证书烧掉，只有离婚才用得着'。"引自林语堂《八十自叙》第33页。

除了《京华烟云》以外,从互文性的视角分析林语堂的其他文学作品,都能够发现其他文本或作者本人思想及经历的痕迹。小说《赖柏英》被林语堂自称为"自传小说"。主人公新洛和赖柏英的生活场景、人物关系以及情感经历都建立在林语堂本人在故乡坂仔的一段生活的基础上,"赖柏英是我的初恋情人"(林语堂,1990:11)。同时,小说里描写的主人公的初恋以及他对故乡山水的眷恋都与作者自己的人生观紧密联系在一起。所谓"高地的人生观"是林语堂长期的文化思考和哲学反思的结果,具有一定的哲学内涵和文化内涵,具有精神层次上多重多层的哲学意蕴(施建伟,1999:588)。此外,《风声鹤唳》作为《京华烟云》的续篇,虽然以抗日战争时期为故事背景,但是在人物、场景等方面仍然无时无刻都有《京华烟云》的影子。

林语堂集基督教、儒教和道家思想于一身的宗教观和哲学观在其作品中也有所体现,笔者将在后面一节中逐一剖析。法朗士曾说过"一切文学作品都是作家的自叙传"(转引自施建伟,1999:580),而林语堂注入自己作品中的也正是自己的见闻与亲历,更有蕴涵在内心深处的文化情怀和宗教哲学观。从广义的互文性视角看,众多的文本与作者或译者的哲学思想及宗教观念构成了一个无限大的网络,而林语堂的作品是存在于这个网络上的不同环节,彼此独立又相互关联。在林语堂向西方介绍中国文化的过程中,始终无法摆脱相互交错的东西方文化和宗教哲学思想的影响。

3.3 多元的宗教哲学观

3.3.1 基督教

作家的童年生活和经验会对其文学创作产生重要影响,对他的思想观念包括宗教信仰也会有相当的影响。可以说林语堂的一生都离不开与基督教的关系,只是在不同阶段中,随着其文化角色和文化立场的变化,他对这种西方的宗教思想也有着不同的理解和认识。而贯穿其一生的基督教思想在林语堂的文学作品中时不时会明显地体现出来。

3.3.1.1 形成——疏离——皈依

林语堂在其《八十自叙》里说:"童年之早期对我影响最大的,一是山景,二是家父,那位使人无法忍受的理想家,三是严格的基督教家庭"。(林语堂 Vol.10,1994:251)

林父是当地一位乡村牧师,信奉基督教,因此其子女也都从小受到了西方教会的影响。林语堂自小学到大学都在教会学校中度过,在那里接受的是基督教思想的熏陶。1912年他进入中国著名的教会大学——圣约翰大学神学院读书。对林语堂而言,此后的路似乎已经明朗——献身基督教事业,做一名在中国传播基督教的使者。而在当时由于反传统的新文化运动的兴起,主宰了中国人精神生活数千年的儒家思想遭到了激烈的批评,同时社会上也兴起了研究西方文化及哲学思想的风气,这便为基督教在中国的传播提供了条件。

在四年的大学生涯中,林语堂也的确更广泛地接触到了西方文化,对西洋文明有了更深入的了解。但也就是在这期间,随着科学知识的不断积累,基督教神学的神秘面纱被逐渐撩开,那些违反科学、触犯理性的内容开始被怀疑。这是科学观念对宗教的疑虑,使得林语堂开始明显地疏远了基督教。"……我不能忍受那凡庸琐屑和荒谬的种种……在这种神学研究之下,我大部分的神学信念已经弃去"(林语堂 Vol.10,1994:24),因而他毅然放弃了教会工作。"一切神学的不真,对我的智力都是侮辱。我无法忠实地去履行。我兴趣全失,得的分数极低,这在我的求学过程中是很少见的事。监督认为我不适于做牧师,他是对的。我离开了神学院"。(同上:55)

毕业后在清华任教时,林语堂依然在星期日担任圣经班恭祝圣诞会的主席,给学生讲经传道。身处清华的林语堂真正步入了中国社会,而他自身则是以一个中国传统文化异教徒的身份置身于一个有着数千年文明历史的环境中,开始感受到了隔膜。也正是在这个时期,他开始为"在中国做一个基督徒有什么意义"的问题所困扰,因为他意识到"基督教教育也有其不利之处……我们不只要和中国的哲学绝缘,同时也要和中国的民间传说绝缘"(林语堂 Vol. 10, 1994:57)。林语堂徘徊在他的中国传统文化出身和基督教徒的身份之间,这种矛盾自然与他对基督教本身的质疑有关,同时也因为他为自己脱离母体文化而感到难堪与羞愧。他开始逐渐意识到自己对中国文化认识的欠缺:"当我知道杞梁的寡妇因发现丈夫被征筑长城而死,流的眼泪溶化了一大段长城时,我十分愤怒。我被骗去了民族遗产。这是清教徒教育对一个中国孩子所做的好事。我决心反抗而沉入我们民族意识的巨流"(林语堂 Vol. 10, 1994:57—58)。从而,当他意识到自己在中国历史、中国诗、中国哲学及中国文学等方面的知识充满漏洞时,林语堂开始对之进行弥补:"我带着羞愧,浸淫于中国文学及哲学的研究。广大的异教智慧的世界向我敞开,真正的大学毕业后的教育程序——忘记过去所学的程序——开始"(林语堂 Vol. 10, 1994:63)。自此,林语堂也开始了"跳出基督教信仰的限制"(同上),同时也开始了他信仰的"大旅行"①。

在信仰上,东方文化和西方基督教的交错使得林语堂的信仰处于矛盾之中,而促使其信仰转向的,除了林氏个人认识上的原因之外,当时的社会大环境的影响也不容忽视。

20世纪二三十年代的中国知识界对于西方文化抱有一种矛盾的态度。一方面,西方帝国主义侵略的阴影仍然笼罩在人们心中没有散去,因此人们对西方的宗教文化有一定程度的排斥;而另一方面,中国文化处于新旧交替的时期,从客观上需要引入西方的文学和文化作为中国新文化发展的借鉴。因此,处于两个对立面之中的中国学者,在面对作为西方文化主体的基督教精神,难以作出选择。"尽管他们在理性上承认中国的传统文化需要吸取基督教中蕴含的爱和富于牺牲的精神,感情上却又无法接受这一近代历史上伴随着西方列强的坚船利炮强行侵入的异域文化"(贾岩,2002:60)。此外,基督教的精神与中国的传统文化在

---

① 林语堂的著作《从异教徒到基督徒》第二章标题为"大旅行的开始"。

价值观念、思维方式上都有着明显的差异。如果中国的知识界选择基督教作为信仰或人生哲学的话，必将会对中国的传统文化造成强烈的冲击，也会给他们带来心理上的危机感。随着五四反帝高潮的掀起，基督教作为西方文化主体的代表，开始受到中国知识界的抵制。1922年到1927年间在中国掀起的"非宗教运动"就充分表明了基督教文化被当成帝国主义强权的象征这一事实。运动的领袖之一陈独秀曾经充分肯定过基督教在中国的使命，"要把耶稣崇高的、伟大的人格，和热烈的、深厚的情感，培养在我们的血里，将我们从堕落在冷酷、黑暗、污浊的坑中救起"（马佳，1995：29）；此时他却一改初衷，领导了"非宗教同盟运动"的"反基督教运动"①。

"反基督教运动"使得中国当时许多文人疏离了基督教，而行走在基督教与东方传统文化之间的林语堂，虽然深受基督教精神的影响，但他也无法摆脱当时中国社会思潮的冲击，因此会在理性上渐渐远离基督教。这便构成了他思想中对基督教的信仰与背离这两者共存并矛盾的特点。

在林语堂基督教信仰转向的成因中，还有一个重要人物的影响不得不提。此人就是林语堂所推崇的辜鸿铭。他对基督教的批判有力地推动了林语堂的信仰转向。辜鸿铭认为："真正的基督徒是因为爱好圣洁及基督教里面一切可爱的东西而自然成为基督徒的。而那些因为害怕地狱之火而做基督徒的，是伪善的基督徒。那些只是为了想进入天堂饮茶及与天使们共唱圣诗而做基督徒的，是下流的基督徒。现在的那些耶稣会教士是那些自己不大相信天堂、天使，及地狱之火，但却想让别人相信这些东西的基督徒"（林语堂 Vol.10，1994：78）。辜鸿铭的此番言论让林语堂对基督教的背离找到了合理的解释和依据，因而可以问心无愧地将注意力转向中国文化，从中汲取所需要的精神。"由于学习中国文化，研究中国的书籍及文字，将得到一种精细的灵性"（林语堂 Vol.10，1994：79）。

在美国生活30余年后的林语堂在信仰的旅程上又作了一次转向：

---

① 1922年，上海各校学生成立了"非基督教学生同盟"，并通电全国学界，北京的知识界和学界则将运动拓展为反基督教为主，同时也反对其他宗教的"非宗教大同盟"。

在晚年又回归到对基督教的信仰。因为30余年来崇尚人文主义的林语堂此时发现如果人类要继续生存,仅有人文主义是不够的,还需要比人类更伟大的力量,"人类虽然日益有自信,却没有使他变得更好。人越来越聪明,但也越来越少在上苍之前虔诚谦恭,人虽然在物质上科技上进步,但他的行为也可以和野蛮人差不多……有没有能够使一个受过教育的现代人心悦诚服的宗教"(林语堂Vol.29,1994:250)?他从基督教中找回了问题的答案,认为耶稣有"大光的威严",令其"不知不觉地逐渐转向童年时代的基督信仰"(同上)。在这里林氏认为找到了他所谓的"比人类更伟大的力量":"在耶稣的世界中包含有力量及某些其他的东西——绝对明朗的光,没有孔子的自制,佛的心智的分析,或庄子的神秘主义。在别人推理的地方,耶稣施教;在别人施教的地方,耶稣命令。他说出对上帝的最圆满的认识及爱心。耶稣传达对上帝的直接认识及爱慕之感,而进一步直接地并无条件地把对上帝的爱和遵守他的诫命,就是彼此相爱的爱,视为相同。如果一切大真理都是简单的,我们现在是站在一个简单真理的面前,而这真理,包含有一切人类发展原则的种子,那就够了"(林语堂Vol.10,1994:225);"只有耶稣,没有别人,能带领我们这样直接的认识上帝。它是一个道德的而且伦理的,无可比拟的美的世界"(林语堂Vol.10,1994:239)。重新皈依基督教的林语堂对基督教的教义做出了新的阐释和理解,认为"这教义是足够的,也是恰当的",而同时他又指出"内容是由耶稣的一切丰益所赐,但形式却是人加上去的"(同上)。因此,在他看来,形式并没有价值,关键应该重视教义的本质。

　　林语堂对自己在晚年又从异教徒的身份恢复到基督教徒的身份的原因并未作详细的交代,只是简单地说"我重回我父亲的教会,只是找到了一个适合我而不用教条主义来阻拦我的教会而已。它发生得极其自然"(林语堂Vol.10,1994:236)。但实际上,在他信仰转向的背后,也并非没有原因可探寻。首先,这一转变离不开他出生于基督教家庭的根基和他从小学到大学的教会教育经历和基督教文化氛围的影响。这种经历较他同时代的其他中国学者来说是特殊的,也注定了林语堂在骨子里就不是纯粹的东方的和传统的,而是存在着固有的基督教的精神。正如他自己所说:"他把自己描写成为一个异教徒,其实他在内心却是个基督徒"(林语堂 Vol.10,1994:245)。即便在他宣布自己为异教徒,与基督教教会分离的时期,他也并未否定和放弃对上帝的信仰:"一个异教徒是必然信仰上帝的,不过他因恐旁人误会,所以不肯说出来"(林语堂 Vol.20,1994:384);"我总不能设想一个无神的世界。我只是觉得如果上帝不存在,整个宇宙将至彻底崩溃,而特别是人类的生命。我一切由理性而生的信念亦由理性而尽去,独有我的爱,一种精神的契谊(关系)仍然存留。这是最难撕去的一种情感"(林语堂 Vol.10,1994:25),只不过是他发觉"教条神学的花言巧语使我难以接受,我虽然仍然相信上帝,但我背弃了教会"(林语堂 Vol.29,1994:249)。由此可见,林语堂自小所受到的基督教的教育已构成其道德信念的不可磨灭的部分。在其内心深处,基督教也从未真正离开过自己的人文知识和哲学观的范畴。

其次,林语堂在放弃了基督教后的三十多年里一直相信科技的发展和物质文明的提高能够拯救人类,能够让世界变得更好,但是他在接受西方科学文明,充分感受到西方20世纪理性科学带来的益处的同时,也看到了现代文明给人类带来的灾难,从而认识到仅有理性是不够的,人需要有精神的皈依。"林语堂的一生可以说是追求学问的旅程,他研究哲学,信奉科学,探寻人生的真谛,希望对人生、对宇宙有更深的了解,而最终却领悟到一切哲学、科学,尽管它们是有用的,但不能给人以抚慰"(贾岩,2002:62)。因此,他开始重新审视这曾经被他背弃的始于童年时期的宗教,并从中找到了问题的答案:"三十多年来,我唯一的宗教是人文主义,即相信人有理性指引就什么都不假外求,而只要知识进步,世界就会自动变得更好。可是在观察二十世纪物质主义的进展,和不信上帝的国家里所发生的种种事态之后,我深信人文主义不够,深信人类如果要继续生存,需要接触自身以外,比人类伟大的力量"(林语堂 Vol.29,1994:249)。这种伟大的力量就是基督教。其实,林语堂从科学观念回归到基督教,是他理性地寻求人生终极意义的体现。林语堂是无神论者,但在灵魂深处却强烈地渴望一种归属感。他的探索最终得到了圆满的结局:"上帝不再是无形的,它经由耶稣变成具体可见了——这就是完整、纯正的宗教,而不是假设的宗教。没有别的宗教令人具有对上帝这样的亲切感受"(林语堂 Vol.29,1994:251)。最终,林语堂在基督教中寻找到了自己精神的归宿。

总的来说,林语堂对基督教信仰的变化历程受到了他个人的生活教育经历和外部环境变化的共同作用,他是理性的基督教徒,又是信仰上帝的理性学者。"林语堂在理性和信仰之间建立了他的人文主义宗教信仰,他不是严格意义上的宗教徒,也不是纯粹意义上的科学主义和理性主义者,他有自己的宗教信仰,也有自己的科学理性;有西方意识,也有传统观念;有灵性的冒险,也有性灵的享乐"(王本朝,2005:14)。如果说他童年时期的信仰是受家庭环境的影响而被动接受的话,他在中年对基督教的放弃则是由于其个人的认识和社会背景的影响而主动作出的选择,而晚年的回归同样也基于他对整个世界成熟认识的基础上作出的理性选择。但是从整个历程上看,林语堂自始至终都未放弃过对上帝的信仰。这不仅因为他从童年开始便受到基督教的深刻影响,更因为他大部分创作时期处于以基督教为主导的西方文化环境当中,面对的是信仰基督教的读者,因此,他的宗教选择及对宗教的认识必然会在相当大的程度上受到这些因素的影响。

3.3.1.2 基督教于林语堂作品中的体现

因为作者的宗教哲学观与其创作活动及其翻译倾向之间存在着广义的互文关系,所以在林语堂长达几十年的创作生涯中,基督教这个伴随他一生的宗教哲学在其创作和翻译作品里都留下了明显的痕迹。基督教代表了西方文化的主体,所以探寻林氏作品中的基督教精神与印记,也是研究林语堂在东西文化交流活动中的文化选择倾向和翻译思想的必不可少的基础之一。

林语堂在自传作品《林语堂自传》和《八十自叙》里对其基督教信仰作过描述,而在《信仰之旅》里则详尽地讲述了自己在基督教信仰上的变化历程以及他个人在不同时期对于宗教的理解和认识;他解读了《圣经》的要义,并相信只有基督之光能普照人间。此外,林氏还在其他一些小品文中从不同侧面谈到了他对基督教的看法。从广义的互文性角度来看,基督教的宗教哲学的影响也自然会体现在其文学作品当中。

林语堂的长篇巨著《京华烟云》涉及了不同的哲学观,尤其是道家哲学和儒家哲学,但是其中也有基督教的影子,这主要体现在几个代表西方文化的人物身上。首先是小说中提到的美国小姐董娜秀。她有基督教和西方文化的背景,同时又对中国文化有着浓厚的兴趣;其次,小说中木兰的朋友素丹的丈夫巴顾也是西方语言及科学文化的代言人。他不仅学习西方的语言和医学知识,而且具有西方基督教所崇尚的自由和博爱的精神。此外,故事情节的发展中也有基督教的影子。小说中木兰在战乱中带女儿在教会的修道院避难,并发现了基督教的亲切:"木兰不像她母亲和大多数女人那样在佛教的气氛中长大。现在她觉得这洋神洋教很特别,和中国的信仰那么不同,可也那么相近"(林语堂 Vol.2,1994:486)。被看作《京华烟云》的续篇的小说《风声鹤唳》体现的主要宗教哲学是佛教的精神,但是同样也能找到西方文化的痕迹。小说的主人公老彭虽然笃信佛教,但是林语堂在他身上也赋予了基督教精神。"他把主人公老彭塑造成了一位舍生取义、基督式的救世主形象"(贾岩,2002:62)。小说中的主要人物之一——博雅崇尚西方的文化,尤其欣赏英国文化,因为他相信叔叔阿斐曾向他谈到的"他们的人道,他们对朋友的忠心,以及他们的自信"(林语堂 Vol.3,1994:77)。而另一个人物——博雅的舅妈罗娜,也是西方文化的代言人:"她爱慕西方和一切新潮事物。……她只是喜爱西方,相信女人的乐园已降到西方"(林语堂 Vol.3,1994:27)。而当故事发展到中国遭受日本帝国主义的侵略时,源于西方的红十字会作为中国难民的主要救助机构而出场。

他的另一部小说《奇岛》的主线是基督教,描写了一个与世隔绝的泰勒斯岛上的生活。岛上希腊正教神父亚里士多玛和天主教神父唐那提罗崇拜上帝,积极传教,成为岛上的精神导师。这个海外奇岛本由希腊人所殖民,他们为了逃离第三次世界大战而来到这里。而林语堂将岛上的居民也都清一色地设计成西方人,包括意大利人、英国人、美国人、比利时人、德国人等,这从某种意义上体现了林语堂的文化立场,正如陈旋波所说的"最能体现林语堂皈依西方古典文化传统的是他的长篇小说《奇岛》……实际上《奇岛》充分昭示了林语堂体认西方典律的文化立场"。(陈旋波,1995:93)

小说《唐人街》讲述了主人公冯老二带一家人从中国来到美国,在唐人街艰苦创业的过程以及与美国文化碰撞中的生活经历。小说中处在西方文化影响下的主人公一家恪守着中国的传统文化观念和思维方式，以中国人特有的勤奋最终得以在异邦他国立足生存，这种奋斗的精神在美国也正是顺应了美国人所崇尚的实现"美国梦"的追求。而这个传统的东方家庭同时也包容了来自西方基督教文化的成员——长子戴可的妻子佛罗拉。她来自典型的意大利裔的基督教家庭，也因而向这个东方家庭展现了基督教徒的信仰："你必须信神……如果你变成基督徒，你就不会欺骗、赌博、喝酒"（林语堂 Vol.4, 1994: 99）。此外，在其他成员中，汤姆的母亲来到美国后很快便信奉了天主教；而年轻一代，尤其是佛莱迪一直在努力地争取融入美国的主流社会；汤姆则在嫂子的影响之下对基督教一见倾心。冯老二一家对西方的生活方式尤其是西方宗教的皈依反映了林语堂在文化立场上融入西方文化的愿望。

在互文性理论的观照下，作者的创作与其哲学观之间会产生不可割裂的联系。由此，林语堂的文学作品中所表现出来的基督教精神的痕迹正是反映了作者哲学观体系中的这种代表西方文化本质的成分的存在。这种西方的宗教哲学又必然会影响到林语堂的文化选择，这无疑也会成为林语堂的翻译研究的重要基础之一。

3.3.2 道家的哲学观

3.3.2.1 形成

林语堂一生中重要的创作时期都在从事着东西文化交流，其中主要是通过其文学作品和翻译作品向西方介绍东方文化，同时也将自己的人生哲学观传递给了西方读者。在林语堂的哲学观构成中，闲适、性灵和幽默的哲学占据了重要的位置。这些哲学观背后的共同来源就是以老庄思想为代表的道家哲学。

"语丝"时期的林语堂在政治上与鲁迅、钱玄同等人一样属于积极的革命派，以《语丝》为阵地不断发表文字抨击当局政府，甚至以实际行动参与到反对段祺瑞政府的斗争中,表现出了高昂的战斗精神。当时的林语堂是坚决反对文艺不谈政治的。例如,他在1925年写给钱玄同的信中提出精神复兴的条件包括"非中庸"、"非乐天知命"、"不让主义"、"不悲观"、"不怕洋习气"和"必谈政治"(施建伟,1999:122—123)。但是在"大革命"失败以后,林语堂的文艺思想也因此发生了根本性的转变:由先前的强调文艺"必谈政治"改变为"超政治"、"不谈政治"。在上海创办《论语》、《人间世》、《宇宙风》等刊物期间,林语堂也一再声明其刊物的指导方针是"远离政治"或"不谈政治"。例如在1934年4月《人间世》的"发刊词"上,林语堂提倡"以自我为中心,以闲适为格调"的小品文(施建伟,1999:334)。涉及党派政治者不登,不愿涉及要人之所谓政治。在《人间世》第22期编者的话——《我们的希望》中,他又说:"至于内容,除不谈政治外,并无限制。"同时,他又一再强调其刊物"以畅谈人生为宗旨,以言必近情为戒约","希望办成一合于现代人文化贴切人生的刊物"。同时,他又进一步提倡和完善其"幽默"理论,并且提出了"闲适"、"性灵"等文艺观点。"其与非小品文刊物,所不同者,在取较闲适之笔调,语出性灵,无拘无碍而已"(林语堂 Vol.18,1994:23)。而"闲适"、"性灵"等观点恰好与道家哲学所宣扬的思想相契合,这也标志着林语堂与道家哲学的靠近。因为在林语堂眼里,"道教自始至终是罗曼斯的:第一,他主张重返自然,因而逃遁这个世界;并反抗狡夺自然之性而负重累的孔教文化。其次,他主张田野风的生活,文学,艺术并崇拜原始的淳朴。第三,他代表奇幻意象的世界,加缀以稚气的质朴的'天地开辟'之神话"。(林语堂 Vol.20,1994:110)

林氏的道家哲学观体现在多个方面。首先,他提倡在小品文创作上的"闲适"风格,认为小品文"可以说理,可以抒情,可以描绘人物,可以评论时事。凡方寸心一种心境,一点佳意,一股牢骚,一把幽情,皆可听其由笔端流露出来,是之所谓现代散文之技巧"(林语堂 Vol.18,1994:22)。在林氏看来,小品文的内容可以无所不包,无所不谈,只要随心情表达出来即可,并且对于文章的笔调也给予了相当大的自由空间,"至于笔调,或平淡,或奇峭,或清新,或放傲,各依性灵天赋,不必勉强"。(林语堂 Vol.18,1994:23)

林语堂除了追求文学创作上的闲适风格以外,在生活上也极力提倡悠闲自然的哲学思想,这在他举家移居美国后向西方介绍东方文化的作品中得到了充分的体现。他在《生活的艺术》一书里向西方读者宣扬中国人都抱有崇尚悠闲的生活哲学,指出"中国人能囫囵地接受这种道教人生观,可见他们的血液中原有着道家哲学的种子"(林语堂 Vol. 21, 1994:156)。面对西方读者,林语堂强调"要享受悠闲的生活只要有一种艺术家的性情,在一种全然悠闲的情绪中","这种样子的心情是一种超脱俗世的意识而产生,并和这种意识自然地联系着的"。在中国,像陶渊明、苏东坡、白居易、袁中郎和袁才子这样的大文学家,"大家都把他认为是中国文学上最崇高的理想";通过这些文学家,林语堂也宣扬了远离政治的文学,"他显然是一个极其简单地去过生活,而且卑视世俗功名的人";此类大文学家"都为了厌倦那种磕头迎送的勾当而甘心弃官辞禄,回到老家过退隐生活"(林语堂 Vol. 21, 1994:157—158)。林语堂所崇尚的"闲适",是其道家哲学中重要组成部分,这种思想不仅体现在他对生活的态度,也体现在他对文学及审美等方面的观点。

"性灵"也在林语堂的道家哲学思想中占有重要的一席之地。真正把"性灵"一词引入文学创作中,并赋予"性灵"以独特内涵的,是 16 世纪末倡导"性灵说"的以袁宏道为代表的"公安派"。林语堂将其理解为"自我发挥的学派"。林语堂给"性灵"作过多种解释:"'性',即个人的'性情','灵'即个人的'心灵'";"性灵派文学的目标:是在于表现作者自己的心胸,而不是古圣的心胸,所以是活的"(林语堂 Vol. 21, 1994:363—364);"性灵就是自我","文章者,个人之性灵之表现;性灵之为物,惟我知之,生我之父母不知,同床之吾妻亦不知。然文章之生命实寄托于此";又说"性灵二字,不仅为近代散文之命脉,亦且足矫目前文人空疏浮泛雷同木陋之弊";"性灵文学,主'真'字。发抒性灵,斯得其真,得其真,斯如源泉滚滚,不舍昼夜,莫能遏之,国事之大,喜怒之微,皆可著之纸墨";"文章至此,乃一以性灵为主,不为格套所拘,不为章法所役"(林语堂 Vol. 14, 1994:147—156)。由此可见,林氏对"性灵"的提倡是他文艺思想的核心和灵魂。在他看来,"性灵"是一个文学和美学意义都十分丰富的概念。它既指创作者的个性、心灵、情趣,也指创作者的创作灵感。

林语堂的"性灵"论也就是要作家无拘无束、任意自由地"自我发挥";同时,他也通过"性灵"的概念为自己远离政治提供了合理的借口和解释。

道家思想强调"无为"、"知足常乐"等精神,如老子在《道德经》里提到"通常无为而无不为";"故圣人云:'我无为,而民自化;我好静,而民自正;我无事,而民自富;我无欲,而民自朴'";"祸莫大于不知足,咎莫大于欲得。故知足之足常足矣"(老子,1999:76,120,98)。很明显,林语堂所提倡的"闲适"、"性灵"等文学主张与道家的这些思想完全契合。

由激进的革命热情和针砭时弊的犀利笔锋到崇尚道家哲学的以"性灵"、"闲适"等概念为主的文艺思想和生活哲学,林语堂的这种转变离不开当时中国的国内政治局势的变化,也离不开林氏本身对传统中国文化不断深入的认识和理解。但是,在他20世纪30年代移居美国后,林氏的作品对道家哲学思想的宣扬尤其突出,这也体现了林语堂的创作环境对其哲学思想的影响。他需要迎合西方读者对东方文化的期待才能赢取他们的认同与好感,这成为促使他坚持道家哲学立场的重要因素之一。在高度工业化和物质化的西方社会中,人们的思想往往在快节奏的生活中被物欲所困扰,而林语堂所宣扬的道家哲学思想无疑迎合了这类读者的心理诉求,"没有金钱也能享受悠闲的生活。有钱的人不一定能真正领略悠闲生活的乐趣,那些轻视钱财的人才真正懂得此中的乐趣"(林语堂 Vol.21,1994:159)。这种来自东方的哲学,让工业社会高压力下的读者能够在享受悠闲的生活的理想中找到出路。因而,林氏以宣扬道家哲学为主题的作品,如《生活的艺术》、《吾国与吾民》以及相当一部分融合道家思想的小说在西方有了庞大的读者群。

3.3.2.2 互文视角下林语堂道家哲学的体现

从互文性的视角来观察林语堂的文学作品,可以发现在他的很多小说中都有其道家哲学思想的痕迹。这种哲学观不仅通过小说中人物形象的塑造得到了体现,而且故事情节的发展也蕴含了这种哲学观的成分。

首先,最具有代表性的是将林氏推向诺贝尔文学奖候选人舞台的文学巨著《京华烟云》。这部小说里的人物和情节都融入了多种宗教哲学观,使得小说的思想内容尤为饱满。而在这些哲学观中最重要的成分便是道家哲学。小说全书共三卷,每卷卷首都引用庄子作品的原文①,这表明林语堂在主观上希望用庄周哲学统领全书。而这种哲学在小说中则是通过主要人物之一的姚思安来体现的。其淡泊名利的人生态度以及他与世无争的处世之道处处彰显出道家思想对他的深刻影响。"……她父亲沉潜于黄老之修养有年,可谓真正的道家高士,从不心浮气躁"(林语堂 Vol.1,1994:7)。姚思安这种道家高士的精神贯穿了整个故事情节的发展,在诸事面前都表现出一个道家的处变不惊,方寸泰然的不凡气度。对于动荡的政治局势,姚先生引用一首蕴含道家哲学的诗来阐释:"天平地平,人心不平。人心能平,天下太平",以此表明"天下纷乱,来自人心"的道理(林语堂 Vol.1,1994:291)。对于无常的人生,他认为这不过是一场傀儡戏②,"祸福皆由天定",因此他自己一直保持淡泊名利,清心寡欲。在他决定要出外云游时,他教自己的子女们以道家的眼光来看待人生:"生死、盛衰,是自然之理。顺逆也是个人性格的自然结果,是无可避免的";"我要外出,是要寻求我真正的自己。寻求到自己就是得道,得道也就是寻求到自己。你们要知道'寻求到自己'就是'快乐'"(林语堂 Vol.2,1994:203—204)。面对死亡,姚思安同样游离于世俗的恐惧之外而以一位道家的气度泰然视之:"生命是永久的流动,宇宙是阴和阳,强和弱,积极和消极交互作用的结果";"生死是自然的真理。真正的道家会战胜死亡。他死的时候儿快乐。他不怕死,因为死就是'返诸于道'"(林语堂 Vol.2,1994:386,388)。林语堂正是通过姚思安这一典型的道家高士对于世界、人生、死亡的阐释将自己哲学体系中的道家思想体现得淋漓尽致。

《京华烟云》中另一主要人物木兰,也被刻画成一个具有明显道家思

---

① 卷上《道家的女儿》,卷首引《庄子·大宗师》:"大道,在太极之上而不为高,在六极之下而不为深。先天地而不为久,长于上古而不为老。"卷中《庭院悲剧》,开头引《庄子·齐物论》:"梦饮酒者,旦而哭泣;梦哭泣者,旦而田猎。……是其言也,其名为吊诡;万世之后,而一遇大圣知其解者,是旦暮遇之也。"卷下《秋之歌》,引用《庄子·知北游》:"故万物一也,是其所美者为神奇,其所恶者为臭腐,臭腐化为神奇,神奇变化为臭腐。"

② 见《京华烟云》的第二十章里,姚思安应用了俞曲园的一首《别家》:"家者一词语,征夫路中憩,傀儡戏终了,拆台收拾去。"并以此表明自己将要远游的决心。

想情结的形象。出生在道家的家庭里,木兰自然成了"道家的女儿"。其父自小便给她灌输道家的思想:"心浮气躁对心神有害","正直自持,则外邪不能侵",因此在木兰的生活中,"这个道理竟成了她人生的指南针,她从中获得了人生的乐观与勇气"(林语堂 Vol.1,1994:8)。小说贯穿了木兰大半生的幸福与挫折,讲到她少年时对世界的认识、青年时的爱情与婚嫁、中年时丧女之痛及其后的平静生活、丧父之痛、经历战火以及最后对人生的深刻的感悟,自始至终,木兰都在庄周哲学的耳濡目染之下,表现出豁达乐观、平静淡泊和坚强独立的气度,她自己的生命轨迹也在这当中顺其自然地发展。小说在第四章讲到中年的木兰离开了繁华优越的都市生活,举家南下杭州,过上了隐居的生活。她着荆衣布裙,食粗茶淡饭,享受与自然无限亲近的朴实生活。她的这种选择在很大程度上体现了庄周哲学中的"遁世"的思想。

  在这部小说里,林语堂还将道家哲学赋予了立夫这个人物。立夫是一个好学有为的青年,同时作为姚家的女婿,他深受姚思安的赏识;而立夫也对姚思安清高淡泊的人格十分推崇,因此深受其道家思想的影响:"立夫颇受他岳丈影响……";"《老子》书中最使他心折的是下一段:故失道而后德,失德而后仁,失仁而后义,失义而后礼"(林语堂 Vol.2,1994:83)。小说中另一个情节也十分明确地表现了立夫的道家哲学思想。立夫的妹妹环儿与革命者陈三相恋已久,立夫背弃所有的礼教典俗,独自为二人在山顶上举行了简单的结婚仪式。对此,作者林语堂的解释是:"这种婚礼正是合乎立夫的道家自然主义——否定文明,返回自然,抛弃礼仪,虽然看来古怪,其实合乎情理"(林语堂 Vol.2,1994:628)。立夫这个人物身上所承载的道家哲学思想不仅体现了作者林语堂本人的哲学观点,同时也向西方宣扬了这种东方的哲学观。

  《风声鹤唳》被看作是《京华烟云》的续篇,而作者的道家哲学思想也在这里得到了进一步的展现。小说中的主要人物之一博雅,即《京华烟云》中姚思安的长孙,对持道家哲学的祖父十分崇拜:"他具有一股我们无法了解的气韵,至少我年岁更大才慢慢体会出来"(林语堂 Vol.3,1994:36)。他也继承了其祖父的道家思想,虽然出身富贵之家,他却藐视权贵与金钱,疏远政治,随性而为,展现出了道家的自然主义的光芒。而他与同样淡泊清高的佛教信奉者老彭结为至交,相互之间坦诚相待,不存任何私心杂念,也同样体现了博雅这个人物闲云野鹤般的生活和精神追求。

与前两部构成林语堂小说三部曲的另一部小说《朱门》所蕴含的道家思想的痕迹也十分明显。当中的主要代表人物是女主人公柔安的父亲杜忠。林语堂笔下的他厌倦政治,不理俗务,不参加社交活动,来到深山丛林中过起与世隔绝的隐居生活,并且乐在其中,"干爽的空气,雪峰群中的山谷,博学和安详的气氛,使他觉得这是一个理想的隐居地"(林语堂 Vol.5,1994:206)。由此,一个"遁世"的道家哲学追随者的形象跃然纸上。

与此一脉相承的还有被看作是林语堂的自传体小说《赖柏英》中的新洛与其父所代表的道家哲学。小说主人公新洛的父亲没有正面出场,但是林语堂从侧面表现出了他是一个蔑视金钱、淡泊名利、性情自由洒脱的道家哲学的追随者。新洛则继承了父亲的这一特点,而成为道家哲学的典型代表。首先,他不肯攀强附贵,拒绝与自己不中意的富家小姐联姻;其次,他同样也轻视金钱,不肯屈从并依附于富有的叔叔;其三,他随性而为,执著地追求纯粹的爱情,而不受世俗观念的约束;其四,也是最重要的,他具备贴近自然、热爱自然生活的特质以及回归自然的强烈愿望。小说中新洛自己说:"人若是在高山里长大,高山会使他的观点改变,溶入他的血液之中……它更能压服一切","假如你生在高山里,你用高山来衡量一切,你看到一栋摩天楼,就在心里拿它和你以前见过的山峰来比高,当然摩天楼就显得荒谬、渺小了……生活中的一切也是如此"(林语堂 Vol.9,1994:74—75)。从某种意义上说,新洛的话也是林语堂心底发出的声音。他童年的生活是他成年后创作的基础,同样也在其哲学观的构成中起着不可忽略的作用。新洛回归自然的愿望也正是林语堂本人的愿望,而这种愿望恰恰又是道家哲学所宣扬的一种精神。

在小说《红牡丹》中,林语堂的道家思想则是通过女主人公牡丹的朋友——白薇和若水夫妇两人表现的。二人远离繁华的都市生活,来到深山里过着与世无争的悠闲隐居的生活,通过对这种具体的生活方式的选择展现了他们的生活哲学。除此之外,林氏还对他们崇尚道家哲学的思想作了描述,若水认为人"不应当抑制感情和理性,而应当充分发挥其本性……可是在政治和社会上,偏偏就要毁损这种本性"。他崇尚自然精神,远离政治的哲学选择,正是迎合了庄子所说的"太上忘情,是为神仙"(林语堂 Vol.8,1994：121)。

从以上这些作品及其人物形象的分析中不难看出,道家哲学在林语堂的哲学观中占据重要的地位。在林氏向西方传播东方文化的所有宗教哲学思想中,道家哲学起着统领其他中国哲学思想的作用。这也足以说明,通过这些翻译以及创作作品所表现出来的这种典型的东方哲学思想蕴含着林语堂挥之不去的东方文化情结。

3.3.3 儒教的伦理观

3.3.3.1 林语堂儒家哲学概述

儒家思想在中国的精神和道德观念中长期占据主导地位,是代表东方文化的重要哲学,在林语堂的东方哲学观中成为重要的组成部分。林氏对儒家思想的认识和理解首先是受了家庭的影响。虽然出生于一个基督教牧师的家庭,林语堂仍然从父亲的家庭教育中开始接触中国儒家思想。"虽然父亲是牧师,却绝不表示他不是一个儒家"(林语堂 Vol.10,1994：47)。在父亲的影响下,林语堂自小开始诵读儒家诗书,对这种传统的中国哲学有了初步的认识。而后来辜鸿铭的影响则使他对儒家哲学有了更深入的理解,"辜鸿铭帮我解开缆绳,推我进入怀疑的大海"(林语堂 Vol.10,1994：80)。辜鸿铭对林语堂的启发来自于他对儒家思想的深刻理解和阐释。辜氏通晓中西文化和语言,通过将儒家经典著作翻译成西文把儒家哲学思想展示给了西方读者。而他"有关儒家书籍的翻译,得力于他对原作的深切理解",实际上,"辜鸿铭自信在他之前,没有人能像他这样了解儒家"(林语堂 Vol.10,1994：72,73)。除了对这种中国哲学的深刻见解和阐释外,辜氏对基督教与儒学关系的阐释也打动了林语堂,他"并不攻击耶稣基督的教训,也尊敬真正的基督教"(林语堂 Vol.10,1994：76)。这使林语堂看到了基督教与儒教的融合之处,一个中国基督徒完全可以融入传统文化中去,并且不必完全抛弃其与生俱来的基督教徒的身份。

林语堂对儒家思想总的认识是肯定的和积极的。首先,他认为从整个社会角度看,它"代表一个理性的社会秩序,以伦理为法,以个人修养为本,以道德为施政之基础,以个人正心修身为政治修明之根柢"(林语堂 Vol. 22,1994:3)。所以,在林语堂看来,孔子学说是积极进取的,"是人道主义的态度",因此,对"全无实用、虚无缥缈的玄学和神秘主义完全弃之不顾","要求人对人类社会负起当负的责任,所谓以天下国家为己任",这一点与"道家的适世玩世又有很大的不同"(林语堂 Vol. 22,1994:3)。所以,孔子学说"既适合于服官的阶级,也适合于向他们叩头的庶民阶级"(林语堂 Vol. 24,1994:1)。这也说明在林氏的理解中,儒家思想适合世俗功利者,也适合于现实主义者。其次,林语堂总结了孔子作为一位社会哲学家在中国历史中的地位。"以他所获得的永久性效果而论,他可能是在一切历史中最成功的社会哲学家",而他的社会秩序为中国人民接受了两千多年,"对他们的礼貌、风俗、家庭生活,社会习惯,及宗教崇拜,都有影响。孔子代表道德的中国,使中国社会及中国社会机构定出形态"(林语堂 Vol. 10,1994:107)。林语堂认为孔子如基督徒一样"相信道德的力量,相信教育的力量、相信学术的力量,相信文化历史的传统,相信国际间某种程度的道德行为"(林语堂 Vol. 22,1994:4)。由此可见,儒家思想对国家社稷的积极作用在林语堂这里得到了充分的肯定。

而从生活哲学的角度来看儒家思想,林语堂把传统的儒教精神本质归结为一种近情入理的"人文主义",即所谓中国的"人文主义"。而"近情"和"中庸"是林语堂最为看重的哲学精神。近情就是近人性、懂得人情冷暖和人生的基本常识和道理。由此可以说情和理同出一宗,舍此非彼。林语堂说:"Reasonableness 这个字,中文译作'情理',其中包括着'人情'和'天理'两个原素。情代表着可以活动的人性因素,而理即代表着宇宙之万古不移的定律",因此,"一个有教养的人就是一个洞悉人心和天理的人"(林语堂 Vol. 21,1994:397)。在林语堂看来,近情是人类精神的最高境界,他说:"我以为近情精神实是人类文化最高的、最合理的理想,而近情的人实在就是最高形式的有教养的人"(林语堂 Vol. 21,1994:396)。在近情的基础上,林语堂又提到儒家思想中的中庸之道,并为之大为叹服。他说:"普通感性之宗教或信仰,或情理的精神,是孔教人文主义之一部分或一分段。就是这种情理精神产生了中庸之道,它是孔子学说的中心思想"(林语堂 Vol. 20,1994:102)。"讲情理者其归结就是中庸之道"(林语堂 Vol. 13,1994:146)。林语堂尤其欣赏子思关于中庸的哲学思想中对人生的启示,将其理解为"宇宙的道德秩序"(林语堂 Vol. 10,1994:99),认为"这种学说就是指介于两个极端之间的那一种有条不紊的生活——酌乎其中学说。这种中庸精神,在动和静之间找到了一种完全的均衡"(林语堂 Vol. 21,1994:117)。林语堂强调,"中庸之道既以明理为发端,所以绝对没有玄学色彩"。他同时还强调中庸是常识层面的东西(Commonsense),即庸人之道,"学者专家所失,庸人每得之",因"执理论者必趋一端,而离实际,庸人则不然,凭直觉以断事之是非"(林语堂 Vol. 13,1994:146)。这个观点突出了林语堂眼中儒家思想对于生活的现实指导意义,也表现了他对儒家哲学认识的独特见地,这一见地在他向西方阐释中国传统文化的过程中发挥了重要的作用。

  对于道家和儒学这两种最能代表中国传统文化的哲学思想,林语堂还特别将两者作了比较。首先,他肯定儒家和道家思想在一定程度上有共同之处,即"完成天性及实现人的真我是儒家的教条。这一点是儒家与道家都同意的"(林语堂 Vol. 10,1994:102)。而两者之间的差异则又是林语堂更加强调的。他认为儒家和道家哲学的区别主要表现在三方面:其一,两者本质不同。"孔子学说的人生观是积极的,而道家的人生观是消极的"。"孔子设教,以仁义为基本德性。老子却轻蔑地说:'失道而后德,失德而后仁,失仁而后义'",所以说,"孔子学说的本质是都市哲学,而道家哲学的本质是田野哲学"(林语堂 Vol. 24,1994:1—2)。其二,所诉求的对象不同。孔子的学说"依其严格的意义,是太投机,太近人情,又太正确",而"那些喜好蓬头跣足的人走而归于道教"(林语堂 Vol. 24,1994:1)。所以,儒学是成功者的哲学,而道家思想则可以安抚失败者,"每一个中国人当他成功发达而得意的时候都是孔教徒,失败的时候都是道教徒",因为"道家的自然主义是副镇痛剂,用以抚慰创伤了的中国人的灵魂者"(林语堂 Vol.24,1994:3);"官员像孔子,而作家及诗人像老子及庄子,而当那些作家及诗人成为官员时,他们表面上像孔子,骨子里则仍是老子及庄子"(林语堂 Vol.10,1994:124)。第三,对现实的态度不同。林语堂认为儒家过于现实而缺乏想像力,认为孔子"过于崇尚现实而太缺乏空想的意象的成分",比如孔子的学说虽然"承认山川是有神的,更象征地承认人类祖考的鬼灵存在",但是它"没有天堂地狱,没有天神的秩位等级,也没有创世的神话"(林语堂 Vol.24,1994:2)。相反,道学却想像力丰富,"道教代表神奇幻异的天真世界,这个世界在孔教思想中则付阙如"(同上)。总之,"儒家崇理性,尚修身;道家却抱持反面的观点,偏好自然与直觉"(林语堂 Vol.24,1994:9)。从这些对比来看,林语堂在肯定了儒家思想的积极意义的同时,也在道家思想的比照之下突出了儒学的不足之处,从而表现了林氏自己在这两种哲学中的取舍态度。

  林语堂通过《孔子的智慧》、《吾国与吾民》、《生活的艺术》等著作以及其他文章对儒家思想进行了全面的介绍和评论。他对这种中国传统哲学的认识和阐释首先是建立在他肯定儒家思想在中国人的生活中具有重要意义这一前提上的,"儒家思想,在中国人生活上,仍然是一股活的力量,还会影响我们民族的立身处世之道。西方仍若研究儒家思想及其基本的概念,他们会了解中国的国情民俗,会受益不浅的"(林语堂 Vol.22,1994:2)。而在向西方介绍东方文化过程中,林语堂也将西方文化置于儒家文化的对立面,这反映了林氏要以代表中国文化的作品满足西方读者期待的愿望。比如,他在《生活的艺术》中明确地提到过"在某种意义上,我们可以说现代的欧洲并不由近情的精神所统治着,而实在是由疯狂的精神所统治的"(林语堂 Vol.21,1994:400),所以,"近情精神是中国所能贡献给西方的一件最好的物事"(林语堂 Vol.21,1994:397)。他通过对两种文化的价值判断,彰显出儒家文化对西方的重要性,也从另一个侧面表现出了林氏的东方文化情结。

3.3.3.2 林语堂作品中儒家哲学的互文性分析

  儒家思想在中国人的精神生活中长期发挥着重要的作用。它作为伦理哲学在林语堂眼中有其值得肯定的一面,也有不足之处。但是总的来看,在林氏的哲学体系当中,儒家哲学作为东方哲学的重要代表必然占有重要的一席之地。通过互文性的角度来观察林氏的文学作品,可以更清晰地了解儒家思想对其文化观和哲学观的影响。

《京华烟云》集中国的文化、哲学、历史、文学、政治、审美于一体,也综合体现了林氏的哲学观和文化观,因此,儒家思想在小说的哲学体系当中也必然会得到充分的体现。首先,在人物的塑造上,林语堂将木兰的公公曾文璞刻画成一个不折不扣的儒家伦理的倡导者和实施者。他不论在官场政治上,还是在家庭伦理以及子女的教育上都严格地恪守着儒家礼教。在家庭关系中,曾家以儒家思想为准则,有礼有制,长幼分明,因此"曾家的事一切规规矩矩"。曾家的子女从小便接受儒家思想的教育,"男女学生都要念《诗经》,五种遗规。五种遗规里的文章都是论及生活之道,学校规则,孝顺父母,读书方法"(林语堂 Vol.1,1994:56,65)。而儒家思想中男尊女卑、恪守妇道等观念也在曾家的家庭教育中得到了充分的体现。曾文璞对嫁入曾家的儿媳妇也灌输了同样的教育:"你们做儿媳妇的……第一个本份,就是帮助丈夫……要孝顺婆婆,伺候丈夫"(林语堂 Vol.1,1994:389)。因此,这也就不难解释为什么当他得知木兰带着守寡的大嫂曼娘外出看电影而大发雷霆了。曾文璞坚守儒家的家庭伦理观念直至生命的最后一刻。他在弥留之际,仍然不忘以这种思想来嘱托家人,让孩子们"不要忘记'男子治外,女子治内'这条老规矩",让家人"不论男女,一切要小心谨慎,求福避祸";他特别叮嘱自己的女儿,如果要嫁人,必须"听母亲的话,让大人替你挑选,将来就不会后悔"(林语堂 Vol.1,1994:243)。在曾文璞的这种严格的儒家思想的约束之下,整个曾家俨然成了儒家伦理道德的捍卫者。

曾文璞这个典型人物的儒家哲学思想也鲜明地体现在其政治生活当中。他在官场上一贯循规蹈矩,思想守旧,不轻易接受新生事物。林语堂通过一些细节来体现这一点。例如,他对自己的官服和官帽的爱护备至,"在曾家,若是有什么神圣不可侵犯的东西,那就是他的官衣官帽了。孩子们是严禁去动的……因为官衣官帽是权威的象征,又是家庭地位的象征,并且也是皇帝的赏赐"(林语堂 Vol.1,1994:70)。再如,在皇权被革命者取缔之后,他仍然不情愿剪掉代表旧时代的辫子,仍然习惯于穿长袍,"因为他习惯于中国长袍儿轻松洒脱,飘飘然的线条"(林语堂 Vol.1,1994:420)。这些描写都无不生动地体现了他恪守儒教的信念。此外,他在政治上的另一个特点就是厌恶政局动荡和政权的变更,"因为曾文璞是个刚强坚定的儒教信徒,在他看来,革命就等于人类文化到了洪水猛兽时代。……他怕的是随后的变化";他还"恨洋书,恨洋制度,恨洋东西"。而对时局的变动,他采取的对策就是"他看得出一段大乱方兴未艾,打算明哲保身,不被卷入"(林语堂 Vol.1,1994:388—399);他憎恶革命,于是"把所有那些革命派称之为野蛮人、'无耻忘八'、莫名其妙的假学者,信口谈论自己并不懂的理论,尤其是孔子的思想更不懂(林语堂 Vol.2,1994:140)";同时,他还以儒家道德捍卫者的身份批判教育的失败,认为这是因为"传统伦理道德的沦亡","他把现代称为'无君无父无师的时代'",而"君、父、师,就是人类生活中权威秩序的三个象征"(林语堂 Vol.2,1994:113)。而他自己为官,也廉政奉公,做到了恪守儒家的伦理道德,"我没有搜刮老百姓,拿的只是做官应得的(林语堂 Vol.2,1994:100)"。林语堂在这部小说里,将儒家思想综合到一起,通过曾文璞展示了出来。从中也不难看出,正如林氏本人对儒家思想肯定与否定并持的态度一样,通过曾文璞表现出来的儒家观念有其正面的部分,也有其落后的一面。

而奉行儒家伦理的另一个重要人物便是曼娘。她自小接受严格的儒家思想家庭教育,所以形成了她典型的儒家伦理道德观要求下的女性形象:对长辈言听计从;对命运的变化逆来顺受;而对女人的贞节则誓死捍卫。同一类型的女子还有珊瑚,她跟曼娘一样,在丈夫死后,恪守自己的贞节,以自己放弃一生的幸福作为代价来回应儒教对女子从一而终的道德要求。

除了人物塑造,林语堂还将儒家思想作为小说的主题之一来表现,让这种伦理道德观贯穿在整个故事情节的发展和变化中。比如木兰在小说中并不是儒家思想的代表,但是她也并未摆脱这种哲学观的影响。木兰深爱着与她有精神共鸣的立夫,但是由于她与曾家有媒妁之言,所以虽然她生性活泼,崇尚自由,也并不能冲破儒家的礼教,最终还是放弃了爱情而接受了这种伦理规范的束缚。

在林氏的其他小说里,儒家伦理思想也同样得到了体现。其中在《唐人街》、《朱门》和《赖柏英》这三部小说中,林氏塑造了同一类型的形象,即《唐人街》中的冯老二、《朱门》中的叔叔杜范林和《赖柏英》中新洛的叔叔谭山泰。这几个人物在小说中都在不同程度上充当了儒家伦理的代言人。如冯老二虽然身在美国,但是却不忘鼓励子女读孔子的著作,"里面有很好的教训,它教你如何做一个温文尔雅的绅士","孔子是最有智慧的人,所有的学者都崇拜他"(林语堂 Vol.4,1994:96)。《朱门》中的杜范林强调勤奋创业,在家庭伦理上坚守儒家思想的准则,认同门当户对的婚姻,并对女子的三从四德有严格的要求。因此当他得知侄女柔安未婚先孕后大发雷霆,认为"女人如果也开始放荡、失节、不守妇道,世界就要完蛋了。家庭的神圣会受到威胁。公共道德的基础也会动摇",所以,"他恐惧家丑外扬,他要维护的是家庭的荣誉"(林语堂 Vol.5,1994:294),终于将柔安赶出家门。《赖柏英》中新洛的叔叔在新加坡创业,也同样强调勤俭节约和勤奋工作,并重视门当户对的传统家庭观念,所以对侄子新洛追求身份较低的混血女友大不以为然。在哲学思想上,《朱门》和《赖柏英》中的叔叔在故事中都与自己坚持道家思想的长兄格格不入,凸显了他们追随儒家礼教的倾向。这同时也说明在林氏的哲学思想体系中,儒家哲学与道家哲学存在着冲突,但小说中作者的立场也表明了道家思想在林氏的思想体系中较儒家伦理哲学更具分量。

此外,在小说《红牡丹》中,林氏塑造了一个具有逆反和创新意识的儒家理学者的形象——梁翰林。他在小说中以自己独特的角度诠释儒家理学,"顺乎人性才是圣贤讲的人生的理想。理和性是一件事";"他认为人性与理性之间并没有必然的冲突,而且人性善,这是孟子的自然主义"(林语堂 Vol.8,1994:64)。这个人物反映了林语堂本人的哲学理想,即儒家的理性与道家的人性相结合才会产生完美的哲学观。

不难发现,互文性视角下的林语堂所塑造的这些儒家思想奉行者的形象有一个共性,那就是他们都有值得肯定的进步的一面,又有不足取的一面。这些矛盾的形象与林语堂本人对儒家伦理哲学的认识和态度恰好是契合的:林氏对儒家思想既是有所保留的肯定,又是有所肯定的批评。

3.3.4 佛教的宿命观

与林语堂对其他中国传统哲学的认识一样,他的佛教哲学观也经历过转折和变化。首先,在上世纪 20 年代和 30 年代初期,受当时国内知识界崇尚精神欧化、反对传统文化思潮的影响,林语堂对佛教的态度也是否定的。如他在"语丝"时期曾说过"求仙,学佛,静坐,扶乩,拜菩萨,拜孔丘之国粹当然非吾所应有"(林语堂 Vol.13,1994:13)。而 30 年代后期,尤其是林语堂出国之后,在向西方介绍中国文化的过程中,他开始重新审视佛教以及其他传统的东方哲学,从中发现了佛教值得肯定的价值并转而主动接受佛教的义理。在他向西方读者介绍东方哲学及文化时,林语堂指出,佛教对中国文化具有积极的意义。

他说,"佛教为输入中国而构成中国人民思想一部分之唯一主要的异国思想。它的影响之深远,可谓无远弗届"(林语堂 Vol.20,1994:116)。谈到佛教在中国的作用,林氏认为佛教同现代西方国家的宗教一样,可以"救济人类理性之穷";"佛教一面以哲学、一面以宗教两种性质征服了中国,它的哲学性质所以适应于学者,它的宗教性质所以适应于民间"(林语堂 Vol.20,1994:117)。在哲学方面对中国的影响,林氏认为"佛教的哲学有一套精美的形而上学的基本系统,遂能赢得中国学者的尊重"(林语堂 Vol.10,1994:157);同时,佛教哲学甚至于"改造了孔子哲学的本质",因为孔子的哲学"只有德行上的哲理,而佛教却含有逻辑的方法,含有玄学,更含有知识论",所以"在佛教的直接影响下,兴起新的孔教学派,称为'理学'"。佛教虽然并未改变儒教的信仰,却"改变了孔子哲学本身的要旨"。(林语堂 Vol.20,1994:118)

林语堂还谈到了佛学对中国文学的影响。如苏东坡之辈的文人,"虽立于与理学家对抗的地位,但也颇以游戏三味的姿态,用他们自己的轻松而爱美的笔调,玩玩佛学"(林语堂 Vol.20,1994:118)。尤其他谈到苏东坡"在玄学上,他是一位佛教徒,他知道生命是某种东西刹那之间的表现,是永恒的精神在刹那之间存在躯体之中的形式"(林语堂 Vol.

11,1994：5)。在民间,佛教"已具有类乎福音的潜势力,大慈大悲即为其福音"。在佛教教义下的忠实的教徒"确比常人来得仁爱、和平、忍耐,来得慈悲"。对于这种博爱,林语堂认为虽然因其每一分施舍都期待回报而显得自私,"不能高估其道德上的价值",但是他通过引用威廉·詹姆士的话"宗教是人类自私史上最重要的一章"(林语堂 Vol. 20,1994：120),而肯定佛教教人乐善好施的社会意义与价值。

从总体上看,林语堂从 30 年代后期起开始以赞同的目光看待佛教。虽然他指出佛教有消极抗议和道德价值不高等缺陷,但是对其宗教价值、社会价值和哲学价值都给予了充分的肯定。林氏对于佛教的态度的转变,自然与其主观方面对世界的认识发生变化有关,但也离不开他所处的时代与文化背景的变化。陈旋波从文化语境的变化找到了林语堂对佛教认识的转变的答案:

> 30 年代后期林语堂出国,志在传播中国文化。文化语境的巨大变化为他主动接纳佛学义理提供了重要契机。如果说 20 年代在国内他是自觉秉承五四启蒙精神而展开中国文化批判的,那末,1936 年出国之后他则是在东西冲突异常剧烈及西方文明发生危机的语境下进行文化选择的。一方面,中华民族抗战的现实背景促使他重审传统文化的真义,另一方面相当突出的西方文明危机又使他对中国传统价值产生了强烈的认同。林语堂希冀以东方智慧对抗甚嚣尘上的西方科学主义、物质主义潮流,去除西方人因物质主义导致的生存方式和人生价值的遮蔽,而庄禅"任心唯运"、"随机自适"的人生观无疑具有摧毁廓清的文化深层意义……他是在科学主义和物质主义独霸西方思想界的文化语境下审视佛禅的人文主义价值的。他通过对佛禅的哲学观与生活智慧的张扬,力图对抗西方科学主义、物质主义,重造自然和谐的人文境界。(陈旋波,2002：79—80)

面对西方读者以及高度工业化和物质化的西方社会,林语堂笔下的佛教哲学与道家思想和儒家伦理一起代表了东方文化的精髓,其中所蕴含的精神归宿与处世哲学正是处于精神危机下的西方读者所需要的。

林语堂哲学思想体系中的佛教成分同样也可以通过互文性的观察从其文学作品中找到印记。在小说《京华烟云》中占主导的哲学思想虽然体现为道家思想和儒家伦理,但是林语堂通过具体的情节与人物的语言及思想将佛教观念间接地烘托了出来,使得佛教哲学的痕迹在小说里若隐若现。如果说小说中的佛教思想有代表人物的话,那便是"爱听念佛经的"悲情人物曼娘。她的佛教哲学较为典型地体现为其宿命观。对于生活中经历的各种事情她都会归因于"命"。比如,她将自己与好姐妹木兰的相遇解释为命,认为"咱们的命都受一种看不见的力量支配"(林语堂 Vol.1,1994:82);在她的新婚丈夫平亚去世之后,悲痛之中她悟出了佛教有关于命运的解释:"她是命定要那么生活的,而听天命才可以得救而活得下去。她相信命运,相信一切都是天意,相信观音菩萨"(林语堂 Vol.1,1994:192)。这种天定的命运不仅决定了她悲剧的性格,也最终决定了她悲剧的结局。而佛教的宿命论在具有多重性格的木兰身上也有表现。木兰成年后由于机缘巧合而让她又遇见了儿时走失途中遇见的伙伴暗香,她同样将此归因于命运的安排:"万事由天命。我的一生都是这样儿";"一切都是天命,天命一定,谁也逃不过的"(林语堂 Vol.1,1994:446)。小说中林黛玉式的人物——红玉的命运也突出地表现了佛教神秘的宿命论和因果论。文中红玉在外出游览时遇见一女孩溺水而死,当即便伤心不已,对自己的命运有预见性地发出了感叹:"我想你们的树结得果实累累的时候儿,我就像枯萎的花瓣儿在水上漂流了"(林语堂 Vol.2,1994:53)。而最终她自己也是投河自尽了结一生,凸显了佛教的因果报应和宿命观;再例如,红玉曾在西湖月下老人祠里抽过一签,签文是:"芬芳香过总成空"。多年后,一个名叫宝芬(与签文中的"芬芳"暗合)的女子来到姚府作丫鬟,深深地吸引了红玉的恋人阿非,最后在红玉投湖自尽后,宝芬与阿非终成眷属,这也从而印证了签文的内容,佛教的宿命论和因果论又一次淋漓尽致地表现出来了。小说的佛教思想还表现为神秘的禅宗。崇尚道家思想的姚思安在临终之际,交代女儿木兰通过观察曼娘对时局的态度来预知将来国家的命运,令后辈们颇感意外,林语堂将其解释为"姚老先生显然是以谜语做预言,佛教禅宗高僧往往如此"(林语堂 Vol.2,1994:387)。小说中的人物形象、语言、思想及命运的安排等方面所体现出来的佛教哲学观无疑也代表了作者林语堂本人的哲学观中的佛教成分。

佛教观在林氏的其他文学作品中也有所体现。在《苏东坡传》中,林语堂将他所喜欢的这个历史人物描绘成一位佛教徒,"在玄学上,他是个佛教徒,他知道生命是某种东西刹那之间的表现,是永恒的精神在刹那之间存在躯体之中的形式"(林语堂 Vol.11,1994:5)。在小说《风声鹤唳》中的老彭则是一个纯粹的佛教徒。他献身于抗战中的慈善事业,自己则清心寡欲,慈悲为怀,正如他自己所说的"讲慈悲,讲救人类的苦难,也就是我的宗教……我们若显出慈悲心,我们就是观音的一部分了"(林语堂 Vol.3,1994:163)。他的佛教意识还体现在对智慧的认识上,"高度的智慧永远在我们心里;那是与生俱来的,不可能失去,时间一到,自然会有'顿'悟发生"(林语堂 Vol.3,1994:261)。老彭对佛教的忠诚除了表现在他对禅宗的认识和理解,也表现在他个人的精神选择上,所以即便在丹妮的爱情面前,他也采取了回避的态度,仍然坚持了一个苦行僧的信仰,所以好友博雅认为他"就像打破阿难爱情符咒的文殊师利菩萨"(林语堂 Vol.3,1994:289)。在小说《赖柏英》中,林语堂赋予了主人公赖柏英浓厚的佛教宿命观,"她骨子里具有农人强烈的宿命论,对于外界诱人的事物,一切听天由命"(林语堂 Vol.9,1994:84)。同时,他还在小说里从一个佛教徒的角度,阐述了佛教的哲学观和人生观:"摆脱了可靠的感性所造成的幻觉,超越一切私、贪、嗔的世俗情欲,就可以达到无限平静的境界"(林语堂 Vol.9,1994:39)。

此外,在其他小说中也都不同程度地反映出林语堂的哲学观中的佛教思想,如《朱门》里的杜忠、《红牡丹》中的牡丹和梁翰林等都分别从不同角度发表对佛教和佛家哲学的看法,而这些看法也间接地体现了林语堂对佛教的认识和理解,折射出其东方宗教哲学体系中的佛教观。

3.4 小 结

在广义的互文性理论的观照下,不仅文本与文本之间存在着相互影响、相互映射的关系,在文本与文本之外的客观环境与作者的个人体验之间也必然存在着互为渗透的关系。作者的哲学观的形成与发展总离不开其本人所接受的教育以及所面临的文化、政治、文学、经济等方面的环境。在其创作中,作者的哲学观会自觉不自觉地流露于作品之间;而通过作品分析,也不难探寻作者的哲学思想。

　　林语堂的哲学观是一个复杂而全面的体系,既有东方文化的成分,也有西方文化的来源。其中他的基督教宗教哲学观源于他对西方文化的熟悉以及接近,代表了他哲学观中的西方文化来源;而道家哲学、儒家伦理以及佛教思想则源于他对传统中国文化的深刻理解与浓厚的兴趣,构成了其哲学思想体系中的东方文化成分。这两个来源并行不悖,共同出现在他的作品中。作者的哲学观与其创作文本之间的互文性决定了前者会对其作品中人物塑造、情节设计以及主题的构思共同产生作用;而这些因素反过来也会折射出作者的哲学观,因此,通过对这些成分的分析不难发现他的哲学观的印记。而林语堂这个分别来源于东西方文化的哲学体系也从一定程度上决定了他的文化观和文化立场,并同样会渗透于他的文学创作和翻译活动中去。所以,探究林氏的哲学观的源头为他的东方主义和东方文化情结的矛盾统一的并存现象提供了一个解答,也同样为客观解读他的文学现象与翻译特点间接提供了一个合理的解释。

第四章

林语堂女性观的互文性解析

4.1 历史背景

Feminism 源自西方,在中国先是被译为女权主义,后来有人译为女性主义。女权主义与女性主义之间并没有本质的区别,而是认识的加深。在中国国内目前多用女性主义,因为与女权主义相比,女性主义通过性别来研究两性权力差异,也容易让人们接受。女性主义是理论与实践的结合,是一种男女平等的信念和意识形态,旨在反对包括性别歧视在内的一切不平等。相比之下,女权主义多强调实践与运动,而并不强调理论研究的成分。

西方的女权主义起源于法国资产阶级革命和启蒙运动以后,19世纪下半叶出现了第一代女权主义者的运动,与欧洲工业革命基本同步。女权运动最初的诉求是妇女在教育上和立法上应当享有与男性平等的权利,同时在经济上也与男性平等,从经济方面诉求妇女的解放。1848年7月在美国纽约召开了历史上第一次妇女权利大会,通过了《观点宣言》。尽管美国的宪法并没有赋予妇女平等的权利,但是美国的妇女革命所带来的新的思想意识形态以及社会变化对美国妇女,尤其是那些受过教育的美国妇女产生了很积极的影响；同时，这对以后的女权主义运动，包括后来的马克思主义和社会主义女权运动都有很大影响。19世纪末期前后，兴起了妇女解放运动的第一次浪潮。当时争论的一个焦点是要求两性的平等，包括男女之间的生命整个历程的平等。此外，当时女权主义者还为妇女争取平等的公民权、政治权利，反对贵族特权，反对一夫多妻，强调男女在智力上和能力上是没有区别的。这其中最重要的一个目标是要争取家庭劳动与社会劳动等价、政治权利同值。

实际上，女权主义者在为妇女争取选举权的过程中遭遇了很大的阻力。在经历过多次挫折后，他们开始思索并改变应对的策略，积极迎合中产阶级的价值观，以争取他们的支持和响应。女权主义者开始用妇女角色的传统观念来解释妇女争取选举权的必要性与合理性。他们不再强调"天赋人权"、"男女平等"、"社会公正"等概念，而是侧重宣传妇女在道德上的优越性和妇女的利他主义精神。妇女拥有选举权并不意味着抛弃传统的妇女领域，而是让妇女不仅做家庭主妇，还进一步担当社会主妇的角色。这种转变实际加深和发挥了"妇女的领域"的观念。

到了20世纪20—30年代，西方国家的妇女基本上都争取到了平等的政治权利，但在社会生活与人们的观念中，仍存在着与男性的不平等。女权主义者逐渐开始认识到，这种不平等背后存在着一个性别关系与性别权力的问题。这个意识使得女权运动逐渐演变为分析和探索男女不平等的根源、男女的权力架构并强调性别分析。女权运动也因而由实践性逐步转向理论与实践相结合或理论性。

女权主义在中国也经历了一段波折的历史。由于长期处于封建礼教的影响之下，中国的社会性别意识一贯将男性定位为统治的和强势的一方，将之视为社会的主导者，而女性则被定位为弱势的一方，受制于男性，其主要的领地为家庭。"三从四德"是中国长久以来对女性的根本要求，也因而成为女性自由的道德枷锁。五四时期，女权主义传到中国。在以反封建反传统为主要精神的五四运动中，"男女公开社交"的口号是中国历史上对明清孔孟礼教第一次发动的挑战，对此后的20世纪中国女性的地位变化产生了不可磨灭的影响。对于当时对改变现状充满期待的五四青年来说，男女平等、男女公开社交不仅要打破传统的社会性别意识对男女的定位与区分,而且要鼓励女性像男性一样去争取受教育的权利与机会,在社会上取得工作以及参加各种社会活动的权利。在这种精神的感召下,"大门不出,二门不迈"、"女子无才便是德"这些封建社会长久以来形成的对女性的期待与要求也第一次受到了严厉的抨击。走出家门进入社会,成了众多妇女寻求自由和解放的重要口号。这种新的女性意识除了为一部分妇女的境遇带来了现实性的改观外,实际上还具有更为深远的意义:它批判了中国传统的社会性别意识对广大妇女的束缚,要求整个社会改变对女性的限制,赋予女性应有的自由与平等,提出女性要像男性一样参与社会活动。从某种意义上说,"男女都一样"的意识已开始形成。

五四运动后,中国妇女,特别是上层社会的妇女的境遇已经有了很大的改进。一部分有条件的妇女取得了进入学校的机会,接受教育促成了一代知识女性的产生,使女性纷纷加入历来由子男子所统治的职业中去,成为新一代的职业女性。当然,所有的改进并非在风平浪静的环境下产生,而是从一开始便在社会上引发了争议与思考。这些30年代的变化使不少上层社会的人士,也包括女权主义者开始对社会性别意识以及女性的境遇变化提出了疑问。有人提出,是否走出家门进入社会职业当中就能使中国女性成为真正的新人?中国妇女能否在保持传统的贤妻良母的身份基础上接受西方意识成为职业妇女?换句话说,妇女如何像男性一样走向社会,同时又不忽略一个贤妻良母应尽的家庭职责?为此,蒋介石于1934—1935年间发起了新生活运动。该运动的目的在于重建孔孟的道德和伦理及维持社会治安,重估社会对女性的意识。当时有很多知识分子,包括不同党派的代表以及民主开明人士都参加了这个话题的探讨。而《妇女生活》、《女子月刊》、《女声》等杂志成了这些争论的重要阵地。争论中产生了开明派和保守派两个阵营。前者主张女性应真正意义上获得自由和平等的权利,应鼓励她们接受教育,积极参与社会活动。而后者则认为妇女学习知识固然重要,但她们最重要职责还是在家庭中。无论如何,从五四运动开始,至少在知识分子中间,与女性意识相关的社会性别关系已有了很大改变。五四时期的性别观念强调打破男、女之间的界限,女性参加到由男子主导的社会活动中;强调走出家门寻求独立的精神。这种精神的提倡,不仅向传统性别意识提出了重要的挑战,也为以后的社会性别意识的进步打下了基础。

女权意识与女性争取自由平等的运动对于中国女性而言,的确起到了改观妇女境况的作用。许多女性开始走进学校,接受正规的教育,同时也有机会接触外来的、尤其是西方的思想意识,带动这些女性为争取中国妇女的解放做出更多的努力。此外,女性在职业上也有了选择,她们有机会在政治、教育、文学等领域中为自己找到一席之地。但是,应该看到的是,到 20 世纪 30—40 年代,这些进步不能够根本上掩盖广大妇女的落后状况。首先,受教育的只限于少数女性,而绝大多数妇女仍然属于无知、被动的弱势群体。她们依然要以夫权、父权为重,被限制在家庭狭小的生活范畴中。其次,尽管当时的新文化的精神已经颇具影响力,但是大多数中国人骨子里还并未能摒弃由来已久的男尊女卑的观念,甚至包括当时的知识阶层也未能摆脱这种观点的束缚。例如,林语堂认为,近年来为妇女开办教育提高她们的文化知识,已使社会性别意识有极大的改变。但是,对女人来说,做一个好汤要比写一首好诗更重要,女人的拿手作品应是生养胖孩子(Croll,1978:126)。辜鸿铭虽然留过洋,接受了西方文化的影响,但也仍然坚持认同男人纳妾。这无疑决定了在相当长的时间内,要改变这种根深蒂固的观念是不现实的。此外,中国的经济在当时十分落后,从客观上不具备改善广大妇女的生存环境、帮助她们争取自由平等的条件。男女平等、妇女解放仅限于少数享有一定优越条件的女性。因此,自从女权主义进入中国后的很长一段时期内,由于主客观原因以及内外部原因,中国女性所面临的不平等的局面无法从根本上得到改观。中国女性争取自由平等的道路注定是漫长的。

这些因素进一步决定了当时中国社会的女性意识处于游离与摇摆的现实之中。一方面,西方的女权运动与女性意识已经深入人心,得到了广大中国人,尤其是知识阶层的认同,并引起了相当的反响,也促成了女性境遇的改观;而另一方面,内外环境的局限又使得中国女性整体所受到的束缚和压制无法从根本上改变。这种矛盾的女性意识不仅体现在当时的社会生存状态中,也在文学领域里不断得到凸显。当时文坛出现了很多宣扬歌颂女性自强自立、追求自由发展的作品,但同时,很多作品仍然糅杂着作者挥之不去的封建落后女性的意识,因而表现出较为突出的矛盾的女性观。在这些作者中,林语堂便是其中的一位。

4.2　林语堂矛盾的女性观

在林语堂的文学作品中,女性的文学形象占有重要的一席之地,如《京华烟云》中的木兰、莫愁、曼娘、红玉等女性,《风声鹤唳》中的崔梅玲(丹妮)、《朱门》中的杜柔安、崔遏云,《红牡丹》中的牡丹,《武则天》中的武则天,《赖柏英》中的赖柏英和韩沁等都是林语堂所塑造的女性形象。这些代表不同时代、不同身份、不同文化和教育背景的女性形象无疑代表了林语堂对女性的整体解读。王兆胜认为林语堂具有女性崇拜的倾向,说他"相对忽视男性世界而偏重女性世界。他站在'女性'视角,为女性代言"(子通,2003:390)。这种观点并不夸张,它概括了林氏的赞扬女性、同情女性的立场。

首先,林氏肯定自己热爱女性,并从其身上发现了诸多为男性所不具备的优点,认为孔夫子所说的"惟妇人与小人难养也"的言论是对女性的侮蔑。他认为与男性相比,女性更为理智,更容易适应环境,而且更具当机立断的能力。林语堂对此高度概括说"男子只懂得人生哲学,女子却懂得人生";"人生之大事,生老病死,处处都是靠女人去应付安排。种族之延绵,风俗之造成,民族之团结,礼教之维持,都是端赖女人。没有女子的世界,必定没有礼俗、宗教、传统及社会阶级",所以,林氏毫不掩饰地说他因女人的本色而"喜欢女人"(林语堂 Vol. 14, 1994:84)。林语堂所欣赏的女性包括宋庆龄、李清照、李香君以及《浮生六记》中的女主人公芸,等等。林氏曾不止一次地赞誉过芸这位女性形象。他在《生活的艺术》中专辟一节赞美这位女性形象,说"我颇觉得芸是中国文学中所记的女子中最为可爱的一个"(林语堂 Vol. 21, 1994:281);而在《浮生六记》译者序中则更具体地列举这位女子的美德:"芸,我想,是中国文学上一个最可爱的女人";"我只觉得世上有这样的女人是一件可喜的事……在芸身上,我们似乎看见这样贤达的美德特别齐全,一生不可多得……因此,我说她是中国历史上(因为确有其人)一个最可爱的女人,并非过甚其辞"(林语堂 Vol.18,1994:142)。林语堂喜欢芸在于她的学识、她的风雅以及她爱美、爱真的精神和中国文化中最具特色的知足常乐、恬淡自适的天性。对于明末清初的名妓李香君,林语堂因其坚贞的爱情追求和敢于反抗权贵的勇气而称其为奇女子,"她是一个以秉节不挠受人赞美的奇女子,她的政治志节与勇毅精神愧煞多少须眉男子。她所具的政治节操,比之今日的许多男子革命家为坚贞"(林语堂 Vol.20,1994:153)。中国第一位女词人李清照也是林语堂所推崇的女性。他对其诗词以及高雅的生活情调赞叹不已。

　　林语堂对女性的关注和偏爱除了赞美,还表现在他对中国女性的同情上。他指出中国女性一贯受到轻视,得不到应得的权利,因而在思想和行动上备受束缚和歧视,并且其程度随着孔教学说的进展与日俱深,"它并未有像后世学者态度的那种怪癖而自私的观念,但其女性低劣的基本意识却是种下了根苗"(林语堂 Vol.20,1994:131)。所以在社会上,男女极端不平等,女性处于从属于男性的地位,而其原因"乃为一般的认女人为低能的结果",所以导致了"妇女的痛苦,差不多是一种不可明见的隐痛"(林语堂 Vol.20,1994:135)。林语堂还针对中国古代妇女裹足特别做了剖析和批判。他说妇女缠足"代表一种束缚并压迫女性的记号",而"缠足制度是男人家的幻想中最卑劣的癖性"(林语堂 Vol.20,1994:133,157)。此外,对于妇女在家庭中所受到的束缚,林语堂也予以批判。服从家里的男性成员、恪守贞节等德性成了女性伦理的法典,所以"女性一生没有旁的事业,只有做做贤妻良母而已"(林语堂 Vol.20,1994:146)。

　　自称为"一捆矛盾"的林语堂在对待女性的问题上有诸多的见解,但是其态度从总体上看也明显具有矛盾的一面,这些矛盾介于传统与现代、进步与落后、东方与西方等对立体之间,综合反映了林氏的东西交融的文化观和文学观。这种复杂的观念也会影响并体现在其翻译思想及其策略中,因此,从文化角度解读林语堂的女性观并对其作品进行互文性的分析也同样成为深入客观解释其翻译现象的重要基础之一。

4.2.1 先进的女性观的互文解读

在林语堂矛盾的女性观当中，其积极的一面主要体现在他反对儒家礼教对妇女的精神和生活上的禁锢以及男女间极度不平等的关系，拥护有知识有智慧的女性，提倡妇女争取自己的解放。在《吾国与吾民》一书中，林语堂谈到了儒家礼教对女性限制的批判："女人之能作出真性的狂笑，实较之吃吃而浅笑为可爱。孔教学说所予妇女界之人为的限制和过分划分的性的区别，必须让其地位于适合人类天性的观念而不复回复"（林语堂 Vol. 20, 1994：163）。这清楚地表达了林语堂对女性的态度：男女应该平等，妇女要追求解放和自由，开朗健康。这是一种代表进步的女性观。虽然20世纪初的中国经历过一场妇女解放运动，使许多女性得以摆脱家庭伦理和传统观念的束缚，找到了接受教育和展现自我价值和人格的机会，但几千年来形成的对妇女的桎梏，并非由一场运动就能完全消除，许多妇女仍然处在历史留下的阴影之中。因而，在这样的背景之下，林氏的妇女观显然有其进步的色彩。

林语堂把这种对妇女形象的期待寄托在了自己的文学创作中，塑造了一个又一个追求心灵解放和生活自由的人物。这些人物在不同的背景下展现出了林氏心中的女性的理想。首先，这些女性代表了反封建礼教的自我解放意识。姚木兰是其中最为典型的一个。林氏笔下的木兰是美貌出众、自由潇洒、高雅脱俗的完美女子的形象。林语堂自己曾说过"若为女儿身，必做木兰也"（林语堂 Vol. 1, 1994：3）。姚木兰曾在天津接受西洋教会学校的教育，因而受到了西方文化的熏陶，具有西方的开放意识和自由精神。同时她受到了一生追随道家思想的父亲的极大影响，能够站在较高的精神高度认识世界。所以，木兰在很多方面表现出了对儒家封建礼教束缚妇女的极大否定与反抗。在精神生活上，她崇尚较高的情调，喜欢游历山水；有丰富的奇思妙想，总是随性而为。她并不安于富家少奶奶养尊处优的生活，喜欢出入社交场合，经常携丈夫与曼娘一起外出观光，或逛茶楼、看电影。曾经有一次她因为带寡居的曼娘外出散心而惹怒了恪守儒家礼教思想的公公。木兰追求自由、平等、开放的进步意识还表现在：她鼓励经亚与其离心离德的妻子离婚，帮助他摆脱了封建的等级观念，娶了自己所爱的丫鬟暗香。而后来，经历了生活的丰富体验后，她开始回归到父亲的道家哲学上来，放弃了繁华与富贵，顺应自己内心对简单平淡生活的诉求而选择南下杭州，过起荆钗布裙的农妇生活。而在爱情上，木兰一直恪守着对婚姻的忠诚与责任，同时也一直坚守着她对立夫的崇高爱情理想。木兰在以上这些不同侧面所表现出来的特点都反映了她反对束缚，否定封建礼教，追求自由平等的超前意识，而作者也正是通过这个人物为自己代言，表达了他的女性理想。

这种女性的自我解放意识同样在小说《朱门》中得到了体现。小说的女主人公杜柔安出身于朱门，美丽、善良而勇敢，也是一个具有超前的自我解放意识的"理想女子"。她在新思潮的影响下勇敢地追求爱情，不惜冲出朱门，放弃优越的生活而过着自食其力的生活。她为了爱情摒弃一切世俗教条，未婚的她敢于对自己心爱的人以身相许；怀孕后，因为被视为有辱家族名声而被逐出家门，但她依然顽强地与命运抗争，直至最后的胜利。柔安这种爱情至上的恋爱观无疑又是女性追求自由解放意识的体现，也代表了新女性的另一种理想。

而通过小说《红牡丹》中对牡丹这一人物的塑造，林语堂将女性的解放意识表现到了极致。牡丹这个人物代表了典型的自由开放的女性形象。在她面前，封建礼教中对女子三从四德的要求完全失去了约束力。她追求纯粹的爱情，甚至到了不顾一切的地步。首先，她与金竹一直保持婚外情的关系，而在其丈夫死后，她又与自己的表哥孟嘉堕入情网，开始了新的爱情；后来，她又先后与傅南涛、安德年产生过感情纠葛。她对每一段爱情都毫无保留地投入，完全不顾及伦理纲常或社会舆论。从伦理上看，即使在今天，牡丹的行为也显然有悖于婚姻忠诚和爱情专一的道德标准，然而，她正是以这种极端的和放荡不羁的行为向封建礼教对女性的约束和禁锢发出了挑战，成为勇于追求自由平等和个性解放的女性先锋。

林氏所描述的女性形象的进步意识还体现为她们高尚的民族主义和爱国主义的情操以及追求民族解放的精神。木兰的形象中也具备了这一特点。1937年抗战爆发后,在全民抗战热情的鼓舞下,她顾全大局送独子奔赴抗日前线。后来,她又在流亡逃难途中,接连收留了四个遗孤。木兰身为女子却拥有广阔的胸怀和长远的见识,她的这些行为与中国的未来联系在一起,其深刻的象征意义是:她的壮举使得中华民族的生命得以延续,让人看到了民族的未来。"她更感觉到一个民族,其耐心,其力量……就如同万里长城一样,也像万里长城经历千年万载而不朽"(林语堂 Vol.2,1994:502)。木兰博爱、勇敢、大气的特点在民族意识上表现得淋漓尽致。林语堂在《风声鹤唳》中也突出了女性的民族解放意识。女主人公丹妮在生活上历尽人间的艰辛,但她并未因此消沉,而是依然执著地追求光明的生活。在好友老彭的精神影响之下,她的人生观得到了升华,放弃了个人的幸福追求而投身于抗战中救援灾民的工作,也因而成为了人们眼中的"观音姐姐"。林语堂将民族大义的精神安放在世俗眼光中的弱女子身上,也正是凸显了他本人女性观中对女性的认同与赞美,同时也表达了他对女性进步的理想。

林语堂积极的女性观还体现为他把女性放在了帮助与拯救男性的位置上,赋予了女性比男性更强势的特质。比如木兰在小时候就表现出了这方面的特点。她在跟曼娘对话时曾说:"我不喜欢男孩子。最好我自己是男孩子"(林语堂 Vol.1,1994:82)。她凭借自己的智慧、远见和胆识,先后帮助两个与自己生命有密切联系的男人脱离困境。首先,木兰的丈夫荪亚身为官宦子弟,满足于衣食无忧的现状,习惯于游手好闲的生活,而不会对未来生活作长远的打算。木兰以其独特的远见卓识,说服丈夫投资古董生意,不仅为家庭生活提供了经济保障,也帮助他建立了自信,使之成为一个有独立能力的人。从这种意义上说,木兰对其丈夫的影响和帮助是不言而喻的。而从木兰与立夫的关系中,也同样可以发现木兰身上的超越男性的拯救者形象。立夫因其革命言论得罪了军阀当局而被捕,在其他人一筹莫展的时候,木兰沉着冷静地分析形势,以惊人的勇气冒险只身到军阀司令部利用直奉两系之间的矛盾,以其机警和善辩巧妙地将立夫从监狱中救出,展现出敢于冒险的不凡气度。另外,还有《赖柏英》中的柏英。她虽然出身于农家,没有接受过正式教育,但是却也有着开阔的胸襟和坚定的意志。她坚守着对男主人公新洛的爱情,执著而努力地生活。当新洛陷于极度潦倒困顿之时,她以博大的胸怀和无限的韧性包容并且拯救了自己的爱人。此外,《朱门》中的柔安、《红牡丹》中的牡丹等人物都在特定情况下扮演了拯救男性的角色。

林语堂笔下的女性似乎都无一例外地被赋予了某种优秀的品质,除了以上所述这些优点和进步性之外,他也并未放弃对传统女性美德的赞扬。如《京华烟云》中木兰的妹妹莫愁和《红牡丹》中牡丹的妹妹素馨都具有典型的冷静、沉着、文静、贤淑、忠诚等女性的传统美德;还有他在《朱门》中塑造了崔遏云这样一位具有不畏权贵、勇敢侠义等优良品德的女性。总之,这些形象都是正面的、积极的,也代表了林语堂本人积极的、开放的进步女性观。

4.2.2 滞后保守的男权主义

林语堂的女性观中有其积极开放的一面,但同时也不难发现其中也有局限和落后的一面,这在某种意义上也印证了他"一捆矛盾"的特征。林氏虽然塑造了一系列的妇女反抗封建礼教,追求自由民主和个性解放的形象,但是在他的女性思想之中仍然糅杂着落后的封建思想的成分。他仍然认为男子主外女子治内的分工合作"很相近于真理",女性应该"珍惜其故有的性型";而中国女性与欧美女性相比,在林氏看来,"她们比之西洋姊妹们似较为缺少自动的和自立的精神"(林语堂 Vol. 20, 1994:130,163)。显然,林语堂仍然不能完全摆脱女性弱于男性这种由来已久的观念影响。通过对其文学作品中人物的互文性分析,也会发现在他所称颂的女性形象身上仍然存在着落后甚至愚昧的弱点,而这些弱点从某种意义上反映了林语堂女性观中不足取的部分。

对于妇女的社会定位,林语堂的态度十分明确,他认为女性应该归于家庭,而不应涉足纷繁的社交生活,妇女最理想的职业就是家庭主妇。

他说:"妇女中亦有才干杰出、不让须眉者,不过这样的才干妇女其数量确乎是比较少的,少于德谟克拉西所能使吾人信服者"(林语堂 Vol. 20,1994:143)。因此,他笔下的女性大多局限于家庭的藩篱中,极少参与社会活动。她们的身份往往是孝顺乖巧的女儿、贤淑忠贞的妻子、谦恭顺从的媳妇等等。而所有这些优良品质迎合了男性乃至整个男权社会对她们的期待与要求。《浮生六记》中的芸是林语堂最欣赏的女性之一。林语堂说:"也许古今各代都有这种女人,不过在芸身上,我们似乎看见这样贤达的美德特别齐全,生不可多得"(林语堂 Vol. 18,1994:142)。而就算是她有着传统女性身上所不具备的高雅情趣和超俗的品格,但在婚后还是要承担起照顾翁姑起居,服侍丈夫等家庭妇女的职责。而木兰也是如此。纵然她从父亲那里接受了豁达开明的家庭教育和道家思想的影响,她还是未能脱离传统道德对女性的要求。她同样也会女工,会持家,尤其是她在婚后承担起主管婆家上下事务的责任,勤俭持家,孝敬公婆、辅助丈夫,并调节好家族中的各种关系和矛盾,从而树立起一个谦让、宽容、聪慧、能干的好儿媳和好妻子的形象。此外,木兰的妹妹莫愁和《红牡丹》中牡丹的妹妹素馨则更加突出地体现出了林氏"女性属于家庭"的女性观。

而在男女的地位上,林氏思想中男尊女卑的成分也比较突出。《浮生六记》中的芸被林语堂称颂为具有"贤达的美德"的女性。但是她非但不反对丈夫纳妾,反而处心积虑地要帮他物色合适的对象,甚至于当她得知自己所中意的美妾人选另嫁他人时,郁郁寡欢直至大病一场。如果这也是林氏所称颂的"贤达的美德"的话,这便意味着女性为了满足丈夫的贪欲,就要不惜放弃自己的幸福与爱情。林语堂本人并不反对、甚至表示能够接受纳妾,因此,其女性观中的男权中心的意识是不言自明的。

在小说《京华烟云》中,他将妻妾关系比作花和花瓶:"妻子就像鲜花儿,花瓶儿可以提高花儿的高贵美丽,也可以因为花瓶儿而将高贵美丽一毁无余"(林语堂 Vol. 1,1994:55)。他在塑造木兰这一形象时,特意也将芸的美德加了进来。木兰也不反对丈夫纳妾,"她甚至于说过给丈夫纳个妾呢"(林语堂 Vol. 2,1994:349)。所以她一度曾想将自己的贴身丫鬟暗香许给丈夫作妾。男尊女卑的观念更突出地表现在曼娘这个人物上。她新婚即开始守寡,终生不近任何男性,恪守着自己的贞节和对亡夫的忠诚,以一生的孤独诠释了男尊女卑的残酷。总之,从支持纳妾这一角度看,林语堂的确是从男性的贪欲和自私的需求出发,忽略了女性的情感需求以及对她们的尊重,将男权为中心的意愿一厢情愿地强加到女性身上,充分体现了其女性观的局限和落后。

4.3 矛盾的背后

  由以上分析可以看出林语堂的女性观糅杂了先进的提倡女性自由解放的观点和落后保守的男权主义的偏见,明显地表现出其思想上的矛盾性。从林语堂的时代与他所处的文化环境的角度来看,其矛盾的女性观是有一定根源的。概括地说,这种矛盾的观念是东西方两种不同文化共同作用的结果。在其女性形象的塑造中,林语堂把东西方文化中的女性价值观有机地糅合在了一起,既体现了老庄哲学所倡导的随性自然,又体现了西方文化中尊重个人和崇尚自由的人文思想,所以他认为理想的女性是中国传统女性与西方女性的融合,即这种女性具有中国传统道家哲学中自然朴实、睿智高雅、知足常乐的特点,还要具备儒家所称颂的贤淑孝顺、举止得体,同时又具备西方女性的独立自由、富有个性等特点。他在《解放运动》一文中说:"体育变迁的结果,又产生对于女性美的观念的变迁,从昔时矫揉造作的所谓娴静温雅变至较为适合人类天性的活泼健美相近于欧洲妇女"(林语堂 Vol.20,1994:163)。这足以说明林语堂的女性观不仅受崇尚自然本性的道家哲学的影响,而且还受西方女性解放思想的影响。例如,他认为姚木兰是一个理想化的女性,在她所担任的不同角色中和所处的不同环境中都是尽善尽美的。在她身上既具备中国传统的伦理道德和高尚的操守,又有着西方的自由开放、追求个性的精神。换句话说,木兰完美的女性形象集东西方文化中的美德于一身。可以说,林氏的女性观不仅代表了他在文化观上的理想和期待,也体现了其文化观的取向。

如果用二分法来分析林氏的女性观的话,应该先看他积极的和先进的一面。林语堂的女性观之所以能够在其所处的时代显现出积极的特点,首先要归因于他所接受的西方文化影响的背景。西方从19世纪中叶到20世纪20年代便出现了女性主义运动的第一次浪潮①,强调男女两性的共性和平等,反对性别歧视,要求对男女同等对待,强调女性应该享有与男性同样的地位与权益。在这种思想的影响之下,西方女性开始逐渐意识到以往所受到的不公平待遇,强烈要求改善她们在就业、教育、政治和家庭中的地位。这次运动最后集中到为妇女争取参政权的斗争。到20世纪20年代,美国各州通过了妇女的选举权,英国也于1928年实现了这一目标。林语堂在女性主义萌芽产生几十年之后来到西方文化环境中,亲眼目睹了西方女性在社会中的地位,所以他的女性观自然会受到西方先进思想的影响。林语堂超前的女性观的形成也离不开读者的作用。因为他在美国大多作品都是以西方读者为主要对象,所以,他需要迎合西方读者的价值观。在这个背景下,林语堂的女性观也难免要符合西方社会对于女性形象的期待,这便使得他的女性观表现出积极的一面。

而实际上,早在林语堂出国之前,国内的女性解放运动已经在内外环境的影响之下展开,并产生了广泛的社会效应。尤其是在知识分子当中,女性的形象跟过去比有了巨大的改观。早在19世纪下半叶,女性已经广泛参与到太平天国运动中②,同时也出现了男女平等的观念。虽然因为运动的失败而使这种新的思想无疾而终,但是却对女性地位的改善起到了积极的作用。而外来力量对中国女性的解放也发挥了重要作用。从19世纪后半期起,外国传教士进入中国。他们在传教的同时,也带来了当时西方的社会观念。他们通过办女学,宣传女权,为一部分知识分子和女性打开了视野。20世纪初期,中国新文化运动和后来的五四运动,使得中国女性在社会中得到了真正的关注。在这期间各种西方思潮

---

① 西方的女性主义运动出现过两次浪潮。第一次出现在19世纪中叶到20世纪20年代,这一时期以自由主义的女性主义为主要特征。第二次浪潮从20世纪60年代到20世纪90年代,是伴随着20世纪60年代的美国黑人运动、反战运动和学生运动的出现而出现。这一时期男女两性的差异得到了女性主义者的认可。

② 关于女性参与太平天国运动,在林语堂的著作《京华烟云》第二章中也有表述。

纷纷进入中国知识界,在他们的反复审视中,马克思主义在中国有了广泛的基础,其中有关女性解放的思想也为中国知识分子所接受和关注,在社会上产生了巨大的影响。林语堂作为当时知识界的一名活跃分子,也无疑受到了女性解放思想的感染。他在这期间一系列的文章,如《女论语》、《我喜欢同女子讲话》等都表达了他对女性问题的思考。

林语堂矛盾的女性观的另一面是他落后保守的女性观点。在这个现象的背后,也同样存在着不可忽略的根源。首先,林语堂来自于具有深厚文化历史传统的中国,几千年以来的哲学思想和伦理道德在大多数中国人中有根深蒂固的影响。虽然深入到西方文化生活中,林语堂仍不能摆脱这种东方礼教的影响与渗透。中国传统的伦理思想总的来说是以男权为中心,而女性则处于被动和附属的地位。如道家思想被认为对妇女持有宽容尊重的态度,但是对道教女修行者却仍然做出了极其严格的戒律。如道教认为"女贪淫事",对修行有害,"悍妇"无法学道①。儒家思想自孔子提出"惟女子与小人难养也"的妇女观后,男尊女卑的思想则更是渗透到社会生活的各个方面。女性顺服于男性这种思想不仅成为封建社会对女性的评判尺度,也成为女性行为规范和自我完善的理想标准。由于儒家思想与道家哲学在中国历史上的广泛而深刻的影响,作为深谙中国文化精髓的林语堂,其女性思想中带有这些观念的痕迹也不足为奇。

除了社会性因素,某些个体因素对林语堂的女性观也产生了不可忽略的影响。这就不能不提到辜鸿铭。林氏与这位前清遗老有着相似的经历,他们都深谙中西两种文化,都精通英文。辜鸿铭以其独特的文化观、民族观及其过人的学识深得林语堂的敬重。在对待女性这个问题上,辜氏的许多观点停留在封建社会对女性的态度上。比如他认同妇女缠足,认为女子裹小脚是一种美;而林语堂似乎也对小脚情有独钟。他在《京华烟云》中对曾家姨太太桂姐的小脚作过特别的描写:"这位少妇的脚,可以说几乎达到十全十美的地步——纤小、周正、整齐、浑圆、柔软,向脚尖处,渐渐尖细下来……",而"一双不裹起来的大脚,把线条的

---

① 出自http://webuc.net/moody/articles/7330.aspx.该网页文章取自于范若兰《近年我国关于宗教妇女观与妇女地位评述》,载于《世界历史》1999年第3期。

和谐则破坏无余了"(林语堂 Vol.1,1994:54)。辜鸿铭尤其赞同纳妾制度,"在纳妾这一主题上,我想说的第一件事是,正是因为中国妇女的无私使得纳妾在中国不仅可能,而且并非不道德";"当丈夫生病或由于其心脑过度操劳而疲惫,需要一个侍女,一个手靠和眼靠来恢复健康以适应其生活和工作时,中国这一无私的妻子就会给予这些……正是中国妻子的这种无私,她的义务感,这种自我牺牲的义务,使得中国男人能拥有侍女和妾"(辜鸿铭,2006:126,127)。对于他的这个观点,林语堂表示认同,这在他所尊崇的女性身上得到了淋漓尽致的体现,如《浮生六记》中的芸和《京华烟云》中的木兰都曾做过为自己的丈夫觅妾的努力。

在构成林语堂落后的女性观的因素中,还有一点不能忽略,这就是他在面对西方读者的时候,是通过对东方女性的保守形象的描绘而满足了西方读者对东方女性形象的心理期待。在女性解放思想的影响之下,西方读者在意识中开始接受并理解女性应该具有解放身心自由这一事实。而同时,他们认为东方的女性应该处在并不开化的男权为中心的社会环境中,恪守着传统强加给她们的束缚。在西方读者对女性地位的这种矛盾的期待目光之下,林语堂在文学作品中所描述的女性形象也具有两面性。一方面就是他向西方读者展示了诸如曼娘、桂姐、红玉等完全受控于男性所统治的伦理道德之下的女性形象。而另一个极端就是林语堂还向西方读者展示出了像牡丹和武则天这一类完全置传统伦理道德于不顾的放纵、滥性的女性形象。例如《红牡丹》的译者张振玉在提到小说里直白的性描写时说:"林语堂先生之敢于如此运用笔墨,推其缘故,主要原因,本书系英语著作……与西方道德气质或人生观较为接近之故"(施建伟,1992:214)。

如果说林语堂的女性观的表象是矛盾的话,那么通过对内外环境和主客观因素的分析所挖掘出来的根源似乎并不矛盾。一方面,林语堂毕竟脱胎于有着深刻的夫权、父权文化影响的旧中国,男权至上、女子顺服于男性的观念已经深深地渗透到其思想的深处。所以当他置身于已经摒弃了这种女性观念的西方文化时,在原来的女性观中融入了积极的和先进的女性观的色彩,但是溶解在其血液中的保守落后的女性观却并未因此而消失,这两种相互矛盾的观念在其创作中此消彼长,因而在他的女性观里呈现出特有的矛盾的表象。

4.4 小 结

　　一个人的女性观的形成过程以及促成的因素往往是很复杂的,在其文学创作、观点理论以及其他文化活动的表象背后,往往隐藏着诸如民族、历史、政治、教育等种种因素的交替作用。换言之,一个人的女性观必然包含在他具有广泛包容性的文化观内。探析女性观的表象及其根源能够透射出一个人的文化立场和文化取向,因而能够有效地帮助研究者管窥其文化观。林语堂的女性观在其思想体系中占据重要的地位,他的小说作品、理论作品中都涉及他对女性的关注与认识。所以,在对他的文化观的探索过程中,研究其女性意识是必不可少的一步。

　　由于文本与文本之外的诸多与作者相关的因素之间存在广义上的互文关系,所以,从林氏的文本中所提取的有关女性描述或论述的表象与其女性观之间也必然会相互影响和透射。林氏对各种女性形象的塑造体现出了他对女性认识的不同侧面,也表达了他的女性理想;而同时,他本人的女性意识也正是通过对女性的描述折射出来。因此,在互文性理论下,文本分析的方法是了解林氏女性观点有效而合理的途径。

　　林语堂的女性观既带有东方传统文化中保守的女性思想,也带有西方自由开放的女性观倾向,具体表现出独特的先进与落后两种矛盾并存的倾向。而联系林氏本人的双重文化背景,这种矛盾也就找到了答案。身处西方文化中的林语堂很早便接受了西方女权主义的思想,同时也目睹了西方女性的自由独立,这无疑成为影响其女性观的重要因素,也促成了他女性意识中的先进性。而其出身的东方由来已久的封建儒家礼教也早已渗入到深谙东方哲学思想与文化的林氏思想中,并同时作用于他对女性地位的理解。另外,他在西方的读者对东方女性的期待并不等同于他们对本国女性的期待。他们意识中的东方女性依然是裹着小脚依附于男性的弱势群体,而林氏作品要面对这些读者时,也不得已要迎合他们的这种期待。这便决定了他笔下的东方女性身上带有封闭的和落后的一面。

林氏的女性观作为其文化观的一个组成部分，必然也会折射出其文化观，而同时，也会与文化观中的其他成分一起深入到他的翻译活动中去，并通过其翻译文本体现出来。互文性的分析将会有效地揭示两者之间的关系。这也决定了林氏的女性意识的研究成为研究林氏翻译的一个必不可少的基础。

第五章

互文性视阈下的林语堂东西融合的审美观

与其哲学观、女性观一样,林语堂的审美观在其综合的思想体系中也占据了重要的地位。由于林氏东西方文化背景和他对东西方文化的熟知在很大程度上决定了其审美观必然会受到东西方文化的共同作用,因此体现为典型的东西文化的融合。所以,深入探究林语堂的审美观的外在体现以及内在成因,尤其是其东西方文化的根源,成为全面解读林氏的文化观的必要基础之一。

根据互文性的理论,林氏的审美观必然会影响其创作思想、人物塑造、文学意识以及翻译观点等因素,并进而影响到他的创作活动与翻译活动;与此同时,其创作文本中所展现出来的人物语言、行为、思想等方面的特征以及翻译文本中所体现中来的翻译语言特征及策略的选择等,都会从某种程度上折射出林语堂的审美观。用互文性理论将林氏的审美观与其文本有机地联系起来,不仅可以有效地探究其审美观形成的根源,也能合理地解读体现在其翻译和创作中的特点。在东西文化的观照下审视林氏审美观特点,并通过互文性来分析其表现形式,也可以为林氏的翻译研究提供更深入、更全面的参考和依据。

5.1 无处不在的审美情趣

在哲学上有独到的见解,在创作上有鲜明的个性,而在生活中则充满情趣,这些特质决定了林语堂具有高度敏锐的感知能力和对美的欣赏能力,也因而造就了他独特的审美观。在他审视下的事物无论是宏观的还是微观的,都既充满了老庄哲学的韵味,又富于西方美学的魅力。其一,在林氏的哲学体系中,老庄的道家思想占据了主导地位,这进而也渗入到他的审美观当中。因此,他对事物的解读与描述都带有浓重的崇尚自然、追求性灵、淡然闲适的意味;其二,他对以基督教为主导的西方文化不仅熟知,而且深入其中,也因而接受了西方美学的影响,所以,他对事物的欣赏与感受又难免带有西方美学的眼光。这两种不同的审美视角相互交错,共同作用,催生了林氏东西融合的审美观体系,而这也正体现了东西方两种文化在林氏的思想体系中的结合与交融。

林语堂对于生活中的美有着非凡的感受能力。他善于从那些易于为常人忽略的细微之处发现美,并对之产生深刻的感悟。他眼里所看到的快乐往往非常简单:

"例如在睡过一夜之后,清晨起身,吸着新鲜空气,肺部觉得十分宽畅,做了一会儿深呼吸,胸部的肌肤便有一种舒服的动作感觉,感到有新的活力而适宜于工作;或是手中拿了烟斗,双腿搁在椅上,让烟草慢慢地均匀地烧着;或是夏月远行,口渴喉干,看见一泓清泉,潺潺的流水声已经使我觉得清凉快乐,于是脱去鞋袜,拿两脚浸在凉爽的清水里;或一顿丰盛餐食之后,坐在安乐椅上,面前没有讨厌的人,大家海阔天空地谈笑着,觉得精神上和身体上都与世无争;或在一个夏天的下午,天边拥起乌云,知道一阵七月的骤雨就要在一刻钟内落下来,可是雨天出门不带伞,怕给人家看见难为情,连忙趁雨未降下的时候,先跑了出去;半途遇雨,淋得全身湿透,告诉人家,我中途遇雨"。(林语堂 Vol.21,1994:130)

在他充满情趣的审美意识之下,除了大自然的美景、饱含文化意蕴的诗书情怀外,日常生活中原本繁琐乏味的小事也变得亦庄亦谐,妙趣横生,香烟、西装、糍粑、鸟语、花香、乞丐、爆竹,等等,无不在他的笔下变得活泼而有趣。

林语堂的审美观特别强调用纯粹的感官去发现生活中的美,而反对虚无的想象,"世界岂不是一席人生的宴会,摆起来让我们去享受——只是由感官去享受;同时由那种文化承认这些感官的欢乐的存在,而使我们也可坦白地承认这些感官的欢乐的存在"(林语堂 Vol. 21,1994:139)。他尤其欣赏中国和西方一些作家对于生活细致入微的观察和对自然与社会丰富细腻的感觉,例如梭罗(Thoreau)笔下的蟋蟀、惠特曼(Whitman)笔下的冬雪和天空和金圣叹笔下的三十三则"不亦快哉"都是林氏眼中充满感情的美妙世界。林氏认为感官能触及的美也同样应该体现在文学、艺术、哲学等"高等欢乐"上。他并不否认在审美领域中的精神之美,但是从审美感受的角度来说,要真正能够吸引人,归根到底还必须依赖可以感知的形象;而如果只是抽象地强调心智,那就不是文艺作品,而成了哲学说教了。因此,文学作品应该描写具体的人生,而不应该只追求抽象的情感渲染。林语堂说:

"当我们研究到这些较高的心智欢乐时——文学、艺术、宗教、哲学——我们发现,智能比之情感和感觉实占着较为无关重要的地位。一幅美丽的图画,它的功用,只是使我们回想到一片真的风景或是一个美丽可喜的面貌,因而生出一种情欲的欢乐,此外可还有什么作用?文学也只是重作一幅人生的图画,表现它的环境和色彩,表现草地的香味和都市中沟渠的臭味,此外,可还有什么作用呢?我们大抵都有一个观念,认为一部小说必须要描写出真实的角色和真实的情感,才近于真正文学的水平。如果一本书的描写脱离了人生,或只把人生做了一个平淡的解剖,那便不是真正的文学;一本书越有真实的人性,也便越是好文学。如果一本小说只淡淡地分析一下,而不把人生的甜酸苦辣描写出来,怎能引得起读者的兴趣呢?"(林语堂 Vol. 21,1994:144)

而对于其他的艺术形式如诗歌,林氏认为它同样离不开感觉,因为在他看来,这一类艺术形式"如果越出感觉的界线,而想表达一个哲学观念时,我们可说它是没落的"。(同上)

林语堂强调具体的感官对于体会生活和文学艺术上的美感具有重要的作用,这也是他审美观的基石。林氏对事物欣赏和理解、文学创作、翻译实践等活动都是建立在他敏锐而细腻的感观能力上。这个前提知识也为进一步分析其审美观的具体体现,挖掘其审美根源建立了重要的基础。

林语堂的审美观涉猎广泛,不仅体现在其生活哲学中,也体现在其文学观和文学创作当中。因此,从其中任何一个侧面都能够发现林氏的审美情趣;而同时,这些审美情趣又以多种形式表现出来,例如林氏的幽默观就是其中的一种表现形式。东西文化的背景之下所彰显出的林氏的审美观不仅带有中国传统文化的印记,而且也表现出浓重的西方文化的色彩,因此可以说,林氏的审美观是东西文化融合的综合体。

5.2 林语堂的幽默观

将西方的 Humour 一词译为"幽默"的第一人就是林语堂,而幽默观也正是他审美观中表现较为突出的成分,甚至可以说贯穿了他的文学观、哲学观和政治观。因此,要谈及林语堂的审美观,就不能不谈及他的幽默观。对他这个重要的审美观成分做一个深入全面的了解和分析也就显得十分必要。

林氏本人对于幽默的论述和理解,始于 1924 年他在《晨报副刊》上发表"征译散文并提倡'幽默'"和"幽默杂谈"等文章,到 1932 年他于上海创办了《论语》等杂志,大力提倡幽默,造成了"轰的一声,天下无不幽默小品"的声势,而 1932 年也称为"幽默年",林语堂也被冠以"幽默大师"的称号。

上世纪 30 年代的知识界对于林语堂所提倡的幽默褒贬不一,林语堂也因此受到了很多抨击[①],但他依然故我,将幽默定为自己的艺术和文学的基调,并且强调幽默无处不在的作用。于文学上,他认为"幽默本是人生之一部分,所以一国的文化到了相当程度,必有幽默的文学出现";

---

① 在上世纪内忧外患的 20、30 年代,强调将文艺作为战争武器的左翼文坛自然不能够容忍林语堂所提倡的具有戏剧性因素的幽默。鲁迅是其中主要的代表,他在《"论语一年"》中说道:他(林语堂)所提倡的东西,我常常是反对的。先前是对于"费厄泼赖",现在呢,就是幽默。

"没有幽默滋润的国民,其文化必日趋虚伪,生活必日趋欺诈,思想必日趋迂腐,文学必日趋顽固"(林语堂 Vol.14,1994:4,17)。在肯定幽默在文学中具有重要意义的基础上,林语堂进一步强调幽默的社会作用。他说:"我很怀疑世人是否曾体验过幽默的重要性,或幽默对于改变我们整个文化生活的可能性——幽默在政治上,在学术上,在生活上的地位。它的机能与其说是物质上的,还不如说是化学上的。它改变了我们的思想和经验的根本组织。我们必须默认它在民族生活上的重要"。在林氏看来,幽默于政治,于战争,于外交都发挥着其"化学作用",并且"替未来的人类,对于合理时代的来临,开辟了一条道路"(林语堂 Vol.21,1994:79,82)。难怪施建伟对林语堂所持的幽默观做了如下的总结:"在林语堂眼里,幽默是可以医治弊病,改变思想,陶冶性情的灵丹妙药,可以救国救民,防止战争,拯救人类,似乎只要幽默一流行,就万事大吉,天下太平"(施建伟,1997:36)。显然,林氏有将幽默的作用夸大化和简单化的倾向,但是同时也凸显出幽默在其思想与创作中的不可忽略的地位。他在自己的创作生涯中,有相当一部分散文与幽默的主题相关,而其小说创作中也不时显现出其幽默的审美观的痕迹。在当时的文坛上,林氏主张幽默的审美观显得特立独行,但这种独特的审美观的形成也并不是出于偶然,在背后有其本身的形成根源,颇值得考究。

首先,道家思想是林氏幽默观的主要东方文化来源。他在其幽默观中提倡人们放弃野心和钩心斗角,"将生活及思想的简朴性作为文明与文化的最崇高最健全的理想"(林语堂 Vol.21,1994:83),这与道家思想所崇尚的"无为而治"、"知足常乐"等思想不谋而合。"幽默,尤其亚洲式的幽默是知足悠闲的产物,而中国所有的知足和悠闲,超乎寻常之量"(林语堂 Vol.20,1994:64),所以他认为庄子是"是我国大幽默家","中国之幽默始祖"。他说"中国文学,除了御用的廊庙文学,都是得力于幽默派的道家思想……,真有性灵的文学,入人最深之吟咏诗文,都是归返自然,属于幽默派,超脱派,道家派的"(林语堂 Vol.14,1994:6)。这同样也可以解释林语堂为什么对苏东坡、陶渊明这一类游离于世俗之外的文学家情有独钟了。

林氏的幽默观的另一个东方来源是他对儒家思想的认识。他认定道家思想更符合幽默的审美观,同时也认为儒教是不幽默的,"中国若没有道家文学,中国若果真只有不幽默的儒家道统,中国诗文不知要枯燥到如何,中国人之心灵,不知要苦闷到如何"(林语堂 Vol.14,1994:6)。但是他同时又极力肯定孔子的幽默。"反是孔子个人温而厉,恭而安,无适,无必,无可无不可,近于真正幽默态度。孔子之幽默及儒者之不幽默,乃一最明显的事实"(同上)。林氏从孔子身上所发掘的幽默自然出自于他独特的视角,"我所取于孔子倒不是他的踧踖如也,而是他燕居时之恂恂如也……我所爱的是失败时幽默的孔子,是不愿做匏瓜系而不食的孔子,不是成功时年少气盛杀少正卯的孔子。腐儒所爱的是杀少正卯之孔子,而不是吾与点也幽默自适之孔子"(同上)。在林语堂看来,孔子的幽默独具特色与魅力,并因为他的幽默而显得可爱,他"总是保持着一种个人的雅致和一种优良的幽默感……他的幽默并不是庄子那种辉煌的机智和讽刺;而是一种更富于中国人本色的圆熟的、温和的、听天由命的幽默"(林语堂 Vol.15,1994:148)。林氏通过对孔子言行的分析,将其归为幽默的行列,一方面反映出其幽默观在他审美观乃至于整个哲学观中的影响之深,反过来则又能够体现孔子的思想在其审美观中的受重视程度。

东方文化中多样化的文学作品也同样被林语堂视为幽默的源泉,尤其在性灵派文人的作品中,"闲适怡情之幽默,却不绝的见于诗文……只有在性灵派文人的著作中,不时可发现很幽默的议论文,如定益之私论,中郎之论痴,才子之论色等"(林语堂 Vol.14,1994:8)。但是他又认为幽默更存在于正统文学之外的民间文学之中,"但是正统文学之外,学士大夫所目为齐东野语稗官小说的文学,却无时无刻不有幽默成分"(同上),所以,他认为宋之平话,元之戏曲,明之传奇,清之小说,处处皆有幽默。林语堂认为像《水浒》、《西游记》、《儒林外史》、《镜花缘》、《老残游记》等作品都富含幽默的成分。不难看出,这一类作品从主题到人物形象所蕴含的幽默都能够折射出道家思想中非功利、无为不争、宁静淡泊、达观闲适等哲学观,这进一步说明林氏的幽默审美观实际上并未脱离东方哲学的框架。

林语堂的幽默观与他思想体系的其他成分一样,也同时受到了西方文化,尤其是西方美学理论倾向的影响,这便决定了林氏的幽默观也成为东西文化的融合体。林语堂在《论幽默》一文中首先引用了梅瑞狄斯(George Meredith)在《笑剧论》中的一句话:"我想一国文化的极好的衡量,是看他喜剧及俳调之发达,而真正的喜剧的标准,是看他能否引起含蓄思想的笑"(林语堂 Vol.14,1994:4),这足以见得林语堂对梅氏的推崇。实际上,林氏的幽默观受到了梅瑞狄斯观点的很大启示,"梅氏的喜剧理论始终是林语堂幽默观的理论框架"(施建伟,1997:24),而林氏本人也曾提到:"在我创办的刊物上,我曾发表了对幽默的看法,题为《论幽默》。我自己觉得那是一篇满意的文章,是以乔治·梅瑞狄斯(George Meredith)的《论喜剧》为依据的"(林语堂 Vol.10,1994:294)。同时在林语堂关于幽默的诠释中,也明显带有梅氏理论的痕迹。例如,他曾经发表观点说:"幽默家知道世上明理的人自然会与之有同感,所以用不着热烈的谩骂讽刺,多伤气力,所以也不急急打倒对方",而梅氏的言论则是:"假使你相信文化是基于明理,你就在静观人类时,窥见在上有一种神灵,耿耿地监察一切……他有圣贤的头额,嘴唇从容不紧的半开着,两个唇边,藏着林神的谐谑"(林语堂 Vol.14,1994:10—11),可见两者的观点如出一辙。又如,梅瑞狄斯认为喜剧能够衡量人类文化:"我想一国文化的极好的衡量,是看他喜剧及俳调之发达"(林语堂 Vol.14,1994:4);而林语堂则将幽默与文化的发展联系起来:"一国的文化到了相当程度,必有幽默的文学出现"(同上)。这些观点上的雷同突出地反映了梅氏观点在林语堂的幽默观的形成以及表现形式上所产生的深刻影响。此外,狄更斯、萧伯纳、马克·吐温、托尔斯泰等这些西方大文学家也深为林氏所欣赏,他从这些文学家的观点与文学创作中也找到了幽默的给养,也从而充实了其幽默观中的西方文化的成分,使得他的幽默审美观表现出立体的、多层面的特征。

5.3 林语堂审美观的东西方探源及其互文性分析

身处东西方文化共同影响之下的林语堂,其思想体系的形成不可避免要同时受到这两种文化的作用,因而从其创作与翻译文本中既能解读出以道家哲学思想为主导的东方文化的成分,又能发现以基督教文化为基调的西方文化因素的印记。同样,作为林氏思想体系成分之一的审美观,也会兼具东西方文化的特点,置于东西文化的背景之下,林氏的审美观不仅带有中国传统文化的印记,而且也表现出西方文化的影响。可以说,林氏的审美观是东西文化融合的综合体。通过互文性理论解读其文本所蕴含的审美观的东西方来源,一方面有助于合理解释其审美观的特点;另一方面又能更深入、更全面地了解林氏的审美观。

5.3.1 东方审美观因素及其体现

林语堂来自东方文化,其早期的生活经历与成长环境对他审美观的形成产生了不可忽略的作用,并且在这其中乃至于整个文化观中都留下了深刻的烙印。林氏通过文字不断流露出自己对故乡的依恋,例如,在小说《赖柏英》中,他以主人公新洛的身份称自己为山里的孩子,所以在他的审美体系当中,童年的生活场景无疑留下了第一道痕迹。正如他在自传里所说的,"在童时我的居住处逼近自然——有山、有水、有农家生活。因为我是个农家的孩子,我很以此自诩。这样与自然得有密切的接触令我的心思和嗜好俱得十分简朴"(林语堂 Vol.10,1994:5)。家乡的自然景观和简单的生活经历已渗入到他的灵魂深处,成为他的审美艺术之源,因此,林语堂一再强调他对于生活、文学和哲学都崇尚自然与质朴。他在生活上追求简单舒适,极力反对为了形式而刻意矫饰。例如,即便他长期生活在西方的文化环境里,他也一直坚持穿中式长袍,拒绝穿西装、打领带。在文学创作上,他认为作者只有具备"随兴所之,倦则搁笔"(林语堂 Vol.14,1994:69,71)的随性而为的格调,方有可能写出好的作品。

与这种文学审美观一脉相承的是他以道家思想为主导的哲学观,而这种东方的传统哲学又对其审美体系产生了更为重要的影响。道家思想中的性灵、闲适、近情、无为、自然都深为林语堂所推崇,他不仅将之纳入自己的哲学思想中,也在自己的审美观中加以强调。从审美角度看,道家思想首先反对繁复的虚饰而重视本真之"淡"的美学,如老子在《道德经》里所说的:"淡乎其无为,视之不足见,听之不足闻,用之不足既"(老子,1999:72)。这种哲学也同样体现了中国哲学中的含蓄内敛、平实淡定的特点。林语堂也同样认为真实平淡是文学的根本,"吾深信本色之美。盖做作之美,最高不过工品,妙品,而本色之美,佳者便是神品,化品,与天地争衡,绝无斧凿痕迹……文人少有高见者,都看不起堆砌辞藻,都渐趋平淡,以平淡为文学最高佳境;平淡而有奇思妙想足以运用之便成天地间至文"(林语堂 Vol.18,1994:388)。此外,他还多次强调"真"对文章的影响和作用:"文学无新旧之分,惟有真伪之别"(林语堂 Vol.14,1994:180)。显然,林氏的这种文学审美观与其道家的哲学观是完全一致的。

林氏的审美观受道家思想的影响还体现在他对"自然"美的重视。在道家思想中,"自然"是哲学与审美判断的重要标准,例如老子说过"犹兮,其贵言,功成事遂,百姓皆谓'我自然'";"人法地,地法天,天法自然"(老子,1999:34,52),很明显,这里的"自然",不仅指大自然之意,更重要的是强调"自然而然",即万事万物未经雕饰的原本状态。这在文学上与"性灵"的观点完全契合。而林语堂在其文学审美观中,明确表示了对性灵学派学者观点的认同:"袁氏兄弟相信让手和口自然做去自能得合适的结果。……袁子才相信做文章无所谓技巧。北宋作家黄山谷相信文章的章句都是偶然而得的,正如木中被虫所蚀的洞一般"(林语堂 Vol.21,1994:365);"所以袁中郎、李卓吾、徐文长、金圣叹等皆提倡本色之美。其意若曰,若非出口成章便不是好诗,若非不加点窜,便不是好文"(林语堂 Vol.18,1994:387)。林语堂通过自己的作品践行着其强调文学要自然朴实的审美意识。他本人的文章常常是以自然真实的内容为主题,文笔清新淡雅,风格平实亲切,不失自然天成之美。

在林氏的审美体系的东方文化来源当中,除了道家思想的重要影响之外,代表封建社会主体思想的儒家思想也占有一席之地。一方面,他从自身独特的角度去诠释儒家思想,如他认为孔子也是一个幽默家;另一方面,儒家思想在其审美观中不知不觉也留下了烙印。在文学审美上,他曾经引用过孔子的观点:"所以孔子说,辞达而已矣,就是意思叫你把心头的话用最适当最达意方法表出"(林语堂 Vol. 18,1994:388)。儒家思想在其审美体系中产生的影响除了体现在他的文学思想中,还可以从林氏对女性的审美标准中解读出来。在他对自己所钟爱的女性形象的诸多描写当中,《浮生六记》中的芸,《京华烟云》中的姚木兰、曼娘等女性大多都符合儒家思想对女性的审美标准。例如,他笔下的曼娘集"妇德"、"妇容"、"妇言"、"妇工"等美德于一身,因此她"好像古书上掉下来的一幅美人图"(林语堂 Vol. 1,1994:64),而这些美德正符合儒家礼教对女性的要求与期待。更为典型的是他对封建女子缠足的青睐。他在《京华烟云》中以浓重的笔墨刻画了儒家代表人物曾文璞之妾桂姐的一双小脚之美,"她那一双周正的小脚儿使她的身体益发妩媚多姿……女人穿上弓鞋走起来,……完全与西洋的高跟鞋效果相似。……若想象穿平底鞋那样懒散萎靡邋遢的样子,决办不到。"(林语堂 Vol. 1,1994:54)

　　林氏早期的生活经历、道家哲学观、儒家思想等因素在不同程度上对其审美观产生了影响,共同构成了其审美体系中的东方特征。因此,林氏的文学创作、文学观点、翻译活动以及对人与事的认识都带有浓重的东方文化色彩,这也从而印证了林氏始终无法摆脱的东方文化情结。

5.3.2　西方的文学审美观因素及其体现

　　林语堂对审美观的形成绝不仅仅限于东方文化的影响,在他的审美体系中,西方的美学、文学和哲学等因素也同样有显著的体现。实际上,我们可以客观地说林语堂的文艺思想实质上是西方文化与以道家哲学为主的东方审美意识相结合的产物。例如,他在艺术生命中一直提倡的"幽默"就是英语"humour"的汉译,本来就属于西方文化。它与以中国传统哲学为引导的东方美学在林氏的审美体系中相互交错融合在一起,构成了他富有特色的审美观。因此,要全面认识林氏的审美观,对其西方文化的根源进行一番探究也是十分必要的。

　　首先,林氏的审美观中的西方文化因素缘于他对西方语言、文学及美学知识的熟悉。在当时的美学潮流中,克罗齐(Benedetto Croce)的"表现学说"占了主导地位,而林语堂也深受这种思想的影响,并将其著作《美学:表现的科学》译为汉语①。克罗齐的主导思想就是表现即美学的核心,"表现是自由的神感"(林语堂 Vol. 27,1994:226)。林语堂对这种美学理论表示完全认同,原因是在他看来,"'表现'二字之所以能超过一切主观见解,而成为纯美学的理论,就是因为表现派能攫住文学创造的神秘,认为一种纯属美学上的程序,且就文论文,就作家论作家,以作者的境地命意及表现的成功为唯一美恶的标准,除表现本性之成功,无所谓美,除表现之失败,无所谓恶"(林语堂 Vol. 27,1994:193)。林语堂还根据自己对美学和文学独到的认识,对克罗齐的表现说进行了解读。首先,他归纳出表现派重视文学的个性。"表现派所以能打破一切桎梏,推翻一切典型,因为表现派认为文章(及一切美术作品)不能脱离个性,只是个性自然不可抑制的表现。个性既然不能强同,千古不易的抽象典型,也就无从成立";"我们必须明白一切的作品,是由个性表现出来的,少了个性千变万化的冲动,是不会有美术的"(林语堂 Vol. 27,1994:194—195)。林氏对克罗齐的美学理论的另一解读就是文学无定律,要随其自然,"我们要明白文学是没有一定体裁,有多少作品,就有多少体裁";"起承转和之法,是循文思自然的波澜涌现而成,其千变万化,犹如危崖幽谷,深潭浅涧,毫无匠心的经营,而因缘际会,自成其曲折崭岩之美,不是明堂太庙营造法尺所足以谈到的东西"(林语堂 Vol. 27,1994:197)。从林氏对表现美学的阐释可以清楚地看出,他的这些认识与其所推崇的以袁中郎等为代表的"性灵"派的审美理论是一脉相承的,因此他在谈到表现说的同时以袁子才的话加以印证:"诗者,各人之性情耳,与唐宋无与也。若拘拘专持唐宋以相敌,是己之胸中,有己亡之国,而无自得之性情,于诗之本旨失矣"(林语堂 Vol. 27,1994:194)。东西方两种不同的审美观在林语堂这里达到高度的统一和契合,形成了东西融合的

---

① 《林语堂名著全集》第 27 卷收集了林语堂的汉译作品,包括罗素夫人的《女子与知识》、布兰地司的《易卜生评传》、萧伯纳的《卖花女》以及《新的文评》。《新的文评》收录有 J. E Spinharn、Benedetto Croce、Oscar Wilde、E. Dowden 和 Van Wyck Brooks 等人的作品。通过翻译,林氏将西方的这些表现派和唯美派的文评介绍到了中国。

审美观。

林语堂的审美观还表现在他对翻译的认识,而这种认识也深受克罗齐的美学观点的影响。克罗齐认为翻译是不可能的,"我们不能将已有美学上的体裁,化为另一同样美学上的体裁。所以凡翻译,不是逊弱,就是失真;表现只有一个,就是源文的,那另一个总有多少遗憾,就不是真正的表现;不然便是另造一个新的出现,把原有的表现与译者自己的辞句熔为一炉;如此就有两个表现,但是这两个的内容却不相同"(林语堂 Vol.27,1994:230);所以,克罗齐说翻译只是相对可能,但是却不能认为可以复制原文(reproduction),而只能创制一种新的出来(production)。林语堂在其译论《论翻译》一文中不仅引用了克罗齐的这个观点,而且加以引申,"譬如诗为文学品类中之最纯粹的艺术,最为文字之精英所寄托的,而诗乃为最不可译的东西"。(林语堂 Vol.19,1994:318)

以克罗齐表现说为代表的西方美学在林氏的审美体系中与以道家思想为主的东方审美知识相互结合,共同作用于他的文学观、哲学观和翻译观当中,使其同时带有东方文化与西方文化的双重色彩。同时,对其审美观的东西方文化渊源的探析在林氏的翻译研究中也起着重要的参照作用。

5.4 小 结

林语堂的哲学观体系中既有基督教所代表的西方哲学观念的成分,也有典型的以道家哲学、儒家伦理和佛教观念为主的东方哲学成分。佛、儒、道这三种东方哲学在林语堂身上融合在一起,但是最终以道家思想的性灵闲适为主导,体现了林氏眼中的中国文化的灵魂,正如陈平原所说的"以道斥佛,融儒于道,三教归老庄……也只有抓住老庄,林语堂才终于寻到他所需要的中国文化的'根'。……可以说,发现老庄是林语堂东西文化综合的关键"(子通编,2003:309)。从互文性的角度来分析林语堂的文学作品,不难看出其中通过人物表现出来的东西方哲学观。例如,他出于对苏东坡这个历史人物的欣赏而作了《苏东坡传》,在其序言里他指出:"从佛教的否定人生,儒家的正视人生,道家的简化人生,这位诗人在心灵识见中产生了他的混合人生观"(林语堂 Vol. 11,1994:5)。又如,他在《风声鹤唳》对老彭所信仰的禅宗予以这样的阐释:"禅宗是佛教其中之一的教派,可说是印度教和中国道教结合的特殊产物,类似像基督教的贵格教派,不太重视形体、组织和僧侣制度,但那些都比较重视内在的精神生活"(林语堂 Vol.3,1994:102)。显然,这种"混合人生观"用在林语堂身上再恰当不过了。

　　林氏的审美观与其哲学观一脉相承。首先,其审美观深受以道家为主的东方哲学思想的影响,提倡"性灵"学派的审美观,强调文学应以平实、本真、自然为审美之本。此外,东方文化因素中的儒家思想以及他早期的生活环境和经历都对其审美观产生了不同程度的影响,并进而反映在其文学观和作品当中。而在林氏所处的时代,由于克罗齐的美学理论在西方占据主导地位,身处西方文化的林语堂同时也深受克罗齐的表现说理论的影响,并在此基础上加以解读和发挥,认为文学重视个性与自然。除了对文学的审美认识,林氏还将克罗齐的美学理论用于翻译上的审美阐释,这对于研究其翻译理论和翻译倾向都是重要的依据。尽管林氏的审美观同时受到东方的哲学观和西方美学观的共同影响,但是这两种不同的来源实际上在林语堂的审美体系里相互契合,因而从根本上看并不矛盾。

　　东西两种不同的文化对林语堂的哲学观、女性观和审美观都共同产生影响,而这些影响与其他外部因素,如时代特征、政治环境、个性特点等交互作用,形成了他哲学体系中东方主义与东方文化情结的矛盾统一的特点,而这无疑又会作用于其创作和翻译活动,使其作品呈现出东西文化的背离与融合共存的特点。反之,这些特点也并非偶然,而是可以在林语堂东西方结合的文化艺术思想中追溯到根源。因此,本章对林氏审美观来源的探析以及互文性分析,可以为合理认识其翻译特点以及倾向提供必要的依据,同时也可以为跨文化视角下更合理更透彻地研究林语堂奠定必要的基础。

第六章

林语堂翻译观综述

6.1 翻译理论

"30年代非左翼文学家中,对翻译理论作出贡献最大的,当推林语堂"(陈福康,2000:325)。林语堂一生中曾经发表过不少翻译理论方面的文章,如他于1924年4月4日在《晨报》上发表了文章《对于译名划一的一个紧要提议》。但其中最能综合体现其翻译思想的当数他近一万字的长篇论文《论翻译》(1933年)。这是他为吴曙天编选的《翻译论》一书(1937年1月由光华书局出版)所作的序论(后又收入林语堂的《语言学论丛》一书中)。这篇文章最系统、最全面地阐述了林语堂的翻译思想。本节将从忠实的标准、审美的问题和其他翻译理论这三个层面对其翻译思想进行综合梳理和概括,为接下来对他的翻译语言以及翻译文本的分析奠定必要的基础。

6.1.1 忠实的标准

对于翻译标准,林语堂提出了三个方面的原则,即忠实、通顺和美的原则。他自己认为这三层标准与严复的"译事三难"是正相比符的。同时,他又以三个"问题"和三重"责任"来阐述这三层翻译标准的含义。三个问题是:第一、译者对原文方面的问题;第二、译者对中文方面的问题;第三、翻译与艺术文方面的问题。三重责任包括:第一、译者对原著者的责任;第二、译者对中国读者的责任;第三、译者对艺术的责任。林语堂的这三层标准虽然是针对英汉翻译提出的,但是实际上这些翻译标准具有广泛的代表性,也同样适用于汉英翻译。

在这三层翻译标准中,林语堂对忠实标准用了大量的笔墨来写。这一部分原因是当时中国的翻译界里正上演着一场以直译和意译为中心的关于翻译标准的论战。五四以来,关于直译和意译的讨论一直是当时中国翻译界的热门话题。鲁迅首当其冲,提出了"直译"的观点。他自己的翻译体会是"文句仍然是直译,和我历来所取的方法一样;也竭力想保存原书的口吻,大抵连语句的前后次序也不甚颠倒"(转引自郭著章,1999:7)。针对当时赵景深等提出的"顺译"的观点,鲁迅更是以"宁信而不顺"进行反驳。鲁迅提出的"直译"或"硬译"的观点来自于他对翻译目的的理解:"如果还是翻译,那么,首先的目的,就在博览外国的作品,不但移情,也要益智,至少是知道何地何时,有这等事,和旅行外国,是很相像的;它必须有异国情调,就是所谓洋气。其实世界上也不会有完全归化的译文,倘有,就是貌合神离,从严辨别起来,它算不得翻译。凡是翻译,必须兼顾两面,一面当然力求其易解,一面保存着原作的丰姿"(转引自陈福康,2000:298,299)。从鲁迅的表述来看,他认为逐字译或者硬译当成为可取的翻译方法。在他看来,通过这样的翻译方法而产生的"欧化"的语言和文法,不但能输入新的内容,而且能输入新的表现方法,从而可以丰富本国的语言文字。

在有关直译和意译的这场论战中,与鲁迅对垒的是梁实秋和赵景深。赵景深主张"宁错而务顺",并针对鲁迅的理论提出了"宁可错些,而不要不顺"(郭著章,1999:193),但是他的观点在当时的论战中很快被否定。梁实秋批评鲁迅的"硬译"为"死译",说它们读起来"如同看地图一般,要伸着手指来寻找句法的线索位置",并说"曲译固是我们深恶痛绝的,然而死译之风也断不可长"(同上)。瞿秋白也参加了论战,他一方面同意鲁迅提出的引入国外的表达法,但同时又不赞同他的不顺的译法,而是认可使用白话文,即人民大众口里说出来的白话文以求译文之顺。

面对这场风行于当时译坛上的直译、意译之争,林语堂提出了自己富有见地的主张。他在《论翻译》一文中,将忠实程度分为直译、死译、意译和胡译四个等级。他认为死译是直译的极端,可以称之为直译派中的"过激党";他以严复和林纾为例证说明胡译是意译的"过激党",所以林氏在谈论这个问题时抛开了胡译和死译的提法,而单论直译和意译。他首先对直译和意译这两个名称是否适用提出了质疑,认为这种名称本身就是不恰当的。"我觉得这两个名称虽然便用,而实于译文者所持的态度,只可说是不中肯的名称;不但不能表示译法的程序,并且容易引起人家的误会"(林语堂 Vol. 19,1994:309)。林语堂所说的"容易引起人家的误会"是指在直译和死译之间与意译和胡译之间无法作清晰的界定,致使翻译的两重标准同时运用。林语堂当时提出的这个质疑,即直译和意译的概念界定的问题,在今天仍然困扰着翻译界。但是他对其名称的否定不免有些偏颇和主观,因为直译和意译作为两种不同的翻译手段,时至今日仍然被广大翻译界所承认和使用着。

出于他对直译和意译的质疑,林语堂提出了句译和字译的概念。"按译者对于文字的解法与译法不外有两种,就是以字为主体,与以句为主体。前者可称为'字译',后者可称为'句译'"(同上)。换句话说,字译就是字字对应的译法,而句译则是将句子作为一个整体,把单字的意义结合成连贯逻辑的"总意义"。对于两者的取舍,林语堂明确表示句译是对的,字译是不对的。因为"字义是活的,随时随地随用法而变化的,是与上下文连贯融合的,如果译者呆板地以字解字,就不免会造成咬文嚼字和断章取义的错误"(林语堂 Vol. 19,1994:311)。所以他主张应该用句译的方法进行翻译,因为"句译家对于字义是当活的看,是认一句为有结构有组织的东西,是有集中的句义为全句的命脉。一句中的字义是互相连贯互相结合而成一新的'总意义'(Gesamtvorstellung),此总意义须由字的活用和字的连贯上得来"。(林语堂 Vol. 19,1994:310)

对于忠实问题林语堂还指出字典辞书是不可靠的,其依据仍然是句译为翻译可取的方法,字义由用法而定,因此应注重译者的深厚的语文基础,而不是"抱字典译书"。此外,林语堂对忠实的翻译还提出了传神的标准,认为译者不但须求达意,并且须以传神为目的。"凡字必有神彩(即'传神达意'中'神'字之义),即西文所谓 Gefühlston,feeling-tone。语言之用处实不只所以表示意象,亦所以互通情感;不但只求一意之明达,亦必求使读者有动于中"(林语堂 Vol.19,1994:314)。在强调了忠实的这些标准之后,林语堂客观地表明,绝对的忠实是不可能的,因为译者要在翻译中同时兼顾到文字的音、形、意、神、气等各个方面是不现实的。因此"翻译只是一种不得已而很有用的事业,而不是足代原文之谓,译者所能求的只是比较而非绝对的成功"(林语堂 Vol.19,1994:315)。

林语堂所提出的句译和字译的概念是建立在否定直译和意译之提法的基础上而对翻译忠实标准的一次全面的思考和总结,因此对于翻译研究和实践有其独特的创新意义和参考价值。但另一方面,林语堂对直译和意译的否定源于他对这组概念的解读,这相对于我们的普遍认识来看,显得有些主观和片面。这两对概念之间有区别也有关联,因此句译和字译并不能完全取代直译和意译而作为翻译标准存在。虽然两组概念都强调翻译的语言和接受效果,但是句译和字译更突出翻译过程中的理解和翻译的单位,而直译和意译则更突出翻译的手段和效果。所以,两者在概念上有交叉,而林语堂所提倡的句译有些情况下可能是直译,也有可能是意译。这两组概念之间的区别还在于林语堂所提倡的句译和字译是对立的关系,"倘是字译的方法对,就句译的方法不对,(反之亦然,)两者决不能兼容并立的"(林语堂 Vol.19,1994:310)。而相反,直译和意译两者分属翻译的两种不同的手段和策略,在多数情况下,两者并非取此舍彼的关系,而是相互补充,相互融合,共同作用于翻译过程中。总之,林语堂提出的句译和字译的概念尽管有其主观的一面,但是在当时关于翻译标准的争论狂潮中,他以自己新颖、全面的观点独树一帜,对翻译理论的发展以及研究无疑具有积极的意义和重大的参考价值。

6.1.2 审美的问题

在林语堂关于翻译标准的理论当中,审美的问题也占了重要的分量。林氏认为翻译除了忠实和通顺外,还应该兼顾到美。而他对于翻译中美的论述主要包括三方面:一、翻译应该是一种艺术;二、艺术文的翻译应注意的问题;三、艺术文不可译。

首先,他认为翻译是一种艺术。"翻译于用之外,还有美一方面须兼顾的。理想的翻译家应当将其工作看作一种艺术(translation as a fine art)"(林语堂 Vol. 19,1994:318)。所以,译者在翻译诗文小说等文学作品时,除了忠实通达以外,还要注意文字之美的问题。对于翻译中美的体现,林语堂特别提到了艺术文翻译应该注意的问题。其一,原文的风格:"译艺术文最重要的,就是应以原文风格与其内容并重。不但须注意其说的什么并且须注意怎么说法。一作家有一作家之风度文体,此风度文体乃其文之所为贵"(林语堂 Vol. 19,1994:319)。林语堂将原文的风格看得跟内容一样重要,认为一部作品之所以具有魅力,就在于作者的风格个性吸引读者。所以对于译者来说,必须明确并欣赏原文作者的风度格调,然后再"极力摹仿"。在体现原文风格这一点上,林语堂还通过间接的方式表示要真正做到忠实于原文的风格,译者,作为审美主体,须具有与原文作者相当的气质性格、知识背景和欣赏能力。林语堂提出的关于艺术文翻译的第二个问题是文字体裁的问题,并分别对"内的体裁"和"外的体裁"作了解释:"所以文字体裁,可以分外的与内的(outer form and inner form)。外的体裁问题就是如句之长短繁简及诗之体格等;内的体裁,就是作者之风度文体与作者的个性直接有关的"(林语堂 Vol. 19,1994:320)。所谓外的体裁应该是指文本的语言外在形式,对于译者来说相对容易把握。"外的体裁问题,自当待译者的一番的试验,然后能求得相当之体格"。而内的体裁,则是语言之外的风格、神韵等抽象的东西,所以对译者的要求便更高。"至于所谓内的体裁问题,就全在于译者素来在文学上之经验学识为基础,非文学之教员或指导书代为指明。译者必须自信其于原文文学上神趣已全数领会,然后可以着手翻译。若不能如此而苦无良法,则须记得不译亦是一法"(同上)。林语堂首先强调了译者要体现原文的内在体裁应具备的条件,同时也客观地预见了其难度,所以他大胆而又有创造性地提出了"不译亦是一法",这在今天仍然具有其现实的实践意义与理论意义,同时,这个观点也必然对他自己的翻译活动产生一定的影响。对于艺术文的翻译的第三个问题,林语堂谈得较为简单:翻译即创作。他引用了克罗齐(Croce)"翻译即创作"(not reproduction,but production)的说法,表达了自己对这个问题的态度与主张。

林语堂关于翻译中审美的问题,还提出了尤为重要的一个观点,即艺术文是不可译的。"因为作者之思想与作者之文字在最好作品中若有完全天然之融合,故一离其固有文字则不啻失其精神躯壳,此一点之文字精英遂炱炱不能自存,凡艺术文大都如此"(林语堂 Vol. 19,1994:319)。林语堂在强调艺术文的不可译时,特别指出诗文的不可译。林语堂在其论文《论译诗》①中表达了他对诗歌翻译的审美见解。他认为译诗应当做到意境第一,而"意境的译法,专在用字传神"。因为不同语言、不同作者创作的诗歌蕴含了不同的韵味、意境、韵律,其用字的精妙、整体的风格等往往是很难移植的。林语堂这种不可译的理论对于译者或翻译活动来说显得有些悲观,同时也同许多认为艺术文尤其是诗歌是可译的翻译家的观点相左,例如许渊冲不仅认为诗歌翻译是可能的,而且还提出了自己的翻译标准②,但从意义传递与审美再现这两重标准来看,林氏的这种观点也的确有它现实的意义。林语堂的艺术文不可译的观点同时也与他的"绝对忠实是不可能的"理论相互呼应,相互契合。"凡文字有声音之美,有意义之美,有传神之美,有文气文体形式之美,译者或顾其义而忘其神,或得其神而忘其体,决不能把文义文神文气文体及声音之美完全同时译出"。(林语堂 Vol. 19,1994:315)

林语堂针对翻译中审美的观点对当时的翻译理论来说应该是较为全面和深入的。尽管他的一部分理论与现代理论或主流意见并不一致,但是不可否认,他独到的见解和深刻的剖析对于翻译实践和翻译理论研究都具有重要的价值和意义,同时对于研究林语堂的翻译也具有重要的参考价值。

---

① 该论文收在《林语堂名著全集》第十六卷《无所不谈合集》中。
② 见许渊冲著《文学语翻译》,北京大学出版社,2003 年。在这部著作中,许渊冲提出了诗歌翻译的"三美论"、"三化论"和"三之论"。

6.1.3 其他翻译理论

除了以上的理论,林语堂关于翻译的其他一些观点也值得一提。这些观点主要涉及三方面:译者的条件、译者的心理和通顺的问题。

一、译者的条件。

他在《论翻译》一文的开头便明确地指出翻译是一种艺术,从而进一步提出译者要在翻译艺术上成功需要具备的条件:"谈翻译的人首先要觉悟的事件,就是翻译是一种艺术。凡艺术的成功,必依赖个人相当之艺才,及其对于该艺术相当之训练。此外别无成功捷径可言"。在此基础上他进而提出了对译者的三项要求,"第一是译者对于原文文字上及内容上透彻的了解;第二是译者有相当的国文程度,能写清顺畅达的中文;第三是译事上的训练,译者对于翻译标准及手术的问题有相当的见解(林语堂 Vol.19,1994:305)"。另外,林语堂还提出了译者的三个责任,即译者对原文或原著者的责任,对中国读者(译入语读者)的责任,对艺术的责任,指出三样责任心齐备才具备真正译家的资格。在林语堂的另一篇论文《论译诗》中他又更具体地强调了译者的语言文字条件和译诗应具备的资质:中文译英,则中文要看通,而英文要非常好;英文华译,要英文精通,而中文亦应非常好。不然,虽知其原文本意,而笔力不到达不出来。两样都有了,须有闲情逸致才可译诗(林语堂 Vol.16,1994:317)。林语堂概括地从翻译是一种艺术谈起,又具体到语言的掌握、译事的训练、内容的理解、对原文、原文著者和译文读者的责任等不同角度对译者应具备的条件有针对性地提出了自己的看法,用精练的语言较为全面地总结了一个合格的译者应有的资质。

二、译者的心理。

林语堂在《论翻译》一文中针对当时主要关于翻译经验的译论,创造性地对翻译主体应具备的条件和翻译心理作了翔实的论述。"所以翻译的问题,就可以说是语言文字及心理的问题。倘是我们要于此问题得比较客观的解决,自当以语言文字的剖析立论的根基,必先明语言文字及行文心理的事实"(林语堂19,1994:307)。将心理因素与翻译有机地联系起来是林语堂提出的一个崭新的概念,在他之前的中国翻译界还没有人谈到这一点。虽然他对此并未作十分详尽的阐述,但是无疑为以后的翻译研究开拓了新的思维空间。译者在翻译中自然是最为关键的因素,所以其主体性在翻译中发挥着举足轻重的作用,而其心理因素则又是其主体性的重要成分。"生活在社会中的人的一切活动都具有社会性,都受其个体心理和社会心理的支配和控制。翻译活动是一种社会活动,自然也受翻译主体即人的个体心理和社会心理的支配和控制"(武景全,1998:7)。在林语堂之后,又陆续有学者提出了从心理学角度研究翻译,如前苏联翻译理论家巴尔胡达罗夫从科学上将翻译和大脑活动联系起来:"翻译是一种心理过程,即大脑皮层活动的某种形式"(巴尔胡达罗夫,1985:28);汤成雄也认为"心理学也是翻译学重要的基础学科。翻译不但是语言活动,而且是心理活动。联系翻译转换过程研究心理机制是翻译学的一项重要任务"(杜承南,文军,1994:179)。这些观点都远远地晚于林语堂首次提出这一概念的20世纪30年代,"应该指出,林氏是在中国译学史上第一个最明确地将现代语言学和心理学作为翻译理论的'学理剖析'的基础的"(陈福康,2000:327),因此,他对翻译研究的前瞻性是不可否认的。

三、通顺的问题。

通顺是林语堂提出的翻译三大标准之一。他在强调译者对译文读者负责的同时,提出了译文通顺的问题,认为译文应该通顺,而诘屈聱牙的译文是对译文读者不负责任的表现。他又指出,通顺的译文与创作的通顺在本质上是一回事,"但是我们须觉得此通顺问题与寻常作文之通顺无甚差别,且其行文之心理亦必须根本相同"(林语堂Vol.19,1994:316)。而行文通顺则依赖于"句义为先,字义为后",这无疑与他提出的"句译"概念是相互吻合的。"凡做文章通顺之人,行文时于未下笔之先,必先有一句要说的意思在心里,即所谓总意象(total concept),心知其所欲言,直至下笔成文之时,然后不得不依习练之语法一字一字写出来,决非先由各字之意义堆积成句,然后明其所欲言之全句意义"(同上)。同样是谈论通顺的问题,林语堂并未卷入当时鲁迅"硬译"和赵景深等"顺译"的激烈论战中(陈福康,2000:294),而是以自己独特的视角阐明了自己的看法。林语堂强调通顺是建立在忠实的基础之上的,而并未将两者对立起来;同时,他对于通顺的阐释是从翻译的单位这个角度展开,这样,他的理论不仅显得客观,而且令人耳目一新。

6.1.4 林语堂翻译理论的价值和意义

林语堂以近万字的论文《论翻译》为主的翻译理论微言大义,蕴含着丰富的信息。在翻译的忠实这一问题上,林语堂在肯定忠实是翻译的重要标准的同时,并未囿于当时盛行的直译和意译的范畴,而是另辟蹊径,有创见性地提出了字译和句译的新概念,从翻译单位这个角度来解读翻译中的忠实标准。对于翻译标准中美的问题,林语堂用了不少笔墨来论述。他首先强调翻译是一种艺术,而在翻译艺术文的过程中,译者需要领会原文的风格和文字的体裁,并尽量在译文中体现出来;而作为艺术的翻译工作,也必然是某种程度上的创作。林语堂还大胆地指出绝对的忠实是不可能做到的,因而艺术文(尤其是诗歌)是不可译的。林语堂本人也从事过很多艺术文的翻译工作,所以这个看似悲观的观点实际并未否定翻译的可操作性,而是强调了翻译的最高理想是无法达到的,因为在译入语里完全再现艺术文中那些无形的和抽象的内容是一个难以企及的目标。所以林语堂的这个观点也在一定意义上体现了他对翻译成熟而客观的认识和理解。从语言学和心理学角度来看翻译是林语堂为翻译研究创造性地提出的又一崭新的概念,而在他之前,对翻译的心理分析还没有引起任何一位翻译家的注意,林氏无疑给中国的译学理论提供了全新的视角。此外,在林语堂的翻译理论中,他还就译者应该具备的条件做了全面的总结。

林语堂在20世纪30年代写就的这篇翻译论文,较为全面和客观地反映了他的翻译态度和理论。虽然他在有限的篇幅里未能做到对每一点都作翔实的论述,但是应该承认他的理论对于翻译实践有着不可低估的指导作用,同时又为翻译理论的发展开拓了视野,开阔了研究空间。

首先对于翻译实践来说,林语堂提出的翻译是一种艺术和译者应该具备的条件对帮助译者树立良好的翻译观有着不可忽略的作用。同时他对字典辞书的正确使用的观点也对译者具有现实的指导意义。另一方面,林语堂指出翻译是一种艺术、艺术文不可译、绝对的忠实是不可能的等观点也同样有助于译者形成客观公正的翻译态度和追求。而在翻译理论的研究方面,林语堂以其独特的视角和思维方式及其对翻译的客观公正的认识,为翻译研究开拓了广阔的空间,为以后的理论发展和研究方法也给予了启示;与此同时,林氏的翻译理论本身也是一个翻译研究的课题,具备许多可以去深入挖掘要素。

当然,林氏的翻译理论也并非绝对完备。例如,影响翻译的忠实与审美效果的因素中还包括很多客观的和主观的因素,例如,涉及源语、译入语以及译者的文化因素,在林语堂的翻译理论中并未提及。另外,他对自己提出的一部分论点并未作详尽的阐述,如翻译中语言学和心理分析的作用,林语堂只是点到为止,并未进一步作全面的阐明。

然而,如果将林氏的翻译理论置于他所处的时代背景之下,与当时的翻译研究成果相比,其前瞻性、创造性以及深远的现实意义是不言而喻的,即使有以上这些局限性,也不能掩盖它的价值。林语堂在其翻译理论中所涉及的广度和深度对于中国的译学发展所起的作用是显而易见的,也正是这些作用彰显出了林语堂对于这个领域的独特价值和贡献。因此,对林语堂的翻译理论作出正确的价值认定和评价十分必要,这也是科学地评判翻译家及翻译理论,促进中国译学理论发展的迫切需要。

6.2 林语堂翻译的语言特点

6.2.1 林语堂的语言观

6.2.1.1 林语堂的国语语言观

五四运动前后,中国一些有远见的文化人士倡导"打倒文言文,提倡白话文",掀起了白话文运动。在这期间,由于外国作品大量被翻译成中文,中国文学作品的语言又出现了另一种倾向,即部分左翼作家和翻译家(如鲁迅)提倡模仿外语,引入带有异国情调的语言来丰富国语。针对国语发展的何去何从,林语堂写了《论言文一致》、《谈文体之变》、《说个人笔调》、《说雅健达》、《语录体举例》等一系列文章,阐明了自己的观点,为白话文的健康发展起到了促进作用,而这些观点也代表了林氏的国语语言观。

　　首先,他认为白话口语应与文言成语相结合。对于当时追求使用白话文而一味否定文言文的风尚,林语堂保持了自己清醒和客观的态度。他认为白话文固然值得提倡,但是文言文中也不乏保留价值的成分,所以文学语言应该是以白话文为主,文言文为辅,两者互相结合,以此之长补彼之短。正如他在《与徐君论白话文言书》一文中所说的"得文言文之简洁而去其陈腐,得白话之平易而去其冗长。写文言文的人,切戒用晦涩艰辞,写白话的人,也应切戒用长字句"(林语堂 Vol.17,1994:281)。而在《释雅健》一文中他又提到"而文好的人,自然而然加入文言。……也不必故意排斥文言成分,否则白话文永远不会养成文雅与劲健俱到的丰富的国语"(林语堂 Vol.16,1994:227)。他又在《语录体举例》中强调"余非欲打到白话文,特恶今人白话之文,而喜文言之白"(林语堂 Vol.14,1994:198)。在《论言文一致》一文中,林语堂同样提出了"文学的国语应以语言为主体,而在这白话当中,可以容纳凡需要的文言成语的部分。要这样才能演成文人的国语,而渐达到语文一致的地步"(林语堂 Vol.16,1994:235)。这些分别在不同时期写的文章,都表现出林语堂对于国语在文学中的存在所持的公正态度。作为语言学家和翻译家,他并未盲目追随以白话文完全取代文言文的浪潮,而是保持了清醒的头脑。今天汉语的发展与应用现状也见证了林语堂的远见卓识。

　　其次,林语堂还提倡清新简洁的国语语言。他在《释雅健》一文中对这个观点作了明确的论述:"国语要雅健,也必须有白话、文言二源。凡为文必先雅顺自然。勿矫柔,勿造作,如流水行云,听其自然。故为白话文的人,要先能应用极流利的国语,不避白,不忌俗,不然不配为白话作家"(林语堂 Vol.16,1994:227)。在《说个人笔调》这篇文章中,林语堂虽然主要强调的是国语写作中个人笔调的重要性,但同时也体现了他对语言简洁清新的重视。他说:"语体欧化在科学文极为重要,而个人笔调在文学上尤有重要的意义。大约有两种意义,即(1)遣辞清新,不用陈言,与(2)笔锋带感情也;……实则清新可喜之句,亦须有胆量。白话固已推翻文言之灿调。而白话文人,我看仍极不自由,每每欲以文饰其陋,……今代文人之最大任务,在如何将现代语锻炼起来,使表现力增加,而欲如此,非自个人笔调中求之不可"(林语堂 Vol. 18,1994:371—372)。

林语堂对当时左翼作家提出的语言欧化的观点并未予以否定,而是通过进一步的阐释使得该观点更合理也更有说服力和实用价值了。他在《说个人笔调》一文中提到:"白话文学提倡以来,文体上之大变有二,一则语体欧化,二则使用个人笔调。语体欧化,在词汇上多用新名词,在句法上多用母句相系而成长句。……好的欧化语体未尝不可读,而普通译笔之诘屈聱牙,确非欧化之罪,乃译者原文不懂,中文不通之故而已"(林语堂 Vol. 18,1994:370)。

当时白话文运动及大量翻译外国作品而导致了中国国语发展方向不明确。在这个特殊时期,林语堂出于自身的创作经验和对国语发展的高度责任感,对语言形式有创建性地提出了倡导,这对国语的健康发展起到了积极的引导作用,而他本人在这一时期的大量国语创作也为读者树立了良好的国语形象。而另一不可忽略的现实是,林氏的国语语言观也从某种程度上折射出了他的英语语言观。

6.2.1.2 林语堂的英语语言观

林语堂可以娴熟地以英语进行创作,其作品大受英语读者的欣赏,这本身就体现出他在英语写作和语言运用方面的深厚功底。而他个人的英语语言观也同样体现了他对于语言的深刻悟性和成熟的态度。

首先,与其对汉语的观点一样,林语堂认为英语语言应该清新通俗自然,反对矫揉造作或故作玄虚的文笔。林语堂在《大荒集》里的《英文学习法》一文中针对英语词汇的使用发表了自己的看法。他认为词汇的选用贵在自然:"中国留学生及非留学生写起英文来都是韩柳三苏的变相。须知韩文柳文好则好矣,无如在英文里边读起来,总是高雅有余,切实不足……真正的好英文还是多少带点街谈巷议或是文士雅谈的气味,英文谓之有 smell of the soil,正是与司马迁之文相近"(林语堂 Vol. 13, 1994:195—196)。同样在选词方面,林语堂还强调应该选用较为常用的词语而避免高深的词汇。他在《基本英语与洋泾浜英语》一文中说:"正因为英语有多用于习惯语的特色,所以假若不选择常见的词,而因为要避免语法上的变化而选择比较高深的词,像奥格登(C. K. Ogden①)教授所选的那样,那不能不认为戕贼了英语的本质"。(林语堂,2001:42)

其次,林语堂从语言文化交流的角度,还创造性地提出英语中的洋泾浜英语有存在的价值和发展的前景。林语堂在《洋泾浜与基本英语》一文中如是描写洋泾浜英语的妙处:"我想洋泾浜英语(Pidgin English)不但非常佳妙,而且是有远大的前途的。……依照意大利美学教授克逻遮(Benedetto Croce)(现通译为克罗齐)的学说,凡文艺美术的作品,只能依其表现达意的能力为批评的标准,不得以特定的形式(如诗的体律,或文法)为凭。所以,依照这个美学标准,很达意,很爽利的 no can(不会)……等语,同米尔敦的绝妙佳句比起来,是有同样的文学价值,说不定会使米尔敦相形见绌哩。……我们不但可由克逻遮氏的美学批评而证明了洋泾浜英语的文学价值,并且可由马克思的唯物史观辩证法证明,它必于五百年后成为世界上流社会的普通话"(林语堂 Vol. 15, 1994:172—173)。林语堂的这种观点对于他的英语创作和汉英翻译的语言风格都有所影响,同时也给当时的翻译语言带来了新的思路,读者也可以在其英语创作以及汉英翻译中发现其别出心裁地运用所谓的洋泾浜的英语或汉语式的英语(Chinglish),这也在某种意义上践行了他所认可的审美标准。而在事实上,所谓的洋泾浜英语在某些情况下已经得到广泛的认可,有一些甚至已经成为习语,例如常用习语 Long time no see。这也从一定程度上印证了林氏对洋泾浜英语应用的判断与预见。

此外,值得一提的是,林语堂在其国语语言观中提到文言和白话的关系问题,而在讲他的英语语言观时,他仍然用这对概念来说明语言运

---

① 英语名字为笔者所补充。

用要得体,即究竟应该使用什么样的语言要取决于文章的题材和写作目的。他在《无所不谈合集》中的《论言文一致》这篇文章里对此作了清楚而形象的表述:"各国用白话为主体的"国语",实际上都有鄙语、俚语、粗俗与文雅的文字分别。英文一篇演讲稿与一篇游记小品,也有不同,只是英文中口语与文言没有一条鸿沟。有些俚语,在某种文章便认为粗鄙不可入文。也有些文绉绉的言词,用得过多,有矫揉造作之嫌,令人讨厌。……遇到必须文言成语始能达意之时,顺手牵羊,要在用得切当"。(林语堂 Vol.16,1994:235)

作者的语言观往往会成为研究其语言特点的重要参考和基础;同时,他对语言的运用又可以真实地体现作者的语言观。研究林语堂的国语和英语的语言观,也正是进一步研究其翻译语言特色和翻译倾向的基础和参照。所以本节对林语堂语言观的分析和归纳会为客观而合理地解释其翻译语言特色提供重要而可信的依据。

6.2.2 圆熟地道的翻译语言

林语堂在美国从事英文创作和汉英翻译的30余年里,不仅以他所讲述的东方文化征服了西方读者,而且其英文也得到了西方的广泛认可和赞赏。1940年,纽约艾迈拉大学(Elmira College)校长在给林语堂颁授荣誉博士学位时,称赞他说:

"林语堂——哲学家,作家,才子——是爱国者,也是世界公民;您以深具艺术技巧的笔锋向英语世界阐释伟大中华民族的精神,获致前人未能取得的效果。您的英文极其美妙,使以英文为母语的人既羡慕钦佩又深自惭愧"。("Lin Yutang — philosopher, writer and wit — patriot and yet a citizen of the world; by the magic of your pen, you have portrayed the soul of your great people to the people of the English speaking world in a way no person has ever done before. In doing so, you have spoken to the people of the English speaking world in their own language with an artistry that is at once their envy, admiration, and despair.")(林语堂 Vol.29,1994:188—189)

随着国内对林语堂研究的发展和深入,林氏的语言也得到了国内广大文学爱好者和从事语言研究的学者的肯定和欣赏。赵毅衡夸林语堂的"中文是漂亮的中文,英文是典雅的英文……中文好到无法译成英文,英文也好到无法译成中文,两者都是炉火纯青"。(赵毅衡,2000:2)

林语堂汉英翻译中的英语语言亦庄亦谐,挥洒自如,其老到娴熟的句法和游刃有余的措词尽在其中,足以见得他对英语语言的熟练程度。总的来说,林语堂的汉英翻译中的英语可以概括为以下几方面特点,并通过例文加以体现。

其一,林氏的英语口语化的倾向非常明显。正如他自己所说的,如果一味使用高深的语言,就会"戕贼了英语的本质"[①]。在林氏的汉英翻译中,有相当一部分源语文本都是文言成分居多,而林氏在译文中将原文的文言文字翻译成口语化的情况较为常见。看以下译例:

1. 芸虽时有书来,必两问一答,中多勉励词,余皆浮套语,心殊怏怏。(《浮生六记》)

   Although Yun wrote to me regularly, still for two letters that I sent her, I received only one in reply, and these letters contained only words of exhortation and the rest was filled with *airy*, conventional *nothings*, and I felt very *unhappy*.

2. 而好人为坏人所累,遂令我辈开不得口。(《板桥家书》)

   But *the good* suffer on account of *the bad*, with result that we have to *shut up*.

3. 则见新旧逋欠文契不下数十百通,其人或存或亡,总之无有还理。(《不亦快哉》)

   I see there are dozens or hundreds of *I.O.U.'s* from people who owe my family money. Some of them are *dead* and some still *living*, but in any case *there is no hope of their returning the money*.

4. 数千里外,得长者时赐一书,以慰长想,即亦甚幸矣。何至更辱馈遗,则不才益将何以为报。(《扬州瘦马》)

   I am happy to receive a letter from you a thousand miles away. I would be *very happy* to hear news about you even without the *beautiful gifts* which you sent me. I do not know *how to thank you*.

---

① 参考6.2.1.2节林氏英语语言观里的论述。

这几个例文的原文都是文言文,其文字基本上以四字格为主,用词简练,结构整齐。而林语堂的英语译文则明显地带有口语化的特征。首先在选词上,大多用了非正式的常用词,如例文 1 中的 *nothings*, *airy* 和 *unhappy*,例文 2 中的 *shut up*,例文 3 中的 *I.O.U.'s* 和例文 4 中的 *I, very happy*, *beautiful*, *thank you* 等都是典型的口语词。林氏语言的口语化特征也体现在句子结构上。从这几个句子来看,例2、例3 和例4 的结构基本上都是短句,并且句式都是简单的口语化形式,而例 1 句子较长,但结构也是简单的并列句,看起来一目了然。

对于林语堂以口语化的语言来翻译原文的文言文,我们也并不能以其不符合原文的语体加以诟病,因为这些在现代汉语看来是文言的语言,在作者所处的时期也可以看作是口语体,如例 1 的《浮生六记》是作者叙述自己与妻子在日常生活中的琐事,而例 2 是郑板桥写给其兄弟的家书,说的也是家常事;例 3 是金圣叹的休闲随笔;例 4 出自宗臣的《报刘一丈书》,是对官场中权贵卑躬屈膝之风的辛辣讽刺,言辞诙谐,所以林氏将这些文字译为口语化的英语不仅符合其语言观,也在一定程度上还原了原文的语气和语体。

其二,与其口语化的英语语言特点相辅相成的是林氏在英语译文中重视语言的简洁自然,不拖泥带水。这同样也是林语堂的英语语言观的体现。试看如下例文:

5. 有功夫读书,谓之福;有力量济人,谓之福;有学问著述,谓之福;无事非到耳,谓之福;有多闻直谅之友,谓之福。(《幽梦影》)

   Blessed are those who have time for reading, money to help others, the learning and ability to write, who are not bothered with gossip and disputes, and who have learned friends frank with advice.

6. 我以为贫,更有贫于我者;我以为贱,更有贱于我者。(《不亦快哉》)

   I am poor and humble, but there are people poorer and more humble than myself.

例文 5 原文整体上是一个大的并列句,其中又有重复的成分,在汉语中可以达到一种强调语气和结构整齐的审美效果,而同样的结构在崇尚简洁的英语中则显得繁琐而冗长,因此林语堂在翻译中将原文并列句进行了合并,省去了原文重复的成分,使得译文成了一个倒装的主谓句。

例6则是一个是更为严谨的对偶句,林氏同样对其结构进行了合并和调整,译文因此显得简洁而明快。

其三,林氏的英语译文还体现出了其语言运用得恰当而合体的特点。首先,对于原文的正规语体,林语堂在译文中也同样采用了较为正式的文言形式,以符合原文的语气,充分体现了林语堂的翻译语言的灵活性。试看以下例文:

7. 但见隔岸萤光,明灭万点,梳织于柳堤蓼渚间。(《浮生六记》)

As we looked across the creek, we saw will-o'-the-wisps flitting in crows *hither and thither* like ten thousand candle-lights, threading their way through the willows and smartweeds.

8. "噫!此声也,胡为乎来哉?"(《浮生六记》)

Alas! *Whence comth* this noise?

9. 满口仍用者也之乎等字。(《不亦快哉》)

... and still using the most polished language of *thou* and *thee* and *wherefore* and *is it not so*?

林氏在这三个例文的译文中都采用了英语中的相关成分的旧体,相当于汉语的文言形式,使译文读起来有些文绉绉的味道。这与林语堂追求口语化的简单英语译文似乎相悖,但是实际上也并非译者的一时兴起或随意而为之,而是出于林氏对原文语体的考虑。例文7的原文是作为文人的作者沈复对所见景观的有感而发,其语言自然是文气十足,所以林语堂用 hither and thither 取代了日用语 here and there;例文8和例文9两句原文的语言形式本身就表现为明显的文言文,所以林氏在译文中也通过词语的旧体形式再现了原文的语体风格。

除了恰当地运用语言的古体形式以再现原文的语体风格外,林语堂得体的语言运用还体现在他能根据原文的情景准确地选用符合原文含义和意境的语言。如:

10. 聚则为君民,散则为仇雠。(《东坡诗文选》)

When the emperor and the people come together, they are *ruler and subjects*; when they detest each other, they become *foes*.

11. 刘姥姥两手捧着喝。(《扬州瘦马》)

Grandauntie Liu was drinking〔the big cup of wine〕, holding it between her two hands and *gulping* it.

12. 看晓妆宜于傅粉之后。(《浮生六记》)

    It is good to look at a lady at her *morning toilet* after she has powdered her face.

13. 醒则芸正晓妆未竟也。(《浮生六记》)

    When I woke up the next morning, Yun had not quite finished her *morning toilet*.

14. 及其厌饱膨脖,滋觉甚苦。(《冥寥子游》)

    ... but when they come to the point of *satiety*, they begin to feel a sense of *repulsion*.

例 10 原文取自《上神宗皇帝万言书》,因此语言极尽严谨规范,所以林氏在译文中也同样以书面语译之。例 11 是取自《红楼梦》里刘姥姥进大观园的描写,原文通过一个"捧"将这位老村妪的憨态形象地描绘了出来,而林氏则又以一个 *gulping* 将该形象通过译文展现出来。例 12、13 两句中都有同一个词"晓妆",林氏将其译为 *morning toilet*,在现代读者看来有着明显的复古气息,因为 *toilet* 的旧用法就是梳洗打扮的意思,这也体现了林氏英文功底之深厚。例 14 的译文中的 satiety 和 repulsion 等词的选用同样符合原文颇为正式的语体风格。

其四,林语堂的汉英翻译语言的又一特点是他在译文中对语言的巧妙运用,在翻译效果上不仅译出了原文的意义,而且再现了原文中的修辞意义和审美意义,其英语语言的深厚功底及其灵活运用尽在其中。看下面译例:

15. 一生辛苦,常在客中,欲觅一起居服役之人而不可得。(《浮生六记》)

    I have been living all my life away from home, and have found it very difficult to find *some one to look after my personal comforts*.

16. 文人讲武事,大都纸上谈兵;武将论文章,半属道听途说。(《幽梦影》)

    A *literary* man discussing wars and battles is mostly *an armchair strategist*; a military man who discusses *literature* relies mostly on rumors picked up from hearsay.

例文 15 以"起居服役之人"含蓄地表达了作者的本意,若隐若现,耐人寻味。林语堂以模糊译模糊,其译文 *some one to look after my personal comforts* 同样含蓄而委婉,不仅避免了直白表达带来的难堪,恰到好处地达到了译文的审美效果,而且会令译文读者产生自由的联想,符合英语里常用的讳饰(euphemism)的修辞手法,自然巧妙,不露斧痕。例文 16 的译文也同样为妙译。首先,林氏将成语"纸上谈兵"译为 an armchair strategist 不仅含义符合原文,而且语言地道而形象。此外,他以 literary man 和 literature 分别译"文人"和"文章",既做到了"意似",也以两个词的头韵(alliteration)同源做到了"形似"。字面上的巧合也无不彰显着译者娴熟地道的语言技巧。

其五,林氏的英语语言特色也体现在他在语言的审美方面的技巧,这通过他对诗歌的翻译可以得到很好的体现。

17. 寻寻觅觅,冷冷清清,凄凄惨惨戚戚。(《声声慢》)

So dim, so dark,
So dense, so dull,
So damp, so dank,
So dead!

18. 纵使相逢应不识,
尘满面,鬓如霜。(《东坡诗文选》)

And even if we did meet,
How would you greet
My weathered face, my hair a frosty white?

例 17 林氏对李清照的这首词的翻译经常被人提起。这一段他以 so 的重复和以"d"开头的 7 个押头韵的形容词,以简单的语言实现了诗歌在形式上尤其在韵律上的美感,给读者造成强烈的视觉冲击和情感上的触动,同时也迎合了原文通过词语的叠用而产生的审美效果。林氏在《论译诗》一文中曾经就对这首诗的翻译表达过自己的心得:"我译李易安的'声声慢',那'寻寻觅觅、冷冷清清、凄凄惨惨戚戚'十四字,真费思量。须知全阕意思,就在梧桐更兼细雨那种'怎生得黑'的意境。这意境表达真不容易。所以我用双声方法,译成 so dim, so dark, so dense, so dull, so damp, so dank, so dead 十四字(七字俱用定母)。译出,确是黄昏细雨无可奈何孤单的境地,而后 dead 一字最重。这是译诗人的苦处及乐处,煞费苦心才可译出"(林语堂 Vol. 16,1994:319)。在例 18 中,林氏对译文结构作了巧妙的调整,使其不仅"形美"、"音美",而且"意"也美。也许从这两个译例看来,林语堂在对原文的意义忠实方面有所欠缺，但是对于音、形同样重要的诗歌来说，林氏的翻译可以说将这三个标准作了令人满意的结合。

6.3 小 结

  林语堂是一个集翻译理论和翻译实践于一身的翻译家。在理论方面，他就翻译的标准（尤其是忠实的标准）、翻译的审美、译者应具备的条件、诗歌翻译等方面的问题提出了自己独到的见解和观点，表现了他的远见卓识，为当时颇有争议的一些翻译问题给出了自己的解释和答案，为中国翻译理论的发展提供了新的思路，开阔了研究空间，也为翻译实践提供了有价值的引导和启示。

  林氏翻译的另一个不可忽视的要素是他的语言特点。由于其良好的语言基础和悟性，同时又具有通晓两种文化的优势，所以林氏对英汉两种语言都达到了运用自如、圆熟地道的程度。同时，他本人对于两种语言也有独特的观点，而其语言观也必然会在其语言运用中得到体现。对其翻译语言特点的梳理和分析，也是深入研究林氏翻译的重要环节和依据。

  本章通过理论的梳理分析以及大量例文的整理和解读，从翻译理论和翻译语言两个角度对林语堂的翻译观、语言观以及翻译语言特点作了综合性的论述，也可为进一步从文化角度研究林语堂的翻译提供充分的语料参考和依据，从而为其翻译研究奠定必要的基础。

第七章

概观林语堂译本中的翻译策略

译本往往能够体现出译者的翻译语言特点以及翻译策略的应用,因此,要研究林语堂的翻译及其翻译策略,针对其诸多译本的分析成为必不可少的一个途径。文本分析会得出最有力、最直接的依据来阐释译者的翻译策略。另外,从某种意义上看,林氏的英文创作也是他汉语英译的结果:"既为双语作家,他的作品的相当一部分又具有其自备的中英文双套文本,那么一个很自然的结论便是他的作品(特别是他的短篇散文之作)中有相当一部分会带有甚至就属于翻译性质,也就是属于后出的"(高健,1994:43);"尽管林语堂的作品用英语写成,但其中的诸多素材却是来源于中国文化,即用英语表达了中国文化中所独有的事件和意象。我们有理由相信,作为一个中国人,林语堂在描写中国独有的事物时,众多关于中国意象的词汇,最初是以中文形式在他脑海中出现的。从这个意义上说,尽管没有一个完整的中文文本在前,林语堂的英语作品中很大一部分带了翻译的性质"(吴玲玲,李丹,2004:39)。而林语堂的女儿林如斯在《关于京华烟云》一文中说:"这部小说虽然是用英文写成,却有许多奥妙之处,非中国人看不出来。西洋人看书比较粗心,也许不会体悟出来。中国奇特的心理,非中国人不能了解"(林语堂,2002:5)。同样对于《京华烟云》的创作语言的定位还有如下说法:"使林语堂成为诺贝尔文学奖候选人的长篇小说《京华烟云》则是个彻头彻尾的创作,然而潜移默化中仍是存在翻译的成份"①。林氏的文学创作大多以中国作为叙事的题材,其内容与汉语语言文化息息相关,因此,其英文的创作语言必须以对汉语的翻译为基础。其次,林氏为真实再现汉语语言文化的原貌,会特意采用汉语式的英语(Chinglish)表达形式,以达到真实的效果,而这种现象也应该是一种特殊的翻译手段②。

笔者在本章中通过对其大量译本及英文作品的语言分析与整理,归纳出林语堂在翻译中所体现出来的翻译策略的特点及其翻译态度。

7.1 归化与异化

归化与异化(domesticating & foreignizing translation)这对翻译策略的概念是由翻译理论家韦努狄(Venuti)提出的,与林语堂本人提出的句译和字译都属于翻译忠实标准的范畴。归化翻译是指译者在翻译中尽可能使译文符合译入语的语言表达规范和文化习惯,其主要目的是为了扫除译入语读者在理解上的障碍,并顺应他们的阅读期待和接受心理;异化翻译则是指译者在译入语中尽量保留原文中的表达方式,使得译文具有异国情调,从而也打破了译入语中的表达习惯和认知模式。但是归化、异化与林氏提出的句译、字译这两组概念的不同处在于林语堂是从翻译和思维的单位来界定这组概念的,而韦努狄则主要是从文化角度来衡量归化和异化。他认为归化翻译是英美文化中占支配地位的翻译策略,它与存在于英美文化与其他文化之间的不平衡文学关系是一致的。归化又是主导文化中的通用原则。这些主导文化是一些带有侵略性的单语文化,它们不接受外来的东西。这些文化也习惯于行文流畅的翻译,这些翻译用(目标语的)价值,通过隐形的方式来刻画外来文本,并使读者在他者文化中意识到自己的文化而陶醉。韦努狄认为正是译

---

① 见 http://www.fli.com.cn/lyt.htm。
② 见本章"'死译'的另解"一节中的论述。

者的隐形才同时决定并掩盖了不易觉察地驯化外来文本的过程(Venuti,1995:15—17)。而相对的异化翻译在韦努狄看来是一种"对于记录外来文本语言文化差异的价值观的民族偏离的压力(ethnodeviant pressure)",同时又是一种"抵制民族优越感、民族主义、文化自我陶醉和文化帝国主义的形式"(Venuti,1995:20)。异化策略意味着在一定情况下可以脱离译入语和文本的限制,可以选择不流畅的、甚至晦涩的语言,使得译文具有异国情调。

在林语堂的翻译中,归化和异化这两种翻译策略并未被完全对立起来,而是平分秋色,并行不悖地发挥着各自的作用,既体现了译者游刃于中西两种文化的自由,也表现了他对这两种文化复杂而矛盾的态度。

首先来看林语堂的归化翻译。对于汉语文本中部分中国历史和生活中所特有的事物和现象,林语堂采用了归化的翻译手段。如:

1. 余生乾隆癸未冬十一月二十有二日,正值太平盛世,且在衣冠之家。(《浮生六记》)

   I was born in *1763*, *under the reign of Ch' ienlung*, on the twenty-second day of the eleventh moon. The country was then in the heyday of peace and, moreover, I was born in a *scholars' family*.

2. 因盘量劝诱米,得出剩数百石别储之,专以收养弃儿,月给六斗。(《东坡诗文选》)

   I was able to collect funds and obtain *several thousand bushels* of rice for the purpose of feeding orphans. Every family that took care of one child was given *six bushels* of rice per month.

3. 人非尧舜,安得每事尽善。(《东坡诗文选》)

   No one is *a sage*; you cannot always be right.

显然,例文 1 中的时间表示方法是按照中国皇帝年号来标识,放到英语中会使读者不知所云,因此林语堂直接转换成了通用的纪元方式,一目了然。而"衣冠"根据《古代汉语词典》,其释义为:① 士大夫的穿戴;② 借指士大夫,官绅,所以这也是为中国文化所特有的指称,林氏将其翻译为 scholar 基本将原意表达出来了。例文 2 中的中国重量单位被林氏以英语中的重量单位代替,并对数量进行了相应的调整,体现了译者同时考虑对原文的忠实和译文读者的照顾。只是这两种不同的单位并非以整数对应,因而译文里数量也就不是原文的精确体现了。例文3中对于原文中同样为英语读者所不熟知的历史人物则以具有概括作用的名词释之。

在林语堂的归化翻译中,除了不得已的替代情况,还有一部分翻译则更明显地体现了译者迎合译文读者的接受心理和欣赏品味的痕迹。如以下两例,林氏分别用英语中的习惯用语来翻译原文:

4. 余夫妇居家,偶有需用,不免典质。始则移东补西,继则左支右绌。(《浮生六记》)

   My wife and I often had to pawn things when we were in need of money, and while at first *we managed to make both ends meet*, gradually *our purse became thinner and thinner*.

5. 贵人才一启口,诺声如雷,一举手而我头已抢地矣。(《冥寥子游》)

   Hardly has a nobleman opened his mouth *when we answer "Yes, sir!" with a roar*, and he needs only raise an arm, and we hasten to kowtow.

除了词句本身,林语堂的归化翻译也体现在对句子结构的处理上:

6. 少年读书如隙中窥月,中年读书如庭中望月,老年读书如台上玩月,皆以阅历之浅深为所得之浅深耳。(《幽梦影》)

   The benefit of reading varies directly with one's experience in life. It is like looking at the moon. A young reader may be compared to one seeing the moon through a single crack, a middle-aged reader seems to see it from an enclosed courtyard, and an old man seems to see it from an open terrace, with a complete view of the entire field.

在这个例文中原文的结构体现了汉语句子的先因后果、句尾聚焦(end focus)、结构松散自由等特点;而林语堂在不改变内容的前提下在译文中对原文结构进行了调整,使之符合英语句子先果后因、句首聚焦(front focus)、结构严谨等特点,这不能不说是林氏迎合译文读者的又一表现。

接下来再看林语堂的异化翻译策略。首先,林语堂在翻译一部分中国特有的事物名称和人物的称谓时采用了异化的方法,从而保留了这些名词的民族特色。看以下名词的英译:

马褂: *makua*

馄饨：Wonton
八股时文：eight-legged essays
月下老人：Old Man under the Moon

——《浮生六记》

插带：tsatai
姑娘：Kuniang
阴阳五行：yin and yang and the five elements

——《扬州瘦马》

清明：Ch'ingming festival
中举、中进士：become a chujen or chinshih

——《板桥家书》

狐狸精：fox-spirit
朱门：vermilion door
太太：Taitai
奶奶：Nainai
小姐：Hsiaochieh

——《京华烟云》①

  从以上的这些词语翻译可以看出，林语堂在译文中将这一部分代表中国文化习俗的词语通过音译或直译的方式原汁原味地保留了下来，未加任何雕饰或修补，在为英语读者的视觉带来强烈冲击的同时，也将本真的中国文化色彩如实地展现给了他们。
  汉语文本中的成语也是体现中国文化的重要媒介，在翻译这种语言现象时，林语堂也适当地采用了异化的策略。
  7. 各人自扫阶前雪，莫管他家屋瓦霜。(《板桥家书》)
   Let each one sweep off the snow at his door-step, and not interfere with the frost on the neighbors' roof.
  8. "女子无才便是德"，真千古至言也！(《浮生六记》)
   "Absence of talent in a woman is synonymous with virtue", as the ancient

---

  ① 林语堂所创作的《京华烟云》是用英语对典型的中国历史文化民俗主题进行创作，当中不乏对中国特有的文化现象、汉语习语、人物事物名称等语言成分的翻译。本著采用的是张振玉的汉语译本。除了《京华烟云》，在林语堂的其他英语创作中也都可以找到上述语言现象的翻译的痕迹。关于林氏部分英语创作语言应被视为其汉英翻译的论证参考本章引论的内容。

proverb says.

一般来说,不带有典故成分的成语大多具有普遍的含义,尤其是在一定的上下文语境中。对于这类语言现象,异化翻译不仅不会造成理解的障碍,而且还会使译入语更加丰富。类似的情况在《京华烟云》中也有:

9. 姚先生引用一句谚语说:"家贫出孝子,国乱识忠臣。"
   "*When a family is in poverty it produces a filial son, and when a country is in danger it produces a patriot*," said Mr. Yao, quoting a proverb.

10. 当一天和尚撞一天钟,大家都是这种态度。
    Be a monk for a day and strike the bell for a day—that is everybody's attitude.

此外,林语堂对汉语中一些形象的修辞手法的翻译也采用了异化的策略,将汉语的语言审美色彩原封不动地带给了西方读者。虽然由于文化的差异,同样的修辞可能会在中西读者中产生不同的意象,但是由于各种文化间存在着一定的共通性,所以译入语读者在一定的语言情境下也可以领略汉语修辞的精妙所在。

11. 五脏六腑里,像熨斗熨过,无一处不服贴;三万六千个毛孔,像吃了人参果,无一个毛孔不畅快。(《扬州瘦马》)
    It was as if all their bowels had been *ironed over with a warm iron and set at ease*, or as if they had just eaten ginseng, so that every single one of the 36,000 pores on their body was glowing with joy.

这个句子取自刘鹗的《大明湖说书》,集明喻、夸张、拟人、排比四种不同的修辞方法于一身,形象地描绘了观众听了演员唱的曲子以后酣畅淋漓的感受。林语堂同样以这四种不同的修辞手段,在译文中还原了原文的修辞形象,也再现了原文的审美表达。再看一例:

12. 自此耳鬓相磨,亲同形影,爱恋之情有不可以言语形容者。(《浮生六记》)
    And so every day *we rubbed shoulders together and clung to each other like an object and its shadow*, and the love between us was something that surpassed the language of words.

但是,翻译常常会遇到原文中为译入语文化不能兼容的语言现象,所以单纯的归化或异化并不能解决问题,而将两者合理结合来用成为解决这类难题的可行途径。这种选择也为不少学者所认同,如孙致礼就大力提倡文学翻译应采用"异化为主,归化为辅"的策略(孙致礼,2002:41—44)。如下例的一段诗文中,林语堂先是用异化手段翻译了不会给西方读者带来理解困难的修辞语句,而对典型的中国典故人物"尧舜"则用归化的手段进行了概括化的处理:

13. 有笔头千字,胸中万卷,致君尧舜,此事何难。(《东坡诗文选》)

> With a thousand words from our pens,
> And ten thousand volumes in our breasts,
> We thought it not difficult to make our
> Emperors the best.

在归化和异化的选择上,林语堂自己并没有明确地表示过自己的取舍或倾向。而其具体在翻译文本中的应用则可以体现译者对于翻译中原文、源语文化、原文作者、译入语文化、译文读者等要素的态度。从以上这些例文分析中我们可以看出,林语堂在这两种不同的翻译策略之间并没有偏向,而是异化与归化并用。但同时,其归化翻译策略的选择隐含着林氏为译入语读者清除理解障碍,迎合英语读者的理解需求与审美期待,以及顺应译入语文化的意图;而异化翻译策略则能够透射出林氏尊重原作、原作者以及源语文化,希望将源语中的文化、修辞色彩复制到译入语中,而保留和保全原文的语言及文化内容的意图和努力。而这两种看似矛盾的意图以及翻译策略也恰恰反映了林语堂对东西方文化的态度与立场:他一方面有迎合西方文化的需求;另一方面他又有着无法割舍的东方文化的情结。同时,以上的译例也体现了林氏针对于不同情况而采取不同的译法的灵活态度,这也彰显出他作为译者,对原文、源语文化和译入语读者的尊重及责任感。

7.2 "死译"的另解

从翻译的忠实标准来看,"死译"是一个不被认可的翻译方法,有不少中国的翻译家曾对此提出过批评和否定。鲁迅兄弟俩都强调过逐字的直译,也都提到过"死译"这一概念。周作人通过 Lying on his back 的译法来区分直译和死译,认为译成"仰着卧"是直译,而"卧着在他背上"则是死译(陈福康,2000:171)。鲁迅还提出过"硬译"的方法:"在我,是除了还是这样的硬译之外,只有'束手'这一条路——就是所谓'没有出路'——了"①。虽然鲁迅表明"硬译"与"死译"是有区别的,但是他并没有在概念上将两者加以区分,所以在梁实秋看来,鲁迅的"硬译"就是"死译"(郭著章,1999:193)。茅盾对"死译"也发表过个人的看法:"看不懂的译文是'死译'的文字,不是直译的……如果把字典里的解释直用在译文里,那便是'死译'"(郭著章,1999:168)。这些观点虽然都无一例外地认为"死译"是失败的翻译,但是对此还没有一个明确的定义。根据以上的这些观点,笔者认为"死译"最主要就是指以僵化呆板的直译来翻译原文,导致了与译入语的词汇、文法、审美等不相符的译文,因而可能造成译入语读者理解的障碍。但是至于在多大程度上译文会造成读者理解的困难是一个不能确定的界限,所以死译与直译之间的界定是确定某一翻译是否为死译的关键。

如果按照以上标准来衡量的话,我们可以发现在林语堂的翻译中不乏"死译"的现象。而林语堂本人也对死译有过评论:"大概忠实的程度可分四等级,就是直译,死译,意译,胡译。今日译界的成绩可谓四等俱备。死译可以说是直译派极端的结果,也可以说是直译派中的'过激党',其态度就是对于原文字句务必敬拜崇奉,不敢擅越一步……其意若曰,非如此,不足以保其原文亲切之意味……"(林语堂 Vol. 19,1994:308)。很显然,林语堂不赞同死译的做法,那么在他的翻译中所出现的死译现象,则必然是出于译者的其他考虑。

先来看两个例子:
1. 姚先生引用一句谚语说:"家贫出孝子,国乱识忠臣。"(《京华烟云》)
   "When a family is in poverty it produces a filial son, and when a country is in danger it produces a patriot," said Mr. Yao, quoting a proverb.
2. 当一天和尚撞一天钟,大家都是这种态度。(《京华烟云》)
   Be a monk for a day and strike the bell for a day—that is everybody's

---

① 出自1929年1月20日鲁迅在《〈托尔斯泰之死与少年欧罗巴〉译后附记》中写的一段话。

attitude.

这两个句子显然都是汉语中的习语,林语堂在创作中,不自觉地直接将其进行了字面翻译,而形成的译文结构与原来的习语完全一致。例文1本身的逻辑关系比较清晰,所以直接搬到英语当中也许并不会给理解造成很大的挑战。但是将例文2的意象直接转化成英语,是否能够被英语读者接受,或能够在多大的程度上被他们理解还有待于考证。

3. 兄乘长风破万里浪。(《京华烟云》)

Brother, you are sailing with the *long wind over the ten thousand miles of waves*.

4. 素云也只好服从。谁叫她不给曾家生个儿子呢?(《京华烟云》)

Suyun will have to obey. *Who told her not to give birth to a son*?

这两个例文都是生活中的常用语言。例文3是成语,表示不远千里,长途跋涉。而林语堂所译的 *long wind over the ten thousand miles of waves* 并非英语中的习惯表达,因而只是译者本人的"极端"直译。例文4则尤为典型。该句是生活中的常见句式,虽然是问句,但并非表示质疑,而是表达说话人的抱怨和指责的语气,而同样的句式在英语里则表示疑问或者否定的语气(如:Will she attend this meeting?——Who cares!)。因此,对于英语而言,林语堂在这里的翻译无疑可算得上是死译。他的这种翻译方法也在韵文的翻译中可以看到:

5. 兽云吞落日,弓月弹流星(《浮生六记》)

Beast-clouds swallow the sinking sun,

And the bow-moon shoots the falling stars.

可以看出,这两句诗不论是押韵还是整体结构,都无条件地服从了严格按原文结构进行翻译的原则,因此译文不像诗歌,而更像散文。

林语堂在其翻译理论中明确地反对死译,而同时,其深厚的汉英语言功底可以保证他并不会犯如上简单的文字错误,那么他却在自己的翻译中任凭死译的出现,就只有一个原因可以解释:他是特意而为之。拿最为典型的例文4来说,原文通过简单的语言的力量,不仅将说话人桂姐快人快语的形象刻画了出来,也暗指谈话对象素云给其夫家家人留下了不良的印象。而林语堂通过照搬原文结构,活灵活现地把中国语言色彩以及汉语文化的思维方式原封不动地复制到了英语读者的面前。这因而体现出他强烈的在译文以及译入语文化中保留汉语语言色彩以及汉语文化的意图,也进而能够折射出他浓厚的东方文化情结。所以,对林语堂的死译,不能简单地否定,而是要将其纳入译者的目的、东西文化关系、读者群体等大背景中去考量。

7.3 值得商榷的忠实

林语堂将忠实视为翻译的第一重要标准。而忠实本身包含丰富的内容,如语言形式的忠实、风格的忠实、体裁的忠实、文化内容的忠实,等等。单纯从语言内容上看,纵观林语堂的翻译文本,其中有部分译文语言其忠实的程度还有待于进一步商榷。在林氏的翻译文本当中,这些能够引起大家对其忠实程度的讨论的现象主要涉及增译、漏译和改译这三种翻译策略的运用。

7.3.1 增译

增译也叫补译,是译者在译文里附加了原文中并不存在的额外信息或"冗余信息"。翻译过程毕竟不只是简单的语言符号的交换,语言符号本身所蕴含的文化意义是造成理解障碍的主要因素。因此,增译成为很多译者帮助译文读者克服理解困难而采取的翻译手段。在林语堂的翻译中增译现象比较常见,这在很大程度上体现了译者本人的读者意识。

增译的最终目的都是为了服务于读者对译文的理解和接受过程。通过对林氏译本中增译现象的分析,可以发现部分在译文中补充的信息是为了使译文的整体逻辑关系读起来合理而完整。试看以下两个译例:
1. 大石侧立千仞,如猛兽奇鬼,森然欲博人。(《西湖七月半》)
   The river here was flanked by a high cliff almost a thousand feet high. *As seen in the moonlight*, the rocks looked very much like some weird monsters or dark spirits in frightening postures.

2. 后见一人往来仆仆，口则赞叹器器，一似苦中有乐者。显者不解，呼而讯之。（《不亦快哉》）

   Then he saw a man walking about *in the court of the inn*, seemingly quite happy with himself. He was puzzled and inquired *how he seemed to be so happy with the mosquitoes around and was not bothered at all*.

译者在例文 1 的译文中补充了一个介词短语，这样，原文中所描述的种种特别的景观便有了合理的解释，而译文读者读起来也不至于产生疑问。在例文 2 原文的上文已经描述了当时的情景："时方溽暑，帐内蚊多，驱之不去⋯⋯愈觉心烦，遂致终夕不寐"。林语堂在例文的翻译中根据前面的信息补充了原文中未明言的部分，从而使得译文逻辑完整而周密。

除了补充逻辑关系外，林氏增译的另一更重要的目的体现着解释原文中具有特殊民族文化色彩的语言现象，为译文读者排除理解的障碍。试看以下例文：

3. 虽有苏张之口，不能说之而东；虽有樗里晏婴之知，不能转之而东；虽有触虹蹈海之精诚，不能感之而东。（《冥寥子游》）

   Even the eloquence of Su Ch'in and Chang Yi cannot persuade them to travel eastward, even the wit and the strategy of Ch'ulitse and Yen Ying cannot change their minds and make them travel eastward, *even the sincerity of Chingei who knocked herself against the Rainbow and was transformed into a bird*, *trying to fill the sea of her regrets with pebbles*, cannot touch their hearts and make them travel eastward.

例文 3 中"苏张"、"樗里晏婴"同为中国的文化典故人物，但是因为根据上下文，读者自然可以推断出引用这些人物目的是为了烘托下文的内容，并不会造成理解障碍，所以林氏在译文中保留了原文的形式；而后半部分的"触虹蹈海"的典故若同样只按原文形式译成英文的话很容易会让读者感到摸不着头脑，所以林氏不惜笔墨，将典故大意补充到译文里。以下两个译例的情况也基本类似：

4. 余与芸联句以遣闷怀，而两韵之后，逾联逾纵，想入非夷，随口乱道。（《浮生六记》）

   And then we began to compose a poem together, *each saying two lines at a time*, *the first completing the couplet which the other had begun*, *and the* second beginning another couplet for the other to finish, and after a few rhymes, the longer we kept on, the more nonsensical it became, until it was a jumble of slapdash doggerel.

5. 烟雨如黛,群山黯淡,奇绝变幻,亦可大喜,则吴王西子之颦也。(《冥寥子游》)

When a mist and rain hang over the lake and the many hills are enveloped in gray, changing into the most unexpected colors, it is also a source of great delight, for we know then it is Hsishih, Queen of the Wu kingdom, knitting her eyebrows.

增译的服务对象是译文读者,对于他们的理解和接受译文无疑是有帮助的。但是鉴于翻译"一仆侍二主"的性质,对原文和原作者的忠实也不能不考虑,所以,如何有效把握增译的度是译者必须要注意的问题。显然,以上这些译例中林氏所用的增译的翻译策略凸显了他的读者意识,但是也在一定程度上疏离了原文,所以其忠实程度有待考究。

7.3.2 漏译与省略

漏译和省略都表现为译者在译文中遗漏原文中的某些信息。但是两者所产生的原因有所不同。由于英汉两种语言表达的差异,原文中的部分语言形式在翻译到目的语言中可以省略而不会产生信息的遗失。如助词、代词、冠词、时态等在汉英语言中的功能不同,所以在译文中被省略是翻译的正常操作,并不影响译文的忠实。这种由于译者考虑到两种语言的语法和句法等语言形式的差异而在译文中将原文中的部分冗余内容删掉恰恰是出于对原文负责,其中所涉及的种种情况笔者不作赘述。而漏译产生的原因则较为复杂,有可能是译者的疏忽,也有可能是译者对某种因素的特殊考虑而删除原文中部分内容。在林语堂的汉英翻译中,原文内容在译文里遗失的现象也时有发生,所以同样说明其翻译的忠实是一个值得探讨的问题。

林语堂翻译中所出现的信息遗失现象主要表现为原文意义的合并

和原文内容的遗漏两种情况。在前一种情况中,只是在译文形式上有所简省,而原文意义基本译出;而在后一种情况下,原文部分内容在译文中被删除。对于前一种情况,看下列译例:

1. 心与目谋,毫无把柄,不得不聊且迁就,定其一人。(《扬州瘦马》)
   One does not know what to decide or which one to take, and eventually makes his choice on one of them.
2. 山耶水耶书耶,一而二,二而三,三而一者也。(《幽梦影》)
   Books, hills, and water—— they are all one and the same thing.

从以上两个例文中可以看出,林氏在译文中将原文进行了"浓缩"处理,略去了非关键的信息,而保留了中心意旨。具体到例文1,译者对描述语言"心与目谋,毫无把柄"避而不译,而是用解释性的文字来取代,其后的"不得不聊且迁就"则在译文里未见踪迹。例文2的情况也很类似。原文通过"一而二,二而三,三而一者也"的顶针和重复的语言形式来体现作者强调的语气,但是林氏依然用简略的方式将原文的内容意义体现了出来,却因而忽略和放弃了其审美意义的传递。虽然说林语堂在翻译中所遗漏的只是非关键信息,但是在语言形式上原文的损失是显而易见的:原文由修辞而形成的审美效果因为信息的遗漏而明显被削弱。因此,从忠实角度看林氏的这种翻译策略,很明显存在着一定的缺憾。

林语堂另一种漏译情况则涉及原文部分信息整体的遗漏,看下列译例:

3. 而渔工水师,虽知而不能言,此世所以不传也。(《西湖七月半》)
   The boatmen know about it, of course, but they do not record it in books.
4. 予性不耐饮,美酒亦易淡,所最难忘者,名耳。(《幽梦影》)
   I can't drink, but I cannot forget the thought of fame.

以上两个例文中的黑体部分在原文中都承载了一定的重要信息,如例文3中"此世所以不传也"说明了事物的结果,与前一句构成因果关系;例文4"美酒亦易淡"与前文的"予性不耐饮"一起来烘托后半句的含义,但是可惜的是,林语堂在译文中对这些内容都未作翻译,明显地导致了原文信息的遗漏。这种遗漏也同样出现在了林氏对《红楼梦》中的《葬花词》的翻译中。原文中的"天尽头,何处有香丘?","一抔净土掩风流"

和"质本洁来还洁去"三句也被漏译①。这些原文信息在译文中的遗失不能不说又是林语堂翻译中的一个缺憾。

对于漏译,林语堂在《冥寥子游》的译文里以注释的形式做过标注。在 2002 年出版的林语堂中英对照丛书的《冥寥子游》中原文注:〔下文有关三教本体及上帝、佛陀、神仙、鬼魂的讨论,未译〕,而林语堂自己在译文中则注:Here follows a discussion on the identity of the Three Religions and the existence of God and Buddha and fairies and ghosts. 这里他虽然并未解释他选择省略这部分信息的原因,但是可以明显推断出他本人认为这么做不会影响读者对译文内容的理解。林氏这种以简略或省略原文信息的译法无疑会引发人们对其翻译忠实度的更多的讨论。

7.3.3 改译

改译是译者出于某种目的在译文中对原文内容进行一定的调整或改变。改译的目的可能因不同文本、不同受众群体、不同时代等因素的差异而不同。大多情况下,改译法源自译者从文化角度出发,照顾译文读者的理解和接受,或从译文的审美效果考虑,因而对原文内容进行适当的改动。改译往往可以反映出源语和译入语读者看待具体事物和现象的角度的细微差异。在林语堂的汉英翻译文本中,也存在着他对原文文本中的部分信息进一步加工和改造的现象。

林氏的改译首先体现在对原文句式的调整上。汉英两种语言在表达同一种语气时有可能以不同句式来表现,因此,在翻译中难免会涉及句式或结构的转换(structure shift)。按照卡特福德(Catford)的解释,结构转换涉及源文本与目标文本之间语法结构上的变化……证明了源语和目标语的语言系统之间在微观结构上的不相容(转引自 Shuttleworth,2005:217)。这种结构上的不相容便使得在翻译中的结

---

① 林译《葬花词》参阅附录内容。

构调整成为必要。

首先,汉英两种语言为表达某些特殊语气,如强调、质疑、反诘等,往往会通过各自的特定句式来实现。因此,要表现同样的语气,就需要在译文中对原文结构进行适当的调整。看下列译例:

1. 合时宜,则可;不达时务,奚其可?(《幽梦影》)

   There is a distinction between resisting conventions and fashions of thought, and being ignorant of them.

2. 试看其平生诗文,可曾一句道着民间痛痒?(《板桥家书》)

   If you examine their poetry and prose, you will *not* find *a single* line that has to do with the welfare of the people.

3. 道者安得独无言?(《冥寥子游》)

   We *must* hear something from this Taoist teacher, too.

这三个例文的原文都是反问句式,分别表达了作者不同的语气和态度。例文 1 以并列句的形式,先抑后扬,用后半句的反问句式表达了否定的语气。林氏以陈述句式译之,其中以一个 *distinction* 来体现原文两个分句之间的抑扬关系。例文 2 通过一个反问句表达了作者强烈的否定语气,林语堂也正是以否定句式将作者的语气还原,并通过 *single* 一词使译文含义得到强调。例文 3 的反问句式是表示强调的肯定语气。译者同样以肯定句来翻译,通过具有强调意义情态动词 must 达到了加强语气的目的。

下面几个例文中也表现为林语堂对原文句式的调整,从而达到不同的翻译目的:

4. 为月忧云,为书忧蠹,为花忧风雨,为才子佳人忧命薄,真是菩萨心肠。(《幽梦影》)

   It shows the heart of Buddha (*misericordia*) to worry about clouds with the moon, about moths with books, about winds and rains with flowers, and to sympathize with beautiful women and brilliant poets about their harsh fate.

5. 遂为万古生人之累者,独是口腹二物。(《不亦快哉》)

   But the two organs which are totally unnecessary but with which we are nevertheless endowed are the mouth and the stomach, which caused all the worry and trouble of mankind throughout the ages.

例文 4 原文先描述后总结，属于归纳的逻辑组织方式，而林语堂将之在译文中的前后关系做了颠倒，先概括后描述，采用了演绎的逻辑组织方式。这种调整应该是出于译者对译文行文结构及英语习惯性思维方式的考虑，因为英语中行文常常把核心信息置于非核心信息之前，让读者读起来一目了然。例文 5 的结构调整首先使译文符合英语修饰语的使用习惯：当修饰语较长时，往往置于中心语的后面，以达到句子结构的平衡；而林氏对该句的结构调整可达到的另一个目的是将原文中为汉语所习惯的 end focus 思维模式转化为英语中所习惯的 front focus 的思维模式。

林语堂对于原文结构的调整也有他对译文语言形式的考虑。如下列两段诗文的翻译，他同样对原文的结构做了改变：

6. 纵使相逢应不识，
   尘满面，鬓如霜。(《东坡诗文选》)
   And even if we did meet,
   How would you greet
   My weathered face, my hair a frosty white?

7. 譬彼舟流，
   不知所届。
   心之忧矣，
   不遑假寐。(《东坡诗文选》)
   Like unto a drifting boat,
   None knows where it is heading.
   Restless I lie upon the pillow,
   For my heart is bleeding.

林语堂将例 6 原文的肯定句转化成了反问句的形式，加强了译文的语气。同时译者还考虑到了译文诗歌形式上的韵律整齐，并且通过译文语言再现了原文的意象，因此可以说林氏在这里的改译是成功的。例 7 整首诗的译文采用了严格的 abab 的押韵格式，也正是为了达到这个目的，林氏在译文中颠倒了后两句的先后顺序，并且译文 For my heart is bleeding 较之原文 "心之忧矣" 在程度上明显加深，所以这里的改译从某种意义上是牺牲了语义而服从了形式。

林氏的改译除了体现在对原文的结构调整以外，对原文意义的改动

表现得也比较突出。例如:

8. 憨曰:"蒙夫人抬举,真蓬蒿倚玉树也。"(《浮生六记》)
   "I should *feel greatly honored if I could come to your home*," she replied.
9. 心斋不知此苦,还是唐宋以上人耳。(《幽梦影》)
   Shintsai is not aware of the circumstances which force them to do it. He lives mentally in the *Golden Age*.

例文8取自《浮生六记》,主人公芸娘在为丈夫物色妾的人选时,发现了一个叫憨园的女子,对之颇为中意,提出将之娶回家。该例文取自憨园对其提议的回应。原文用暗喻的修辞手段,形象地表达了说话人谦卑的态度和两人的关系。林语堂在翻译中将原文"真蓬蒿倚玉树也"的意义作了宽泛化(generalization)的处理,虽然原文的基本意义体现出来了,但是由修辞创造的意境却被遗漏了。例文9中表示中国历史时代的名词"唐宋"也同样被以宽泛化的方式处理,译者没有多花笔墨对这个与民族历史有关的词语加以解释,因而读者从译文中所得到的也只能是该词的粗略含义。

以上这些出现在林语堂汉英翻译中的增译、漏译、省略和改译等策略都是翻译中常规方法以外的辅助或特殊的翻译方式。当译者在翻译过程中对某些因素偏重考虑时,就有可能会采取相应的辅助翻译手段,如他对译入语文化和读者接受的重视必然会使译者尽力让译文符合译入语的表达习惯或文化模式。从以上的例文分析中也不难看出林语堂在不同情况下对不同翻译要素的偏重。但是如果按严格的翻译标准来判断的话,其中一部分翻译的忠实程度还值得进一步推敲和探讨。

7.4 文内文外注释

首先看翻译中注释的概念:"在文学翻译作品中,每涉及原作的文化风俗、历史背景以及语言表现特征等方面的问题时,译者常常要在'引进'或'替换'的同时做某些说明,是为注释"(王忠亮,1991:56)。王东风认为这种译法的优点在于"能较好地体现原作者的艺术动机和原著的美学价值,同时可以利用注释相对不受空间限制的特点,比较详细地介绍有关的出发文化的知识,并有利于引进外来语;读者通过注释解决了意义的真空点,沟通了与上下文的关联,从而建立起语篇连贯"。(郭建中,2000:248)

注释的方法在林语堂的汉英翻译中是一个值得关注的特点,这一方面体现了他完整地再现原文语言内容和审美内容的意愿,同时也反映了他为译文读者的理解解除障碍的目的。从林氏采用的注释形式上看,如果注释较短的话,他大多采用文内注释的方式,而文外注释则往往用于较长的内容。

7.4.1 文内注释

林语堂汉英翻译中出现的文内注释主要以括号标识。多数情况下,原文中涉及源语历史文化内容的文字如果用直译的方法翻译往往不容易为译文读者理解;反之,对这些语言如果一味用归化的手法来翻译则无疑又会造成原文的修辞或意境效果的损失。在这种情况下,文内注释可以通过附加的内容来解决这个矛盾,从而可以做到既能顺利地传递信息,又不破坏原文的整体美感和含义。林氏的文内注释主要表现为两类情况,一类是对相关内容进行附加式的和补充性式的注释;另一类情况则是对相关的内容加以概括性的定义,使读者对之有一个较为全面的认识。在这两类情况当中,林语堂所作的注释有一部分是针对于原文文化习俗方面的内容,也有一部分与原文本身的语言形式相关。对于第一类注释,试看以下各例:

1. 新人拜堂,亲送上席。(《扬州瘦马》)
   The bride came up and *performed the wedding ceremony* 〔*by bowing to the groom and guests*〕, and she was ushered to take her place at the dinner table already laid.
2. 洗头面,裹巾帻,进盘飧,嚼杨木,诸事甫毕。(《西湖七月半》)
   ... washes his face and puts on the headdress, has breakfast, *chews willow branches* 〔*for brightening his teeth*〕, and attends to various things.

例文 1 林氏将"拜堂"译为 *performed the wedding ceremony* 已经算

得上是充分的翻译了,而后面再加上注释,则又可以让译文读者对中国传统的婚礼仪式有一个更为直观的认识。例文2原文中的"嚼杨木"与前面的"洗头面,裹巾帻,进盘飧"似乎毫不相干,如果简单直译的话,读者一定会感觉摸不着头脑。林氏用一个简短的介词短语解释了原因,与正文相辅相成,让读者一目了然。

除了文化内容会给译文读者带来理解挑战以外,还有一部分原文内容的逻辑直接隐含在文字当中,原文读者可以心领神会,但是如果直接复制到译入语中则会使译文在逻辑上看起来有所欠缺。在这种情况下,文内注释也能发挥重要的作用。

3. 既已知吾知之而问我,我知之濠上也。(《扬州瘦马》)
Your very question shows that you knew that I knew. I knew it〔from my own feelings〕on this bridge.

4. 迨鼎革以后,则石青与紫皆罕见,无论少长男妇皆衣玄矣。(《不亦快哉》)
After the change of the dynasty〔beginning of Manchu regime〕, both green and purple disappeared, and both young and old women changed into black.

以上两句不用注释似乎都不影响译文的完整性和充分性,但是林语堂仍然加入了注释,对原文相关信息进一步解释和补充,使得译文的逻辑显得更加清晰明了。

在林氏的文内注释现象中,还有一类情况是针对原文中的相关语言所做的注释。这些语言形式大多为源语的习语,林氏在翻译这部分语言时采用了异化的手段,首先保留了原文语言形式的风采,然后通过注释将其意义补充出来。如下面这个例子:

5. 近日写字作画,满街都是名士,岂不令诸葛怀羞,高人齿冷?(《板桥家书》)
Now the city is full of painters and writers of calligraphy who are called "famous scholars". Would this not make Chuko Liang's cheeks burn and turn the high-minded ones' teeth cold (make them sneer)?

该句中的"怀羞"和"齿冷"同为为汉语文言词,但前者较为常见,林氏将其译为 make(Chuko Liang's) cheeks burn,不仅形象,而且容易为英语读者联想到英文短语 make someone blush 或 turn red,可谓一举两得;而后者则并非常见,根据《古代汉语词典》,其意义为:久笑牙齿感到冷,谓贻笑于人而招致讥嘲。林语堂如果在译文中仅仅保留其外在的语言形式,译为 turn the (high-minded ones') teeth cold,很容易造成误解或不解,因此在其后附加了该词的释义。

林语堂这种概念性的文内注释在《京华烟云》的英文文本中也有所体现:

6. Good ox won't trample its own back yard,
   Good horse won't graze before its own front door.
   But under the golden *money tree*,
   They lick the gold up from the floor.
   The "money tree" was a tree whose branches consisted of strings of cash, and whose fruits were round pieces of gold, hanging down like strings of elm-seeds. All one has to do is to shake the money tree, and the gold rains down on the ground to be picked up.

   张振玉译文:好牛不踏后园地
   　　　　　　好马不吃门前草
   　　　　　　摇钱树下
   　　　　　　吃个肚皮饱

在这首民间歌谣中,林语堂对中国文化中所特有的 money tree 作了完整的注释,很明显是为了英语读者理解之便,而该词在中国读者这里则不会产生任何理解障碍,因此,译者张振玉对该注释采取了不译的手段。

7.4.2 文外注释

林语堂所作的文外注释大多以脚注的形式出现。与文内注释有所不同的是,由于文外注释不像前者一样受空间的限制,所以相对而言篇幅较长,内容也较为完整。从内容上看,林语堂所作的文外注释主要有概念解释和背景介绍两种情况。

首先来看林氏有关概念解释的文外注释:

1. 芸曰:"此何难,俟妾鬓斑之后,虽不能远游五岳,而近地之虎阜、灵岩,南至西湖,北至平山,尽可偕游。"(《浮生六记》)

Even if I cannot accompany you to the *Five Sacred Mountains*,〔后加脚注：The Five Sacred Mountains are：（1）Taishan, the East Sacred Mountains (in Shantung),（2）Huashan, the West Sacred Mountains (in Shensi),（3）Hengshan, the North Sacred Mountains (in Shansi),（4）Hengshan, the South Sacred Mountains (in Hunan) and（5）Sungshan the Central Sacred Mountains (in Honan).〕then, we can travel to the nearer places, like Huch'iu and Lingyen, as far south as the West Lake and as far north as P'ingshan〔in Yangchow〕.

2. 子平去则不返，余犹将指家山，聊以适我性尔。（《冥寥子游》）
Tsep'ing（后加脚注：*An ancient Taoist who went up to heaven*）went away and never returned home, but I am still looking forward to returning to the hills of my homeland, in order to live in harmony with my original nature.

一般作为地名的专有名词不具备特殊的文化含义，所以翻译时直接以拼音标记即可。但是像例文 1 里出现的"五岳"则并非一个简单的地理名称，所以林语堂不惜笔墨，将这五大名山的名称及其详细地理位置完整地解释出来。与之形成对比的是句中其他简单的地名，林语堂基本上以拼音直接表示。例文 2 原文所提到的"子平"是原文中主人公冥寥子引用的历史人物以跟自己的远游进行比较，表达自己虽然追随道本，但是仍有回归故里并与自然和谐共存的愿望。林语堂以脚注的形式解释了"子平"的人物身份，这样原文作者以之作为比较对象的用意才得以表现，并易于为译文读者所领会。

林语堂文外注释的另一种情况，即在译文中对原文相关内容的背景作一定的介绍。相对于前一类概念解释的情况来看，这类文外注释对于原文信息的传递并非必不可少，但恰当的信息补充可以令译文更全面，因而原文信息也能够被有效而充实地传递到译文中。试看以下译例：

3. 果有异，则言有异者胜；返之而无奇，则言无奇者胜。（《冥寥子游》）
If he is an *extraordinary person*（后加脚注："*Extraordinary person*" *is the regular phrase for a saint or Taoist or fairy, gifted with magic powers*.）, then those who say he is extraordinary win the bet, and if we find that he is a common fellow, then those who say he is a common fellow win.

4. 爱人是好处，骂人是不好处。东坡以此受病，况板桥乎！（《板桥家书》）

It is good to love people, and a bad habit to criticize people. *Su Tungp'o suffered on account of this habit*.（后加脚注：*He was exiled to a southern district because he could not help making fun of Wang Anshih who was in power*.）And certainly a person like myself should be more careful than he.

例文 3 对"异"的补充说明,可以使译文读者对 *extraordinary person* 所表达的含义有更为明确的理解,同时也加强了整句的逻辑关联性。例文 4 脚注提供的信息对原文是纯粹的补充,但是读者通过对脚注的参考,可以更深入地理解作者借用苏东坡的故事的用意。

林语堂的文外注释也有少数情况是用简短的文字完成:

5. 欲了大事,须俟闭关。(《冥寥子游》)

As for winding up the '*great business of life*'（后加脚注：*Death*）, I shall have to wait until I return and shut myself up.

这里林语堂的脚注只用了一个词来解释译文中"*great business of life*"的语言形式。值得一提的是,原文中的"大事"是讳饰的修辞手法,林语堂对此同样以讳饰的语言译出,有效保留了原文的语言色彩,同时,文外注释又解除了译文读者的理解困难,可谓是妙翻。

既然在两种语言间通过翻译进行的交流中不可避免会出现理解的障碍,那么,作为清除这道障碍的手段之一的注释策略就总是有存在的理由。在林语堂的汉英翻译中,注释是不可忽略的一个特点。注释的直接目的是为了有效地将原文信息传递给译文读者,体现了林语堂对译文读者的重视。同时,注释是译文正文以外的附加内容,并未侵占译文语言的主导地位,而是以辅助的方式既保证了原文信息的完整传递,又有效地保持了原文的风貌,这也反映了林语堂对原文作者和原文文本的尊重。

7.5 小 结

译者对翻译策略的选择不应简单孤立地看待,因为采用哪种翻译策略往往取决于多种翻译和语言以外的因素,如译者所处的文化环境、文化选择、哲学观、翻译目的及其需要面对的读者群,等等。纵观林语堂在翻译中所运用的各种翻译策略,可以发现他在翻译中往往因不同情况而采取相应的翻译手段,例如他交替使用归化和异化这两种看似矛盾对立的翻译手段,同时也会对原文中的相关内容采用删减、增译、改译或文内、文外的注释等策略,这反映出林语堂的翻译实践正如他的翻译理论一样,十分灵活地运用了语言这种文化介质;此外,从忠实的标准来分析林语堂的翻译,则又可以发现他在翻译中出现的死译、漏译、增译和改译等翻译现象,令林氏翻译的忠实看起来还有待于进一步商榷。如果将林氏的翻译策略置于其翻译目的背景之下,将之与其翻译观与文化观联系起来的话,我们可以发现林氏作为译者,在不同情况下对原文、源语文化、原作者和译入语文化及译文读者有不同程度的偏重,这些偏重便间接地形成了其翻译策略表象上的差异性与多样性。

东方主义与东方文化情结矛盾统一的文化观决定了林语堂在汉语文本英译的过程中,一方面要充分考虑到西方文化语境下读者对东方文化的心理期待与审美情趣,其内心有迎合对方阅读期待的愿望;而另一方面,来自东方文化的他又不情愿完全背离自己的母语文化,又有向西方读者展示东方文化、保全其原貌的意愿。这种二元并立的诉求此消彼长地作用于其翻译过程,这不仅导致了他对归化、异化这对看似对立的翻译策略的运用,也导致了似乎有悖于忠实标准的增译、死译、改译、注释等策略。我们不应孤立地看待林氏的这些翻译策略,还应充分肯定他深厚的母语与英语功底促成了其译本极大的可读性与可研究性这一事实。

第八章

东西文化观照下的林语堂翻译

8.1 林语堂的文化选择与翻译

笔者在第二章里探讨了林语堂特殊的文化身份及其东方主义与东方文化情结矛盾统一的文化观。作为翻译家,林氏的文化身份与文化选择对其翻译态度、翻译思想及翻译过程都会产生深刻的影响。

翻译离不开语言,但是作为一个译者,除了需要具备源语和译入语两种语言知识外,还要熟悉两种语言所承载的深远的文化。不论哪种语言都既是文化的表现形式,又是一种社会文化现象,因此,翻译是语言间的交流,更是以语言为载体的文化间的交流。来自不同国家或民族的人能否相互沟通,不仅取决于他们对于语言本身的理解,而且取决于他们对语言所负载的文化含义的理解,因此,文化对翻译的制约作用是不言而喻的。劳伦斯·韦努蒂曾经指出:"翻译中的每一个步骤——从译语材料的选择,到翻译活动的进行——都受到浸润在译入语环境中的不同文化价值观的制衡与调节,通常情况下,还会出现等级秩序"(Venuti,

1995:95)。这就要求译者须具备两种语言背后的文化知识。"翻译者必须是一个真正意义的文化人……不了解语言当中的社会文化,谁也无法真正掌握语言"(王佐良,1989:18)。在文本中,尤其在文学文本中,语言总是要涉及文化内容,而翻译的任务是将源语中的文化信息准确地传递给译入语的读者。对于译者来说,一方面,对源语文化的掌握可以保证他对源语文本语言中的文化现象作准确的理解和阐释;另一方面,对译入语文化的知识则可以让他清楚地认识两种文化的差异,并了解译入语读者对文化语言的理解程度与期待,从而有效地为他们扫除文化障碍,以恰当的方式将源语文化传递给读者。然而,无论是哪一种民族文化,都是一个博大渊深的综合体,集历史、地理、文学、经济、政治、习俗等社会生活的各个方面于一体;同时,文化并非是静止不变的,而是随着社会的发展变化而逐步变化。因此要全面掌握一种文化并跟上其变化规律并非易事。这也是翻译会遭遇到各种困难,甚至于出现文化误读的原因之一。

从广义的角度看,译者的文化观与其翻译文本之间必然存在着互文关系。这是因为译者在具备了相当的语言文化知识的前提下,其本人的文化观在翻译中会在很大程度上影响其处理文化差异和跨越文化障碍的方法与策略,因而其译文会相应地体现出译者的文化倾向与文化选择。翻译是创造性的工作,译者的翻译思想和翻译策略要受到主观和客观诸多因素的影响,如译者的性别、年龄、所处时代、文化背景、审美观、翻译目的、读者对象,等等,由此造成了翻译中表现出来的译者个体化特征。作为翻译主体,译者在尊重原文文本的情况下,为实现其翻译目的总是会在翻译活动中表现出自身的主观能动性,即译者在翻译中会发挥自己的主体性;而其文化取向则会在很大程度上影响到他的翻译思想以及翻译策略的选择。如果译者偏向于源语文化,在翻译中很可能就会倾向于将源语文化中的内容与语言特征保留到译文当中,从而使得译文打上源语语言文化的烙印。而体现在翻译方法上,译者也可能会倾向于选择异化翻译的策略。相反,如果译者的文化观偏重于译入语的主流文化,那么他往往会在翻译中尽可能地适应译入语文化的特点,并会对源语文本中的相关内容进行一定的转化或调整以迎合译入语的文化习惯。在翻译策略的选择上,他可能会倾向于归化翻译。以鲁迅为例,他的文化观与其翻译实践的关系表现得较为典型。他在文化上希望通过"欧化"、"洋气"、"异国情调"来改造中国的语言,"欧化文法的侵入中国白话中的大原因,并非因为好奇,乃是为了必要"(转引自陈福康,2000:298)。因此他在翻译上极力主张直译的翻译方法,"文句仍然是直译,和我历来所取的方法一样;也竭力想保存原书的口吻,大抵连语句的前后顺序也不慎颠倒"(转引自郭著章,1999:7),甚至以主张"宁信而不顺"来反对为了通顺而盲目意译的做法。林纾是另一个典型。他不懂外文却在别人口译转述的帮助下翻译了多种语言的作品。他主张通过发展翻译来"开民智",让国人了解列强的凶恶与阴谋,以此抵抗欧洲列强。对于翻译,林纾强调译者应该投入自己的主观感情,对国外那些坏的东西或不适应中国国情的东西要保持警惕(陈福康,2000:126,128)。所以,林纾以汉语文言文的形式意译了诸多西洋作品,实际上他在很大程度上对原文作了自由改写,摈弃了那些在他看来"坏的东西或不适应中国国情的东西",以达到符合中国读者的接受心理和表达习惯的目的。

  显然,林语堂的文化观不像这两位译者那样单一、纯粹。林氏凭借他在中西两种文化环境中的生活经历以及他对这两种文化的热爱和通晓,能够做到"两脚踏东西文化,一心评宇宙文章",从而担当起"对外国人讲中国文化,而对中国人讲外国文化"的重任。他所从事的大量的翻译工作便是他实现这个重任的主要途径。在这个过程中,他以自己的方式不断地克服中西两种文化间的障碍,将两种语言背后的文化反映到译入语中而达到传播文化的目的。但同时,其东方主义与东方文化情结二元并立的文化倾向决定了他复杂的文化观,而这也意味着他在向西方介绍中国文化和对中国介绍西方文化的过程中其翻译目的和翻译态度不会是一成不变的。而这些变化因素使得他在翻译中不可能作单一的翻译策略的选择。当其东方主义倾向在翻译中占主导时,他的翻译必然会以西方文化为主要标准,以西方读者为中心,通过译文来满足西方读者的期待和品味;而如果其东方文化情结占主导的话,他则会更多地保留汉语原文的语言文化特征,其译文也会以浓重的东方色彩为主。所以要研究林语堂的翻译,不可能将之孤立起来做分析,而是必须要与其文化观结合起来进行深入的剖析和探究。

8.2 林语堂翻译文本的选择倾向

8.2.1 影响文本选择的因素

一般来说,除了限时性的任务,多数情况下译者对翻译文本的选择是自主的,因此,不同翻译家在翻译文本的选择上多会表现出明显的个体化倾向,例如,翻译家杨宪益、戴乃迭夫妇多以中国古典名著为翻译文本的选择对象,他们先后合作翻译了《魏晋南北朝小说选》、《唐代传奇选》、《聊斋选》、全本《儒林外史》、全本《红楼梦》等作品;而翻译家许渊冲先生几十年来则一直以中国古代诗词为主要的翻译对象。影响译者文本选择倾向的因素主要可以从宏观和微观两个角度看。从宏观上看,影响译者文本选择的主要原因包括时代因素和源语与译入语之间的文化关系。译者所处的时代及当时的社会经济、政治和文化格局会对译者翻译文本的选择产生明显的影响力。处于强势文化和弱势文化之间的翻译,文本选择大多来自强势文化,因为弱势文化需要从强者那里吸取更为发达的科学技术或文艺成就。而由弱势文化翻译到强势文化中的文本则多是用于满足和迎合强势文化中的某种特殊诉求,譬如将亚洲文学译入西欧语言中大多是为了满足西方读者对东方文化的兴趣和好奇。在中国历史上几次翻译盛行期中,东汉至唐宋期间盛行佛经翻译;明清期间的西方科技著作和宗教的汉译占主流;而晚清鸦片战争后到五四以前主要是对西方政治、哲学和文学作品的汉译;到了新中国建立初期,以马列著作的汉译为主;而改革开放以后,西方学术著作和文艺作品得到了的大量翻译,这都反映了政治经济文化所造就的大环境对翻译文本选择的影响。

从微观角度看,翻译文本的选择还要受到译者本人的个体特点,如教育背景、兴趣爱好及其价值观、文化观、道德观、历史观、宗教观、审美观等诸多因素的影响。既然翻译的功能是信息传递,当译者在选择源语文本有一定的自主能力时,一般说来他大多会选择自己感兴趣的文本,或与自己的价值观相似或相同的文本进行翻译;反过来看,译者所翻译的作品也往往能够反映译者本人具有个体特征的思想和观念。

  林语堂真正的创作和翻译活动是从新文化运动前后开始的。陈独秀于 1917 年在《新青年》上发表《文学革命论》,正式提出了"文学革命"的口号,从而揭开了"五四"新文化运动的序幕。当时的中国文学和文化正处于新旧交替的时期,新的文学和文化系统尚未形成。"中国的新文学尚在幼稚时期,没有雄宏伟大的作品可资借鉴,所以翻译外国的作品,成了新文学运动的一种重要工作"(王建开,2003:62)。在这个时代背景之下,当时在中国掀起了一股翻译外国文学作品的浪潮,有许多学者如鲁迅、周作人、胡适、郁达夫、陈西滢、郭沫若等人都参与到其中,林语堂也是其中重要的一员。从 1928 到 1930 年期间,林语堂先后翻译过《国民革命外记》、《女子与知识》、《易卜生评传及其情书》、《卖花女》、《新俄学生日记》、《新的文评》等外国作品(林太乙,1994:327),将外国文学的不同形式引入了中国,为当时的中国新文学建设作出了自己的努力。

  而从 1939 年后,林语堂的翻译作品则主要以汉译英作品为主,如《浮生六记》、《古文小品》、《冥寥子游》等(林太乙,1994:328)。这种转变要在于林语堂当时生活在美国的现实以及其他独特的主观因素。林语堂的一位朋友说他最大的长处是对外国人讲中国文化,而对中国人讲外国文化,而他对自己的评价也是"两脚踏东西文化,一心评宇宙文章",这体现了林语堂在中西文化交流中所作的贡献。而随着 1935 年他的《吾国与吾民》在美国出版取得巨大成就,林语堂的重心转向了"对外国人讲中国文化",在此后的 30 余年里他主要以英语进行创作,而翻译也以汉译英为主。自然,其主要的目标读者也是西方人,而需要在异域中立足的林语堂难免需要满足西方读者的诉求和期待。当时工业化高度发达的西方国家,对东方的古典哲学观和无为闲适、知足常乐的生活态度一直抱有浓厚的兴趣,这在很大程度上影响了林氏对汉语文本的选择。例如,他在其编译的《中国传奇》的《林氏英文本导言》中明确地指出:"本书乃写与西洋人阅读,故选择与重编皆受限制。或因主题,或因材料,或因社会与时代基本之差异,致使甚多名作无法重编,故未选入"(林语堂Vol.6,1994:1)。这充分表明了林语堂对翻译原文文本的选择要考虑到"西洋人"的阅读和接受。另外,林氏对中国古典文学以及传统的儒家伦理、道家哲学及佛教也都有一定的研究,并给予充分的认可,这进而为其后来向西方传递东方文化的翻译活动提供了重要的文本选择的源泉。在影响林语堂对翻译文本选择的因素中,还有一点不可忽略,即他作为一个学者,有自己独特的文学观、哲学观、道德观、女性观,等等,例如他认同儒家学说,崇尚道家提倡的性灵和闲适的生活态度,尊重女性,重视幽默,这些译者个体性的因素与外在的时代大环境一起作用于林氏对翻译原文文本的选择。

8.2.2 林语堂的文本选择

林语堂的汉英翻译作品,除了《浮生六记》,其他相当一部分都收录在2002年由百花文艺出版社出版的《林语堂中英对照丛书》中,全套共八本,分别是《板桥家书》、《东坡诗文选》、《幽梦影》、《冥寥子游》、《记旧历除夕》、《西湖七月半》、《扬州瘦马》和《不亦快哉》。其中前四本是单一作者的著作,后四本则集中了不同作者的作品。笔者从主题方面对这些翻译文本进行一番梳理和分析,发现这些翻译文本大致可以分为哲学、文学和女性这三个基本主题。

哲学主题是林氏的汉英翻译中所占比重最大的一部分。这部分翻译文本可以分为中国传统哲学思想的文本和有关生活哲学思想的文本两个类别。在林语堂向西方读者介绍中国文化的活动中,重点是系统地介绍中国传统的哲学思想,而这也正是当时经济高度发达的西方国家在精神上的一种期待和需求。正如陈平原所说的:"东方与西方处于不同的历史发展阶段,有不同的民族传统,因而产生不同的文化需求。在东方走向西方与西方走向东方的历史过程中,双方吸取的可能是对方发展中的现代文化,也可能是对方已经扬弃的传统文化"(子通,2003:326)。代表中国传统的哲学思想的主要是儒家思想和道家思想,所以林语堂编译了《孔子的智慧》

(*The Wisdom of Confucius*)和《老子的智慧》(*The Wisdom of Laotse*)两部作品,分别于1938年和1948年在美国面世。林氏在这两部作品中对儒道这两种传统的哲学思想做了系统的阐述,其中大部分内容都是他对原著的翻译。《孔子的智慧》的汉译作者张振玉在其译序里清楚地表明:"本书英文原著不过三百页,除书前林氏一篇洋洋万言的序言,及其余各章前小序外,则为孔门经典的原文英译。除《中庸》一书为辜鸿铭之英译外,其余《孔子世家》、《论语》、《大学》、《孟子》,及《礼记》中各篇皆为林氏英译"(林语堂 Vol. 22,1994:3)。而林语堂自己也在《老子的智慧》中的序言里交代道:"一九四二年,我翻译了《道德经》和《庄子》三十三篇中的十一篇……后来我修改过一部分,并将庄子的余篇翻译了出来,本书选自《庄子》的精选,堪称是庄子作品及思想的代表"(林语堂 Vol. 24,1994:21)。林语堂通过这两部作品的编译,将儒道精神带到了西方。

同样在哲学范畴里,从主观角度看林语堂崇尚闲适、幽默、性灵和非功利的生活哲学。陈平原将林语堂的生活态度总结为四个要点。一是中庸的哲学,善于持中守正,事理通达,心气和平,借用李密庵的《半半歌》,即"童仆半能半拙,妻儿半朴半闲;心情半佛半仙;姓字半藏半显……"(林语堂译,2002:58—60)。二是恬淡心境。不求功名富贵,知足常乐,恬淡自适,这样才能返璞归真,创造一种闲云野鹤般无拘无碍的心境,真正享受宇宙间风花雪月等良辰美景,与人世间饮酒吟诗、交友清谈等人生乐趣。三是诗意的感觉。……用一种艺术的眼光看待人生、保持敏锐的感觉,就能经常在日常生活中发现美,得到一种料想不到的乐趣。四是浪漫的情调(子通,2003:324)。他的这种典型的哲学思想在其翻译的文本选择倾向上表现也十分明显。"将郑板桥,李笠翁,金圣叹,金农,袁枚诸人归入一派系,认为现代散文之祖宗,不觉大喜。此数人作品之共通点,在于发挥性灵二字……于此尤有一点值得注意,就是我们一看这些人的作品,大都含有幽默意味"(林语堂 Vol. 14,1994:181)。林语堂从这些人的作品里找到了自己的哲学观的影子,因此便有了这些人的作品的英语译本。《板桥家书》的郑板桥在写给家人的书信里谈到土地、耕农、教育、童趣等不同生活场景,刻画出一个豁达、近情、清高、淡泊的郑板桥;李笠翁的散文谈杨柳、论山水、说房舍、又讲衣衫、口腹、美食,而行乐是其一贯的主题①,文字中尽显其闲适清雅知足常乐的性情。金圣叹则一口气数出了平凡生活中三十三个不亦快哉②,不仅展现出作者发现美的锐利眼光,更彰显出他知足常乐、恬淡自适的境界。

　　从林语堂所选择的翻译文本当中,还可以发现诸如苏东坡、陶渊明、张潮、袁中郎等人的个人生活态度和作品风格也得到了林语堂的充分认可和赞同。林氏在《苏东坡传》的序里清楚地说明了他喜欢和欣赏苏东坡的理由:"从佛教的否定人生,儒家的正视人生,道家的简化人生,这位诗人在心灵见识中产生了他的混合的人生观……所以生命毕竟是不朽的、美好的,所以他尽情享受人生。这就是这位旷古奇才乐天派的奥秘的一面"(林语堂 Vol.11,1994:5)。苏东坡超然而闲适的生活态度深深地吸引了林语堂,因此,他不仅写出了《苏东坡传》,并且将苏东坡的大部分诗译成了英语。张潮的作品也是林语堂英译所选的文本。"能闲世人之所忙者,方能忙世人之所闲",贴切地描绘出作者远离尘世纷扰,安然享受闲适之乐的文人的高雅情趣。台人曾这样谈林语堂对张潮的评价:"林语堂喜欢张潮,而且近乎偏爱。每谈起生活的艺术,他就想起这位'老'朋友写的《幽梦影》。他认为,这本书是中国文人的一种格言,对人生的问题,对享受闲暇,都说得很澈切"(子通,2003:198)。此外,陶渊明的《桃花源记》、《归去来兮》、《责子诗》等作品和袁中郎的《花癖》等作品都在林语堂翻译文本的选择之列。显然,在这些作者身上及其作品体现出来的共同特点就是超然淡泊,闲适自足的生活哲学。林氏出于对这种人生哲学的肯定和赞赏而选择将这类作品翻译成英语。

　　《浮生六记》是体现林语堂生活哲学倾向的又一典型的翻译文本。他在译者序里说,小说作者与其妻芸"两位平常的雅人,在世上并没有特殊的建树,只是欣爱宇宙间的良辰美景,山林泉石,同几位知心好友过他们恬淡自适的生活……他们两位胸怀旷达,澹泊名利,与世无争……"

---

　　① 见《林语堂中英对照丛书》中的《记旧历除夕》所收录的李笠翁写的《闲情偶寄》,分"柳"、"尺幅窗"、"房舍"、"富人行乐法"四篇散文;《不亦快哉》收录《闲情偶寄》(四则),包括"衣衫"、"口腹"、"蟹"、"穷人行乐法";《西湖七月半》收录其《随时即景就事行乐之法》(四章)。

　　② 见《林语堂中英对照丛书》中的《不亦快哉》。

（沈复,1999:18）。通过《浮生六记》对亭台楼阁、山水景色以及闲情逸趣的描述,反映出来的中国文人的"知足常乐恬淡自适的天性",而这种性格气质与林语堂的人生哲学、性情及其文艺观正相契合。

　　林语堂对闲适生活哲学的阐释最终还是归到了道家哲学上来:"中国人的性情,是经过了文学的熏陶和哲学的认可的。这种爱悠闲的性情是由于酷爱人生而产生,并受了历代浪漫文学潜流的激荡,最后又由一种人生哲学——大体上可称它为道家哲学——承认它为合理近情的态度"(林语堂 Vol.21,1994:156)。在林氏的汉英翻译原文文本中,最能代表道家生活哲学态度的作品应该是屠隆作的《冥寥子游》。作者通过对道人冥寥子在游历途中的见闻的描述,将一个不求功名利禄、返璞归真的道家追随者的形象惟妙惟肖地展示了出来。

　　与其哲学观和生活态度相关的翻译文本占了林语堂翻译文本的很大一部分,但同时从其他翻译文本的分析中,还可以发现有一部分翻译文本与林氏的文学观有着密切的联系。林语堂对中国传统文学一贯有浓厚的兴趣和深入的研究,尤其对诗文特别钟爱,这也从侧面体现了他对中国文学的认识和审美情趣。林语堂对中国的诗文作了如下描述:

　　　　"吾觉得中国的诗在中国代替了宗教的任务……宗教无非是一种灵感,或活跃的情愫。中国人在他们的宗教里头未曾寻获此灵感或活跃的情愫……可是中国人却在诗里头寻获了这种灵感与活跃的情愫。诗又曾教导中国人一种人生观,这人生观经由俗谚和诗卷的影响力,已深深渗透一般社会而给予他们一种慈悲的意识,一种丰富的爱好自然和艺术家风度的忍受人生……总之,它教导中国人一种泛神论与自然相融合:春则清醒而怡悦;夏则小睡听蝉声喈喈,似觉光阴之飞驰而过若可见者然;秋则睹落叶而兴悲;冬则踏雪寻诗。在这样的意境中,诗很可能称为中国人的宗教。"(林语堂 Vol.20,1994:231)

　　在林语堂的翻译原文文本中,有相当一部分是对中国诗文的翻译。如除了苏东坡的诗文以外,林语堂还翻译了李白、杜甫、李清照、管夫人等诗人的作品;同时,古典名著中的诗词如《红楼梦》里的《葬花词》也有林氏的译本。

　　林语堂对中国传统文学的兴趣还包括他对民间的通俗文学形式的

关注。他所编译的《中国传奇》①收入了包括"神秘与冒险"、"爱情"、"鬼怪"、"讽刺"、"幻想与幽默"、"童话"等各个主题的20篇短篇故事。林语堂也解释了自己编译这类短篇小说的缘由:短篇小说之主旨在于描写人性,一针见血,或加深读者对人生的了解,或唤起人类之隐恻心、爱、同情心,而予读者以愉快之感(林语堂 Vol.6,1994:1)。林语堂对民间通俗文学的文本选择还包括说书,民歌,寓言故事等,如刘鹗的《大明湖说书》,南北朝南方民歌《子夜歌》及《战国策》、《列子》、《说苑》等古典文集所收录的寓言故事等。林语堂对这类文本的兴趣和选择一方面体现了他对中国文化根源的留恋和深厚的情感,另一方面也表现了林语堂雅俗兼收的审美情趣。

此外,林氏对翻译文本的选择也可以体现其女性观,如《浮生六记》的选择首先是源于林语堂对作品中女主人公芸的赏识。他在译者序的开头便说:芸,我想,是中国文学史上一个最可爱的女人(沈复,1999:17)。林语堂所欣赏的其他女性的作品,如李清照的《声声慢》也在他的翻译文本选择之列。他在文学作品里所塑造的人物,如《京华烟云》②中的木兰反叛、执著的新女性形象和曼娘恪守儒家礼教的保守想象也都从不同角度体现了林语堂的女性观。

8.2.3 文本选择的背后

译者在对翻译原文文本的选择往往并非出于偶然或任意而为之。对某一特定译者的翻译作品进行一番整理和分析,便可以总结出该译者在翻译文本选择上的倾向与特点。而对该译者所处的时代背景、政治经济文化环境、翻译动机和目的、个人的道德观、文学观、审美观、翻译观等诸多主客观因素的分析,又可以解释导致其文本选择倾向的成因。换言

---

① 林语堂在《中国传奇》(《林语堂名著全集》第六卷)的序言(第5页)中说:"本书之作,并非严格之翻译……因此本书乃采用重编办法,以新形式写出……冀其更加美妙动人。"

② 笔者在第七章已经讨论过,《京华烟云》虽然为林语堂的英文创作,但是该作品以中国历史文化伦理为主题,其中涉及中国传统的习俗文化以及习语等成分都有明显的翻译的痕迹,所以这部作品可以在某种程度上看作林氏的翻译。

之，译者本身的个体因素与其外部大环境会在某种程度上与他对翻译源语文本的选择之间形成互文关系。因而，译者的翻译文本选择倾向和特点也能反映该译者个人主观的综合思想观念和他所处的外在环境与时代的特点。因此，对某一译者的研究不可与翻译文本选择的分析和研究割裂开来，更不可忽略该译者文本选择的特点。将与译者个体相关的诸多主客观因素与其翻译文本选择倾向结合起来分析，有助于全面而真实地揭示译者及其翻译的价值。

  林语堂的翻译研究同样离不开对其翻译文本选择倾向的研究。通过对后者的分析，可以提供合理解释前者的依据。林语堂处在一个东西方文化势力不平衡的时代。当时中国的政治、经济和文化的发展与西方国家相比处于明显的弱势地位，因此在东西方的文化交流中，其话语权自然也处于弱势地位。在这种情况下，翻译的主要使命便是从西方向中国引入新的科学技术、思维方式与文学形式来推动中国的变革和进步。而林语堂作为一个具有特殊文化身份的学者，在通过翻译来实现东西方文化交流的过程中又带有鲜明的个性特征。首先，他具有深厚的中国文化的根基，对传统的中国文化不仅有兴趣也有相当的功底；同时，他亦有来自家庭影响的西方宗教文化与语言的教育基础，因而他自小便对西方与西方文化有了初步的认识和理解。而其后他在西方国家的生活经历则使他对西方文化的认识和理解愈加成熟。所以在知识上他属于游离于东西两种文化之间的学者。其次，林语堂作品的主要对象是西方读者，这就决定了他在文化传递过程中主要是将东方文化介绍到西方，而将中国文学作品翻译成英语和以中国为叙事主题的英文创作是实现这一目的主要途径。其三，林语堂所汲取的中国传统文化和哲学思想在当时中国复杂的政治局面和美国高度工业化和物质化的生活映衬之下愈发显出其独特的魅力。因此，出于对以老庄哲学为主的中国哲学思想的肯定和欣赏，以及为迎合当时西方高度工业化社会压力下人们对回归自然的向往与诉求，林语堂选择了以宣扬闲适生活为主题的作品作为其翻译的文本。

  正是由于译者的翻译文本的选择与其翻译思想、哲学思想、文学思想及审美观之间有着不可分割的互文联系，对林语堂翻译的源语文本选择分析能有效地为林语堂的翻译思想及其价值的研究提供有力的参考依据。

8.3 林语堂翻译策略的跨文化解读

语言是文化的载体,同时也是翻译得以实现的媒介,所以通过语言,文化与翻译联系在了一起。自从上世纪 70 年代文化研究被纳入翻译研究的范畴以来,从文化角度探讨翻译成为翻译研究的重要转向。从根本上说,翻译不仅是从一种语言到另一种语言的转化,更是从一种文化到另一种文化的转化,这便意味着翻译在很大程度上要受到文化因素的制约,而翻译文本也可以体现出文化因素对译者的影响,因此,从文化角度解读翻译是全面认识和评价翻译的重要途径。而同时值得注意的是从文化视角研究翻译涉及各复杂因素的影响,如两种文化之间的势力抗衡,即强势文化与弱势文化之间通过翻译进行对话时,译本必然会体现出两种文化的关系;此外,译者的文化背景、翻译思想、时代背景、服务对象、翻译目的等一系列因素都会在不同程度上影响到翻译手段和策略的选择。

林语堂向西方读者传递东方历史文化的汉英翻译过程也必然会受到其独特的文化身份的影响。在东西文化的双重背景下,一方面,林氏对东方传统文化有着深厚的感情和认识;另一方面,他在西方的生活创作经历让他在享受其工业文明发展带来的便利的同时,也意识到了西方文明的弱点,但同时他的翻译和创作又不得已要面对西方读者的心理诉求与期待,这便在客观上造成了林语堂的文化立场中东西方文化相互交融的同时又存在着矛盾的特点。而从主观方面,根据前面几章的分析,林氏具有独特的翻译观、语言观、哲学观、女性观、审美观等主观特点,在互文性的视角下,这些因素都会在其翻译中找到相应的印记。所以从文化角度来解读他汉英翻译文本中表现出来的特点,即在林氏文化观的基础上讨论其翻译现象,可以使分析更有依据,阐释更加全面,结论也更加客观。具体看来,文化分析角度下的林氏英译文本中所体现的特点主要包括文化补偿、文化借用、文化置换和文化删除四类情况。

8.3.1 文化补偿

由于原文文本的预设读者是来自同源文化,所以作者会并不会在原作当中将所有的文化信息全部表现出来,而是会根据语内交际的需要或读者的审美期待,把他认为不必要表现出来的文化内容省略掉。王东风将原文的省略现象归为"情景缺省(situational default)"、"语境缺省(contextual default)"和"文化缺省(cultural default)"三类情况。"情景缺省"即被交际双方作为共享的背景知识而加以省略的部分,"语境缺省"则是指简省掉与语篇内信息有关的内容,而"文化缺省"是指省略语篇外的文化背景(郭建中,2000:236)。如此看来,"情景缺省"和"文化缺省"对于异域文化的读者来说,都是指原文文化信息的省略和遗失,都会在不同语言的交际活动中对他们造成不同程度的误解或不解。所以承担传递原文信息的译者,就需要填补这种文化内容的遗失,以达到让译文读者全面真实地了解原文文本信息的目的。

由于林语堂在其汉英翻译中所选择的汉语文本大多是包括中国古典文学作品在内的传统文学作品,原文文本中所隐含的文化内容对外国读者来说显然会构成不同程度的理解障碍,如果要将原文信息忠实完整地传递出来,就需要一些辅助性的翻译手段。在其翻译作品当中,林氏对这一类文化信息也的确作了一些弥补性的工作,王东风称这种翻译中的弥补手段为文化补偿(郭建中,2000:234)。通过对其翻译文本的分析,笔者将林氏的文化补偿手段概括为文内增译、文内注释和文外注释三种情况。

首先看以下三个例文:

1. 余与芸联句以遣闷怀,而两韵之后,逾联逾纵,想入非夷,随口乱道。(《浮生六记》)

    And then we began to *compose a poem together*, *each saying two lines at a time*, *the first completing the couplet which the other had begun*, *and the second beginning another couplet for the other to finish*, and after a few rhymes, the longer we kept on, the more nonsensical it became, until it was a jumble of slapdash doggerel.

2. 头巾既揭,相视嫣然。合卺后,并肩夜膳,余暗于案下握其腕,暖尖滑腻,胸中不觉怦怦作跳。(《浮生六记》)

When her *bridal veil* was lifted, we looked at each other and smiled. After the drinking of *the customary twin cups between bride and groom*, we sat down together at dinner and I secretly held her hand under the table, which was warm and small, and my heart was palpitating.

3. 迁仓米巷,余颜其卧楼曰宾香阁,盖以芸名而取如宾意也。(《浮生六记》)

After we had moved to Ts'angmi Alley, I called our bedroom the "Tower of My Guest's Fragrance," with a reference to Yun's name, and *to the story of Liang Hung and Meng Kuang who, as husband and wife, were always courteous to each other "like guests"*.

例文 1 中所说的"联句"为中国古代人们连句成诗的一种游戏,《古代汉语词典》的释义是:"人各一句或数句联缀成诗";《红楼梦》第 76 回里也有"必要起诗社,大家联句"的说法。所以这个词语蕴含了丰富的文化民俗内容,在翻译中无法用单一的词或词组将其本意表现出来。在林语堂的译文中,如果只保留前面的 *compose a poem together*,是保证了形式的简洁,但是译文读者很有可能将其理解为"共同作诗",其意象无疑与原文的本意相差甚远,所以林语堂不惜笔墨,在译文中为读者详尽地补充了联句的游戏规则,从而也创造出了与原文本意接近的意象。例文 2 描述的是作者与妻子新婚之夜的情景,在这个背景下,"头巾"自然不能按表面的意义理解,而是指中国传统的新婚嫁娘头上罩的红盖头。林氏在 veil 前补充了 bridal 一词,便将中国婚礼习俗恰当地传递了出来;"卺",根据《古代汉语词典》的解释是"把瓠剖成两个瓢"。因此"合卺"也就应该理解为新婚夫妇喝交杯酒。林语堂同样通过补充的信息将原文所蕴含的文化内容展现在英语读者面前。在例文 3 中,梁鸿与孟光是我国历史上一对有名的夫妻,"相敬如宾"这个成语即由他们的故事生发而来。我们看到"如宾"二字时,自然而然地会联想到这个典故,但西方读者中很少有人了解这一点,林氏在文中加以简洁的解释,一方面使原文信息更为明了,另一方面也将这个典故传递给了西方读者。

林语堂针对原文语言形式所作的文内注释也同样出现在其英语著作当中。由于林氏的英语翻译创作大多以中国的历史文化为主题,所以必然会不时涉及具有文化含义的语言内容。林语堂在其英语创作中对这类文化内容作了异化翻译,并将其作为一种外来的表达法输入到英文中,所以他的英语文本中时常会出现一些具有"异国情调"的特殊表达。懂得英语的中国读者很容易在汉语里找到这些表达所对应的文字;但是这些表达形式在面对英语读者时,则会在他们那里出现文化意义或审美意义缺失的现象。为了将中国文化完整地传递给英语读者,林氏在其英语原文中直接作了文化信息的补偿,将在汉语中无需表达的文化信息展示了出来。试看《京华烟云》中的几个例文:

4. ... for vigilant guard should be kept lest Mannia in her despair should seek a "*short-sighted way*" out, *by which she meant suicide*.

    张振玉译文: ……就是大家得特别留神看着曼娘,怕她一时想不开会寻短见。

5. "Cheap tsangfu! Are you unwilling to serve me?" shouted the mistress, who had not seen the tear drop. "*Tsangfu*" actually meant "a whore" but not an uncommon word of abuse among low-class women.

    张振玉译文: 太太没看见眼泪掉在饭上,就大声叱骂道:"贱脏货!你不愿伺候我,是不是?"

在例文 4 当中,林语堂保留了汉语中的"寻短见"这一习语的直译形式,但是这对于英语读者来说,*short-sighted way* 显然是汉语式的英语,即便有上下文的参考,他们也不见得会推断出其精准的意义,所以林语堂在后面将其具体的含义补充进去,这样一来从审美上可以保持汉语语言的特色,二来又不损失原文的意义,可以说是两全其美之策。因为汉语读者对该习语非常熟悉,林语堂从汉语直译过去的 *seek a "short-sighted way" out*,再由中国译者回译到汉语是不费吹灰之力的事情,所以其汉译中一个"寻短见"也就足够了,因而张振玉并未对林氏注释的部分"忠实"地再解释一遍。例文 5 中的"*Cheap Tsangfu*"①,也同样被林语堂以拼音的形式保留在英语中,后面又作了弥补性的解释,将其文化意义表现给读者。由于对汉语读者不存在理解上的障碍,所以译者张振玉也同样在其汉译中删掉了林语堂解释性的文字。

通过文内增译的方式的确可以解决由文化障碍带来的理解困难,但

---

① 笔者认为,根据下文的解释和原文的拼音,这里"贱娼妇"的译法更贴近林语堂的原文。

是其缺点也十分明显：其一，解释性的文字固然有助于为译文读者扫清理解障碍，但是由于这部分文字是原文中不存在的，所以容易引发对翻译"忠实"度的争议；其二，因为文化内容的解释有时需要较繁复的文字，所以会导致增译的语言冗长臃肿，从而令整个译文有欠简洁。在林语堂所做的文内和文外注释的文化补偿手段中，可以在某种程度上解决以上两个不足。试看以下例文：

  6. 倩绘一像：一手挽红丝，一手携杖悬姻缘簿，童颜鹤发，奔驰于非烟非雾中。（《浮生六记》）

  It was a picture of the Old Man holding, in one hand, *a red silk thread* 〔*for the purpose of binding together the hearts of all couples*〕and, in the other, a walking-stick with the Book of Matrimony suspended from.

  例文6是《浮生六记》中对月下老人的描绘。句中"红丝"所蕴含的文化含义只有中国读者才能明白，将其翻译为 *a red silk thread* 只能在英语读者心中留下表层的意象，却无法让他们了解其缔结姻缘的文化含义。林语堂通过在其后加入的注释，补充了"红丝"的用意，从而将表层含义和深层含义都传递给了英语读者。

  林语堂在翻译中所作的文内注释除了对文中信息的补充说明外，还对相关的内容作了概念性的解释，让读者对之产生相对全面的认识，并能更好地理解原文的逻辑关系。看下面的例文：

  7. 有山林隐逸之乐而不知享者，渔樵也，农圃也，缁黄也。（《幽梦影》）

  ... there are those who have the beauties of forests and hills before their eyes, but do not appreciate them — the fisherman, the woodcutters, peasants and *the black and the yellow*〔*Buddhist and Taoist monks*〕.

  8.《水浒传》是一部怒书，《西游记》是一部悟书，《金瓶梅》是一部哀书。（《幽梦影》）

  Among the classics of fiction, the *Shuihu*〔*about a band of rebels in times of a bad government*〕is a book of anger, the *Shiyuchi*〔*a religious allegory and story of adventure*〕 is a book of spiritual awakening, and the *Chinpingmei*〔*Hsimen Ching and His Six Wives*〕, a book of sorrow.

  例文7中的"缁黄"在《古代汉语词典》里的定义是："缁，黑色。和尚穿缁衣，道士戴黄冠，僧道合称缁黄"。直译的 *the black and the yellow* 显然在文化意义的传递上是不充分的，而在文中加入注解，将其深层的含义表达出来则可以做到形式和内容的兼顾。对例文 8 原文中所列出的三部中国传统的经典名著,林语堂在翻译时应该是充分预料到了西方读者对其内容的陌生,也因此无法真正领会原文对这几部著作的评述性的文字,所以他通过简略的文内注释为译文读者做了作品内容介绍,令其可以更深入地体会原文的含义。

文内注释是林语堂在翻译中运用得较多的文化补偿手段①,其在形式上与文内增译不同的是林语堂在注释部分以括号的形式加以标注,这在某种程度上可以解除原文繁复冗长的问题。林氏另一种弥补文化信息的方式是通过脚注这一文外注释的方式来完成的,这可以使得原文在形式上更加简洁明快。看以下例文:

9. 今日真如渔父入桃源矣。"(《浮生六记》)

Now I really feel like the fisherman who went up to the *Peach-Blossom Spring*. (后加脚注:*Reference to an idyllic retreat mentioned in an essay by T'ao Yuanming*.)

10. 我想天地间第一等人,只有农夫,而士为四民之末。(《板桥家书》)

I think the best class of people in the world are the farmers. Scholars should be considered the last of *the four classes*. (后加脚注:*Cheng here reverses the traditional Chinese classification which is in the following order: scholars, farmers, artisans and businessmen*.)

例文 9 中的"桃源"或"世外桃源"出自于东汉时期的文人陶渊明的诗《桃花源记》,后来成为汉语中的文化习语,意为远离世俗纷扰的清净之地。林语堂在翻译中保留了该词的直译形式,通过加脚注的方式补充了其中所蕴含的历史文化含义,让译文读者在领略到由汉语形式带来的表层意象的同时,也能体会到其中深层的文化意义。例文 10 中的"四民"如果仅仅直译为"*the four classes*"的话,其文化意义也会在译文里流失,译文读者也不会理解作者郑板桥在这里提出的与传统观念相悖的独到见地。译者将"四民"的传统等级划分列举出来后,读者便可以更透彻地理解原文作者的思想了。

林语堂文化补偿的手段用意十分明显,就是要替译文读者扫清由于文

---

① 对于林语堂文内和文外注释情况的详尽分析可参阅 7.4 节。

化差异而引发的理解障碍,这充分表明了他具有较强的读者意识,因而会在翻译中充分地考虑到他们的理解需求和阅读期待。但通过对增译、文内注释和文外注释这三种不同的文化补偿手段的分析,又可以发现译者在采用这些辅助性翻译策略时表现出的一个共同特点,这就是林氏在译文中都尽可能地通过异化的翻译策略保留原文的语言形式,因而出现了"异国情调"的表达或汉语式的英语形式。这又说明了林语堂在向西方传递中国文化时,虽然他通过相应的辅助手段照顾着译入语文化中读者的接受心理,但是同时他始终没有放弃过在译文中保留东方文化色彩的努力,在他的身上体现出了典型的东方文化情结与东方主义的融合与统一。

8.3.2 文化借用

文化借用(Cultural Borrowing),即在译入语中借用源语的表达法。这个概念是赫维(Hervey)与希金斯(Higgins)提出来的,是指把源语表达形式逐词转移到目标语的一种文化置换(Cultural Transposition),原因是在目标语中无法找到合适的对等形式。被借用的这个词语可能不经任何改动,也可能稍事修改(转引自 Shuttleworth,2005:46)。从翻译策略的角度来界定的话,这种翻译方法可归为直译或异化翻译的范畴。由于源语文化和译入语文化之间往往存在着诸多差异,所以译者在翻译中经常会在译语找不到与源语相对等的事物或表达方式。面对这个矛盾,在翻译中除了一些补偿的手段如注释或增译外,译者大致会采纳的翻译方式不外乎是异化或归化。前者的目的是为了尽可能地保留原文文化色彩和表达方式,而后者则主要考虑方便译文读者的接受和理解。以文化借用的方法在译文中解决源语和译语间在文化及其表达形式上的差异大致可以归结为三种情况:其一,译语中没有与原文对等的事物或表达,译者不得已而为之;其二,译者有意保持原文的表达法或文化现象,故而将其原貌展现给译文读者;其三,译者确信随着语言文化交流的发展和读者对异域文化的认知和包容能力的提高,从源语中借用的表达形式可以被译文读者理解并接受。这三种不同因素在不同时代、不同译者当中交互影响,不同程度地发挥着作用。

　　处于东西方文化之间的林语堂,在汉英翻译中也同样将文化借用作为处理东西方文化差异的手段之一。如果从跨文化角度剖析其原因的话,从根本上可以归结为林氏的东方文化情结。向西方介绍东方文化是他东西文化交流使命的主要部分,而汉英翻译则是其中的重要途径。林语堂熟悉中国文化并对之有深厚的情感,因此,出现在其汉英翻译作品中的文化借用现象可以合理地归因于他保持汉语文化及其语言特色的努力和意图。另外,从译文读者的角度来分析,他们希望通过林氏的作品了解东方文化的本色,所以文化借用是满足他们的这种心理诉求的有效方式之一。先看以下例文:

1. 以三亩荫竹树栽花果,二亩种蔬菜。(《不亦快哉》)
   Three *mow* of land will be devoted to growing bamboos, flowers and fruit trees and two *mow* to planting vegetables.
2. 服余衣,长一寸又半;于腰间折而缝之,外加马褂。(《浮生六记》)
   Although my gown was found to be an inch and a half too long, she tucked it round the waist and put on a *makua* on top.

　　这两个例文包含了两个中国文化专用词,即面积单位"亩"和中国的传统男子服饰"马褂"。林语堂直接以拼音表示,其保持原文文化特色的用意十分明显,而对英语读者来说,这种异域的信息无疑是新鲜的,而同时由于没有特别的注解,也有可能会使译文读者产生错误的或不充分的理解。但是如果原文中的上下文有足够的信息作为参照的话,通过文化借用得来的译文里则不会对译文读者造成理解的障碍。例如:

3. "世传月下老人专司人间婚姻事,今生夫妇已承牵合,来世姻缘亦须仰借神力。(《浮生六记》)
   "It is said that the *Old Man under the Moon* is in charge of matrimony," said Yun. "He was good enough to make us husband and wife in this life, and we shall still depend on his favour in the affair of marriage in the next incarnation."
4. 各人自扫阶前雪,莫管他家屋瓦霜。(《板桥家书》)
   Let each one sweep off the snow at his door-step, and not interfere with the frost on the neighbors' roof.

　　"月下老人"是中国神话故事中掌管婚姻的神,例文3在原文中已有了

"专司人间婚姻事"这一信息,因此,林氏的文化借用 Old Man under the Moon,不仅不会造成理解的困难,而且还能将原文的文化本色展示给译文读者。例文4原句为成语,其本身就具备完整的逻辑关系,因此即便英语中并没有完全对应的成语,读者也可以通过语言形式理解其含义,就像中国读者会自然理解英语成语 to teach one's grandmother to suck eggs 的含义一样,所以通过文化借用的手法可以达到内容与语言形式兼顾的效果。

文化借用的现象在林语堂以英语创作的小说《京华烟云》中也表现得较为突出,体现了林氏刻意保持汉语语言文化原貌,向西方读者传递东方文化本色的翻译目的。首先,这部分文化借用体现在惯用语上,即林语堂将汉语的成语或俗语在未作任何解释或改动的情况下直接搬入英文,试看下列例文:

5. *You have crossed more bridges than we have crossed streets.*
   张振玉译文:您走的桥比我们走的街也长。
6. My *intestines are broken* and I cannot think. What was wrong? It was not my fault, was it?
   张振玉译文:我肝肠寸断了。我心也不能想。我有什么不对呢?
7. The ancients said, '*Red cheek, harsh fate*,' but I say it was not the red cheeks but the clever heads that ruined women.
   张振玉译文:古人说:'红颜薄命。'不过我却说红颜不见得薄命,而聪明多才才薄命。

惯用语的构成或出于典故,或出于一个民族的思维方式与生活哲学,这就决定了一个语种中的部分习语可以与其他文化相通,如汉语中的"一箭双雕"与英语中的 One stone, two birds 可以说是相互对等,而另一部分习语则只能为该文化所特有。林语堂将以上例文5中"您过的桥比我过的路还长"这一俗语借用到英语中,凭借上下文,英语读者应该可以读出"You are much more experienced than I"这一含义。例文6中的成语"肝肠寸断",虽然与英语中的思维方式略有出入,但在明显语境中,读者很容易将之正确地理解为"My heart is broken"的意义;而由这个汉语习语所引入的思维方式以及修辞特点都展现给了译文读者。例文7中的对"红颜薄命"的借用,英语读者恐怕很难将"red cheek"所指的"年轻貌美的女子"这一含义精准地判断出来,与前后内容相联系,也许可以推知其大概意义,但是汉语原文中的审美意义则不一定能完全被译文读者领会。

在《京华烟云》的原文语言里,还可以发现对汉语民族文化现象的借用,例如:

8. During the "*joining cups*" ceremony in the afternoon, Mulan had had a short talk with Sunya.

   张振玉译文:那天下午,新郎新娘饮"合卺杯"时,木兰曾经和苏亚说了几句简短的话。

9. They had to get up early and reach the house before sunrise, as was the custom, in connection with an old superstition about *the bride not seeing the "home roof"*, based no doubt upon some play on words that is now forgotten.

   张振玉译文:一对新人要早起,要在太阳出来之前到达,这是老风俗,大概跟新娘不看见自己家的"屋顶"这种迷信有关。

以上两例的原文的一个共同之处就是其中涉及中国民俗文化的内容都以引号标记,这说明林语堂在翻译过程中刻意添加了文化借用的标签,向西方读者提示了文中反映中国传统文化习俗原貌的成分。

翻译考虑文化间的差异固然重要,但同时应该考虑的还有词汇本身的迅速增长、不同语言文化的交流迅猛发展,以及读者文化理解和兼容能力不断提高等因素。随着语言文化逐渐成为开放的体系,读者对外来语言文化的接受能力和期待有了空前的提高。在这种条件下,文化借用的手段,虽然在某些情况下可能导致意义的流失,但总的来说却能够满足读者不断膨胀的文化包容性和期待心理,也因而顺应了目前文化交流日益频繁的趋势。孙艺风对于异域文化的翻译态度是"随着全球一体化的进程和各民族文化之间交往的增进,某一时间内的差异会自然消失,从接受困难到接受自然";他还引用赫维(Hervey)的话说,"有些'相对性'的文化成分,异族文化虽然没有,但其成员可以通过想像读懂,在一定程度上成为'普遍性'"(孙艺风,2004:242—243)。林语堂在其翻译中的文化借用不见得是出于对以上观点的认同,但是以目前的翻译走势上看,他的这种选择无疑具有一定的超前性。

8.3.3 文化置换

文化置换(Cultural Transposition)这个概念是赫维(Hervey)与希金斯(Higgins)于 1992 年提出来的,是指译者在把源语文本内容转移到目标文化语境的过程中,可能会采用的对字面翻译的各种不同程度的偏离。他们指出,所有类型的文化置换都是字面翻译(Literal Translation)的替代方法,任何程度的文化置换都在于选择目标语言与目标文化特征,而不在于选择源语文化特征,因而看上去不那么像外国作品,而更接近目标文化(转引自 Shuttleworth,2005:49)。文化置换的概念如果从翻译策略的角度界定的话,属于归化翻译的范畴。比克曼(Beekman)与卡洛(Callow)在 1974 年提出的文化替换(Cultural Substitution)这个概念比文化置换更具体。他们将其定义为用接受文化中的真实所指事物来表示陌生的原文事物,两个所指事物具有相同的功能。他们认为这一策略是可代替用宽泛词汇或借译词汇来翻译源语词汇的一种方法(同上:47)。用译入语中功能相同的语言文字来代替原文中为译入语文化感到陌生的事物,这样的译文首先由于同化了原文的文化元素,所以对译文读者来说显然可以减少由文化差异而带来的理解障碍;而对原文则只能说大概的意义得到了传递,但是其中的文化含义及审美意义有可能因此而不同程度地流失。这种翻译手段的选择对于译者来说,能够明显地反映出其文化立场:站在译入语文化的角度,为译文读者着想,尽力拉近读者与译文的距离,却因此而疏离了原文与源语文化,拉大了原文与译文的距离。

林语堂的汉英翻译不可避免也要遭遇到为英语文化所不熟悉的汉语语言文化现象,在一部分翻译中,林氏采用了文化置换的手段来处理这些差异,使得译文在习俗、思维、意识形态等方面符合西方文化的习惯,但同时他也疏远甚至背离了中国文化,表现出了翻译上的东方主义倾向。笔者收集了林氏汉英翻译中包含度量货币以及时间单位的例文,通过这些例文的翻译方式可以管窥译者对于同类的文化事物的态度和立场。试看以下表格:

林氏英译之文化置换现象

序号	原文	出处	林氏译文
1	以三亩荫竹树栽花果,二亩种蔬菜。	《不亦快哉》	Three *mow* of land will be devoted to growing bamboos, flowers and fruit trees and tow *mow* to planting vegetables.
2	有能得齐王头者,封万户侯,赐金千镒。	《不亦快哉》	Whoever captures the head of the king of Tsi shall be made high minister and given *a thousand yi*〔*one yi equals twenty ounces*〕of gold.
3	君岂有斗酒如东坡妇乎?	《不亦快哉》	Have you got a *gallon* of wine like Su Tungpo's wife?
4	翼广七尺,目大运寸。	《不亦快哉》	Its wings were *seven feet* across. Its eyes were *an inch* in circumference.
5	因盘量劝诱米,得出剩数百石别储之,专以收养弃儿,月给六斗。	《东坡诗文选》	I was able to collect funds and obtain *several thousand bushels* of rice for the purpose of feeding orphans. Every family that took care of one child was given *six bushels* of rice per month.
6	大石侧立千仞,如猛兽奇鬼,森然欲搏人。	《西湖七月半》	The river here was flanked by a high cliff almost *a thousand feet* high. *As seen in the moonlight*, the rocks looked very much like some weird monsters or dark spirits in frightening postures.
7	几之高下,自三四寸至二尺五六寸而止。	《浮生六记》	The stands for the vases should be of different height, from *three or four inches to two and a half feet*.
8	院中有银杏一棵,大三抱。	《浮生六记》	A big maiden-hair tree stood in the yard, three *fathoms* in circumference.
9	惠来以番饼二圆授余,即以赠曹。	《浮生六记》	Hueilai gave me two *Mexican dollars* which I gave to Tsao.

续表

序号	原文	出处	林氏译文
10	即以馀资二十金倾囊借之。	《浮生六记》	I gave him all the *twenty dollars* I had in my pocket.
11	心斋不知此苦,还是唐宋以上人耳。	《幽梦影》	Shintsai is not aware of the circumstances which force them to do it. He lives mentally in the *Golden Age*.
12	余生乾隆癸未冬十一月二十有二日,正值太平盛世,且在衣冠之家。	《浮生六记》	I was born in *1763*, *under the reign of Ch'ienlung*, on the twenty-second day of the eleventh moon. The country was then in the heyday of peace and, moreover, I was born in a *scholars' family*.
13	至乾隆庚子正月二十二日花烛之夕	《浮生六记》	Our wedding took place on the *twenty-second of the first moon in 1780*.
14	始则折桂催花,继则每人一令,二鼓始罢。	《浮生六记》	At first we played a game with a twig of cassia, and later each one was required to drink one round, and we did not break up till *ten o'clock in the night*.
15	犹记谈文古庙中,破廊柏叶飕飕,至二三鼓不去。	《板桥家书》	I still remember discussing literature with them in an old temple *deep in to the night* with the falling leaves flying about.

  中国传统文化与西方文化对长度、重量、体积、时间、货币等都采用了不同的单位体系,因此汉英语言中出现的此类单位语言符号在对方语言中并没有对等的符号。由以上表格所列例文来看,林氏在向西方读传递带有这些文字符号的语言信息时,大多数情况是将自己置于西方读者的立场上,极力顺应西方人的理解习惯,以他们所熟悉和常见的符号概念来代替原文中的信息。所以在这13个例文中,他只有在例文1和2的

翻译中采用了文化借用的手段,即便如此,他也不忘在例文 2 的后面加上了注释,将原文的汉语单位名称换算为英语读者所熟知的单位。而对其余例文中的汉语单位符号,林氏无一例外地采用了文化置换的翻译手段,将原文中不为译文读者熟悉的单位统统以英文中常用单位符号来替换。当然,这种翻译策略的选择初衷应该是为译文读者清除其理解上的障碍,使译文读起来毫无陌生的感觉。但是从另一个角度看,且不说这样的翻译在严格意义上是否称得上是翻译,对于原文来说,在译文里遗失的不仅是其中所蕴含的文化色彩和审美意义,而且原文中的客观信息的精确度也在文化置换后大打折扣。例如,第 3 个例文原文中的"斗",作为容量单位,相当于 10 升,而 gallon 是美英制容量单位,英制 1 加仑等于 4.546 升,美制 1 加仑等于 3.785 升,所以原文的"斗酒"译为 a gallon 可以让英语读者产生明确的概念,但此概念无疑在数量与原文相去甚远。例文 5 同样涉及容量"斗",也出现了汉语中旧时的重量单位"石",1 石等于 100 斤,或 50 公斤,这里林氏将两者都译成英语中旧时的容量单位 bushel,一个 bushel 相当于 8 加仑或 36.4 升,如果按照原文的 6 斗算,应该是 60 升,而译文的 6 个 bushels 则等于 216 升,是原文实际数量的 3 倍多!显然,林氏放弃了原文的单位概念,只为一味迎合译文读者的理解需要而采取文化置换的手法,也因而牺牲了它应该具备的准确性。这种情况在林氏翻译其他单位时也同样存在,如例文中表示长度的单位"仞"、"尺"、"寸"、"抱";货币单位"圆"、"金"、"镒";还有不同等级的时间概念"乾隆癸未"、"乾隆庚子"、"唐宋"、"鼓",等等,林语堂都一概在译文中运用了英语文化中的常用单位或概念来取代这些不为西方读者所熟悉的中国文化单位术语。由文化置换所反映出来的不仅仅是译者的读者意识,更透露出译者的文化立场。在林氏以英语中常用的符号取代汉语符号的翻译过程中,他也在潜意识里疏离了汉语文化而贴近了西方文化,不能不说是其东方主义的体现。

林氏翻译中的文化置换除了应用于英汉单位体系的差异,在其他一些文化现象和文化语言的英译中,林氏同样考虑了译文读者的文化接受和心理期待而采用了英语读者熟悉的语言对之进行置换。看以下例文:

1. 夫读书中举中进士作官,此是小事。(《板桥家书》)
   Now to be *a scholar and be a college graduate or a doctor* is a small thing.
2. 与余为总角交。(《浮生六记》)
   He was a *childhood chum* of mine.

这两个例文中都出现了传统汉语语言文化中特有的事物和名称。例1中的"举"(举人)和"进士"分别指考取乡试和殿试的人,对于难以理解古代中国的科举制度的西方读者来说,在译文里保持原文形式势必会引起误解或不解,所以译者需要作必要的弥补性措施,如加注;而以西方读者所熟知的大致对应的文化事物 *a college graduate or a doctor* 来置换原文,对于读者来说也不失为一个可行的选择。例文2中"总角"原指儿童头上的发髻,后常被用于借指童年。这对有一定古文功底的读者来说是不难理解的,但对大多数英语读者来说则势必会构成理解障碍,因此林氏同样用了英语中的常见的名词来替换原文,以达到为读者消除理解困难的目的。

此外,对于原文中的习语,林氏也根据上下文的语境用英语中的习语进行了文化置换。看下面例文:

3. 素云笑捶余肩曰:"汝骂我耶!"(《浮生六记》)
   Suyun pummeled my shoulder playfully, saying,"*You are speaking of me as a buffalo*, aren't you?"
4. 余夫妇居家,偶有需用,不免典质。始则移东补西,继则左支右绌。(《浮生六记》)
   My wife and I often had to pawn things when we were in need of money, and while *at first we managed to make both ends meet*, gradually our purse became thinner and thinner.

林氏以英语中的惯用语取代了汉语原文中的习语,使得译文读起来丝毫没有异域的色彩,也便于译文读者的理解。虽然这样的置换方法并没有造成意义上的错位,但是由译入语的文化意象取代了原文的文化意象,在某种意义上看,也脱离了翻译忠实的原则,译者也就因而疏离了源语文本以及源语文化。

林氏以译文读者为中心的文化意识还体现在他对原文句式结构有意识地转换,从而适应英语的思维习惯与文化习惯,这也就是卡特福德

(Catford)提出的翻译中结构转换(Structural Shift)的概念,即涉及文本与目标文本之间语法结构上的变化,证明源语和目标语的语言系统之间在微观结构上的不相容(转引自 Shuttleworth,2005:217)。看下面例文:

5. 并头联句,交颈论文,官中应制,历使属国,皆极人间乐事。(《幽梦影》)
   Some of the greatest joys of life are: to discuss literature with a friend, to compose together tête-à-tête a poem by providing alternate lines, to sit at the palace examinations, and to be sent abroad as a diplomat to our country's dependencies.

英汉两种语言在句式结构上表现出诸多差异,如英语有强调形合(Hyoptaxis)、句首聚焦(Front focus)、先果后因(result + cause)和结构严谨等特点,而相比之下,汉语的特点则是强调意合(Parataxis)、句尾聚焦(End focus)、先因后果(cause + result)和结构松散。这种差别也体现了东西方在文化和思维方式上的差异。以上例文很典型地体现了汉语句式结构的这些特点:整句先以四字格并列的结构进行陈述,最后将重点放在句尾,作关键性的总结,因果关系一目了然。林氏在译文里针对汉英的文化的思维方式的差别在结构上作了调整,将原文的因果关系颠倒过来,实现了英语的先果后因、句首聚焦的特点,其顺应译文读者阅读习惯的用心不言自明。

不同的民族有不同的生活习惯和思维方式,某一特定语言中往往会涉及该民族特有的表达方式或修辞手法的应用,这就给翻译带了来一定的挑战。文化置换虽然不是最理想的翻译方法,但是翻译结果可以畅通无阻地被译文读者理解,所以体现了译者较强的读者意识;但是同时也不能否认他在选择文化置换的同时,也选择了倾向于优先考虑译入语文化的立场,因而造成了在翻译所实现的对话活动中,源语与译入语文化实际上的不平等现象。林语堂对文化置换这一翻译策略的选择所凸显出来的读者意识的背后隐含着其文化观里东方主义的一面。

8.3.4 文化删除

在前面几节里作者探讨过在翻译中译者会遇到原文中具有鲜明的

文化特性(culture-specific)的语言现象,这会造成翻译上的实际困难,因此采取必要的措施将原文中的这些文化信息有效地传递给译文读者是译者必须面对的问题。在解决这类困难的时候,林语堂除了采用以上几种翻译策略以外,还采用了删除相应的文化信息以规避由文化差异带来的挑战,也就是王东风所说的"删除含有影响语篇连贯的文化缺省"(郭建中,2000:251)。从文化交流的角度来看,这种做法的目的与文化置换一样,都是为了减轻译文读者的理解负担而人为地消除文化障碍。但是,文化删除因为将原文中的相关文化内容直接在译文里省略,会让译文读者觉得根本就不存在该信息,所以与文化置换相比较,它似乎更严重地牺牲了原文中的文化内容。如果说文化置换是译者主动采取的解决两种文化差异的手段的话,那么文化删除则可以被看作是译者的被动逃避,因而也反映出译者忽略和背离原文文化而立足于译入语文化的文化立场。

林语堂对原文内容的删除可以分为两种不同的情况。其一,在不影响句子前后逻辑关系的情况下,他将原文中部分内容在译文里整体地省略掉,就如同这部分内容不存在一样。第二种情况是省略原文相关的文化信息,以简略的语言来取代。对于译文读者来说,这样的处理方式固然解释了原文的内容,但是具有源语文化特色的信息却被删除了。

先看以下例文:
1. 君曰:"爱我哉! 忘其口而念我。"(《扬州瘦马》)
 "How he loves me!" remarked the duke.
2. 晨钟夕磬,发人深省。(《幽梦影》)
 What a profound warning.

很明显,例文 1 中的"忘其口而念我"在译文中被删掉了。这个句子取自韩非子的机警小品文《说难》,讲的是弥子瑕与卫国君的故事。弥子瑕深受卫国君的宠爱,一天他陪卫国君在果园散步,弥子瑕尝到一个甜桃,便伸手将咬过的桃子递给了卫国君,因而引发了他"忘其口而念我"的赞许,即弥子瑕因记挂君主,甚至忘记了桃子已被自己咬了一口。林氏以一句"*How he loves me*!"而概之,虽然主要的信息得到了传递,但是却把这部分蕴含着君臣有别的文化概念同时又与前文相互呼应的内容给删除掉了,其损失是不言而喻的。例文 2 中的"晨钟夕磬"在原文中是暗喻的修辞手法,体现出钟磬在汉语文化当中的警示的含义,林氏将形象的比喻直接忽略,从而使得译文丧失了原文的修辞色彩和文化意义。

以上例文中,林氏在译文里绝对地删除原文的文化内容是一目了然的,而以相对简单的语言来解释原文的文化信息虽然看起来删除的痕迹并不是很明显,但是在本质上,原文的相关内容还是被忽略了。试看以下例文:

3. 如灌夫使酒,文园病肺,昨夜南塘一出,马上携章台柳归,亦自无妨,觉愈见英雄本色也。(《幽梦影》)

There are *some who go to excess* and seem the more genuinely great for it.

4. 蝉为虫中之夷齐,蜂为虫中之管晏。(《幽梦影》)

The cicada is the *retired gentleman* among the insects, and the bee is an *efficient administrator*.

例文3中包含了"灌夫"、"文园"、"章台柳"等几个历史人物以及相应的典故①。但是在译文里全都不见踪影,林氏仅以一句概括性的文字将这几个文化典故所蕴含的意义归纳起来,在译文读者心中也只能产生一个较为笼统模糊的意象,却无法令其领略原文的审美意义与深厚的文化意义。例文4中"夷齐"是指商代末年一个诸侯国国君孤竹君的两个儿子。武王伐纣时,他们跑到军队前面去阻挡,认为"以臣伐君"是不合礼法的行为,左右想杀了他们,姜子牙阻止说:"此义士也"。周代取代商

---

① 灌夫典出《史记·魏其武安侯列传》:灌夫为人刚直使酒,不好面谀。与丞相武安侯田蚡有隙。有一年夏,丞相娶燕王女为夫人,有太后诏,如列嘻宗室皆往贺。酒宴上,灌夫"起行酒,至武安(即田蚡)武安膝席曰:'不能满觞',夫怒,因嘻笑曰:'将军贵人也,属之'! 时武安不肯。行酒次到临汝侯(灌贤),临汝侯方与程不时耳语,又不避席。夫无所发怒,乃骂临汝侯曰:'生平毁程不识不直一钱,今日长者为寿,乃效女儿占嗫耳语'! 武安谓灌夫曰:'程李俱东西宫卫尉,今众辱程将军,促孺独不为李将军地乎'? 灌夫曰:'今日斩头陷匈,何知程李乎'! ……武安乃麾骑缚(灌)夫置传舍,召长史曰:'今日召宗室,有诏。'劾灌夫骂坐不敬,系居室。"
灌夫在丞相田蚡的酒宴上使酒骂灌贤、程不识,以发泄对田蚡的不满,后遂用"灌夫骂座(通坐),使酒骂座"等指酗酒任性骂人,亦表示刚直不屈,不谀权势。黄庭坚《次韵答张沙河》:"自陈使酒尝骂座,惜予不与朋友簪"。沈瀛《减字木兰花·唝》词:"刚而使酒,骂座灌夫忘客寿。魃若予何,夫子雍容语不多。"

章台柳典出唐代许尧佐传奇小说《柳氏传》叙述:唐天宝间秀才韩翊流寓京师,与李王孙交为莫逆。李蓄妓柳氏,人称"章台柳"。韩柳两人互相爱慕,李遂将万贯家资与柳氏悉赠韩翊,自己前往华山学道。韩应试中探花,因安禄山反,别柳让丰侯希夷节度使处任多年。番将沙吒利恃平反有功强抢柳氏,柳拒不从。郭子仪军收两京,韩翊还长安寻柳不遇。青州勇将许俊许虞侯感韩柳诚挚之爱,纵马抢回柳氏,遂使韩柳夫妻团圆。

朝后,这两个人"义不食周粟",跑到首阳山靠采摘薇叶为食,结局是活活饿死。后借此指坚守信念,坚贞不屈的人。而"管晏"即管仲和晏婴,都是齐国历史上著名的国相,同时也是中国先秦时期著名的政坛风云人物。林氏同样以 retired gentleman 和 efficient administrator 两个简单的词概括了这些历史人物的不同特征和身份。

这种删除原文的文化内容而另寻文字予以说明原文含义的译法对原文及其文化的损失不言而喻。从严格意义上来说,这种做法不能算作翻译,而更像是解释。当然,富含典故和其他文化信息的原文如果无法以与原文同样简洁的文字进行翻译的话,就必须要借助于补充的翻译手段。对此,林语堂也有过表述。试看以下例文:

> 5. 昭君以和亲而显,刘蕡以下第而传,可谓之不幸,不可谓之缺憾。《幽梦影》
> *Some men and women left a name for posterity* because they were victims of some adverse circumstance. One can say they were most unfortunate, but I doubt that one should express regret for them.

林氏处理例文的翻译手段与前面两句如出一辙,但在本句后,该译本的编者加了一条注解:"昭君是王嫱的字,她是汉元帝宫女,以貌美而赐匈奴和亲而知名;刘蕡是唐文宗时进士,大(太)和二年,举贤良对策,以劝帝诛灭权奸而不获取,这里没有译出来正是林语堂先生所说,需要详加解释才能使西方读者明白的事"(张潮著,林语堂译,2002:32)。因此,林语堂的文化删除背后也有着复杂的原因,并不能就某一因素简单地进行解读。但必须肯定的是,这种翻译的策略从文化传递的角度上看并不可取。

林语堂删除原文中的文化成分,不论是全部删除还是以简略的语言进行概括解释,都是建立在不违背译文通顺流畅和方便译文读者阅读和理解的原则之上的。通过省略原文的文化内容,自然消除了读者理解的障碍,但是这种选择对于翻译来说,首先是违背了忠实的标准,其次,在中西方两种文化的对话中,凸显了话语权的不平等关系,因为汉语原文的文化信息在这个过程中被抹杀和忽略,因此可以说,林氏通过翻译向西方"讲中国文化"的目的也并未充分实现。这种翻译策略的选择同时也折射出游走于东西方文化之间的林氏在面对西方读者时,不可避免地优先考虑了译文读者对东方文化的欣赏期待和接受能力,通过牺牲原文相关文化内容来迎合读者有限的理解能力。透过互文性的视角,我们可以清楚地看到林氏在翻译中的东方主义倾向。林氏的这种选择当然可以从时代和其自身所处的主客观条件等因素去分析原因,但是严格地从翻译标准和文化交流的角度看,文化删除无疑是不足取的翻译策略,将其比作某种程度上的削足适履也并不为过。

8.4 小 结

　　林语堂来自东方文化,对其母语文化不仅熟知,而且怀有一种无法割舍的依恋,这尤其体现在他对东方文学以及宗教哲学思想的热爱;但是当他进入西方语境下,看到了东西方之间由于发展程度不同而带来的实际差距时,从某种意义上无法抗拒发达工业带来的便利与舒适。这两个看似矛盾的现实决定了当他面对西方读者来书写中国文化时,其双重文化身份下的东西方文化因子会此消彼长地发挥作用,不断影响着他以创作和翻译为主要途径的"向西方介绍中国文化"的活动。首先,他深厚的东方文化情结会时时激发他将东方文化讲述给西方的愿望,并在叙写的过程中极力展现其母语文化的精髓与本色。其次,他对西方文化的认识以及他身处西方文化环境的经历又使得这种异己的文化逐渐浸淫到其文化观中来,与其中的东方文化情结同存并立。其三,他在享受西方文化带来的舒适的同时,也看到了发达工业下人们精神世界的荒芜与空虚,深刻领略到西方发达文化中的堕落。其四,他在向西方宣扬东方文化的长处的同时,也时时意识到东西方话语权的失衡,因此他也不得已要去顺应强势的西方语境下读者对东方文化的阅读期待和审美情趣。这就表现为他在自己的文化立场中常常要在东西方之间易位,有时他会站在西方文化的位置上看待东方。这便导致了他对东方的描述不都是客观的和真实的。这四个因素决定了林语堂的文化观的复杂性,其中的东方文化情结与东方主义会表现为矛盾的、融合的、并立的、等多种存在形态。

互文性理论决定了林语堂存在于不同形态下的复杂的文化观会影响他的汉英翻译活动以及以英语书写东方的创作活动，并会在其文本中得以体现。在文化的视角下，通过对林氏翻译文本的互文性分析，可以梳理并合理地阐释表现在其汉英翻译中的各方面特点。

首先，在源语文本的选择上，林语堂倾向于选择体现中国道家哲学思想的文学作品，尤其是宣扬性灵、闲适、知足常乐等主题的文本。这类文本一方面代表了林氏本人的哲学观，而另一方面更迎合了西方物质化的世界里人们对神秘的东方哲学的精神需求与期待。林氏还翻译了其他代表中国文化的文学和哲学题材的作品，如儒家思想、中国的民间故事，等都代表了中国文化的主体。此外，林氏的源语文本选择也受到了他个人的审美观和女性观等主观因素的影响，因此他也选取了相当一部分反映女性生活和女性作家的作品作为自己翻译的文本。概括来看，林语堂的翻译文本选择特点折射出了林氏的文化观的特点以及他所面对的读者群的审美品味和文化期待。

其次，林氏的翻译策略可以在文化视角下分成不同的类型，通过互文性的理论分析林语堂的这些翻译策略，可以发现每一种策略的背后都有其文化观的影子。对某些翻译策略的运用，如文化置换，体现了林氏以译文读者为中心，尽力使译文符合译入语文化的思维习惯、审美期待或理解的便利的翻译目的，这也突出表现了林语堂在翻译上的东方主义；而他所采取的另一类翻译手段，如文化借用，则体现出林氏在翻译中极力维护源语的表达习惯和思维方式的意图。这种意图明显反映出林语堂文化观中不可磨灭的、深厚的东方文化情结。林氏表现在这些翻译策略当中的东方文化情结与东方主义倾向并不是完全孤立、相互对立的，相反，这两种看似矛盾的文化立场在每一种翻译策略中都表现出相互交融的特点，这充分说明了林语堂的这两种文化倾向在翻译中是同时存在，共同作用的。

这同时也足以说明，对于林氏的翻译及创作语言所体现出的某些特定的现象，不可简单视之或以一言概之。将其翻译置于文化观照下进行分析研究，是合理解读林语堂文本中表现出来的种种翻译现象的必要途径。

第九章

文化视角下的林语堂翻译的审美再现

9.1 韵文翻译意形取舍

由于韵文在句式、声音和节奏等形式方面与其他文学形式相比具有特殊性,所以诗歌翻译的标准也自然与其他形式的文本翻译有所区别。许渊冲先生对于诗歌翻译提出了"意美"、"音美"和"形美"的诗歌翻译三标准(郭著章,1999:443),这说明外在形式在诗歌翻译中与意义一样,都是考量翻译是否成功的标记。所以,要从文化角度来看林语堂的韵文翻译需要从形式和意义这两个审美范畴进行分析。

本书第六章谈到了林语堂对于诗歌翻译有自己的理论和标准,笔者这里不再赘述。可以肯定的是林氏对汉语韵文的英译除了受其翻译理论的影响之外,与之相关的其他主客观因素也同时会产生一定的影响,如林氏的文化倾向、所处的文化环境、面向的读者群、翻译目的,等等。因此,从文化角度探讨他的韵文翻译成为有效解读表现在其翻译中的具体特征一条重要的途径。

9.1.1 见形舍意

林氏认为从美学角度来看,诗是不可译的,也就是要使译文的意义与形式都与原文绝对一致是不现实的,所以在实际翻译活动中,只能侧重于某一方面,而其侧重点主要由译者的翻译思想、翻译目的和读者对象等因素决定。林氏在《论译诗》一文中强调译诗首先要把意境放在第一位,"意境第一,自不必说"(林语堂 Vol. 16,1994:318)。意境就是作品中呈现的情景交融、虚实相生的形象系统及其所诱发出来的审美想象空间。所以实现原文的想像空间应该是林氏译诗的追求之一。

联系翻译目的,从林氏对原文的形式与意义的侧重上可以管窥影响其审美观的文化立场。林氏汉英韵文翻译的一个突出特点就是他为了追求译文形式上的标准而忽略了意义的准确。于韵文翻译而言,而当原文内容被弱化时,同时得到强化的是译入语读者的理解需求和认知期待,也因而体现出译者偏向于译入语文化这一方的文化立场。看下面的译例:

1. 清晓光如珠,
   如珠惜不久。
   高坟郁累累,
   白杨起风吼;
   狐狸走在前,
   猕猴啼其后。(《冥寥子游》)
   Dew drops on flowers,
   Oh, how bright!
   So long they last, they shine
   Like pearls in morning light,
   Where grave mounds dot the wilds,
   And winds whine through the night;
   Foxes' howls and screech- *owls*.

2. 譬彼舟流,
   不知所届。
   心之忧矣,

不遑假寐。(《东坡诗文选》)
Like unto a drifting boat,
None knows where it is heading.
Restless I lie upon the pillow,
For my heart is bleeding.

例1取自《冥寥子游》中的道人所吟唱的"花上露",暗指人生短暂,幸福欢愉如花上的露水一般转瞬即逝,所以告诫人们应该及时行乐。这代表了道家哲学思想中消极和享乐的人生态度。例文通过"(露)珠"、"高坟"、"吼"、"啼"等文字共同烘托出一种凄凉、萧索和悲观的意境。林氏的译文结构整齐,节奏明快,韵律协调,朗朗上口,在形式上应该算很成功。从意境来看,原文"如珠惜不久"这一句意思是露珠虽然像珍珠一样明亮,但可惜不长久。林氏的译文两个押韵词 *bright* 和 *shine* 只突出了露珠的明亮,却并没有表现出"惜不久"的含义,所以,译文读者很难产生原文所期待的理解和意象。另外,最后两句"狐狸走在前,猕猴啼其后"在译文里被并为简洁的一句,而且在句中以 *howls* 和 *owls* 两词实现了句内押韵,但是,很明显,也正是为了达到形式上的押韵,林氏将原文的"猕猴"改为"猫头鹰(owls)",以牺牲意义来达到押韵的目的。而这样一来,原文读者和英语读者对诗歌产生不同的意象是在所难免了。例文2原文描述的是一种焦虑彷徨的心情,林氏的译文在形式上同样简洁明快,隔行押韵,做到了音、形俱美;但是很明显,译文最后一句 *For my heart is bleeding* 在原文中根本找不到与此意义其对应的诗句,而林氏如此处理的原因也正是为了实现结构上的对称和句尾的押韵,其因形而舍意的翻译意图一目了然。

林氏的翻译三标准是忠实、通顺和美。如果说忠实主要是强调对原文和原文作者负责的话,那么通顺和美的标准则除了体现对原作的尊重,更强调了服务于译文读者对译文理解和欣赏的目的。以上译例表明林氏在一定程度上舍弃了诗文翻译对原文意义忠实的追求而强调其结构上和声音上的美,这种取舍立场也因而表明了在原文、原文作者和译文读者这三者之间,林氏选择将译文读者作为翻译服务的最重要目标的倾向,通过对译文形式美的追求来满足他们对诗歌形式的期待;同时,通过整齐优美的译文形式,林氏也做到了忠实于汉语原文结构整齐,押韵严格等特点。而相比之下,原文意义则被放在了次要的地位。如果从文化角度探究其根源的话,林氏通过迎合英译诗歌的形式美而舍弃了对原文意义的忠实,这从一定程度上体现了林氏对原文以及源语文化的背离,也因而成为其东方主义文化立场的印证;同时应该肯定的是,其译文形式上的整齐也同样符合原文的形式特点,因此这也体现了译者对汉语诗词及其文化的尊重。

9.1.2 见意舍形

与见形舍意的翻译倾向正好相对,见意舍形是体现在林氏韵文翻译中的一个与前者看似矛盾对立的翻译态度。顾名思义,见意舍形就是在翻译诗词时以忠实地再现原文意义为主要目的,而相对弱化了对译文形式,包括格律、句长和押韵等方面的要求。从审美角度看,诗词的译文形式是评判翻译成功与否的重要标准之一,而林氏自己也认为在诗的翻译中美是重要的标准,显然这与其见意舍形的翻译态度是对立的,这就需要从其他的翻译意图来探究林氏在诗词翻译中见意舍形的用心。与形式相比,意义的忠实更能体现对原文及原文作者的重视。所以林氏将意义置于译诗的第一位的考虑自然也是重视原文及源语文化的表现。汉语诗词是中国古典文学的重要形态,简练的文字中往往被赋予了丰富而深刻的含义,而相比之下,英语诗歌则通过节奏,韵律和声音来营造意境,而意义则大多停留在语言文字的表层。所以,林氏在汉诗英译中通过保持原文的意义表达了他对汉语诗词所承载的文化的忠实,也因而成为他深厚的东方文化情结的具体表现。看以下译例:

1. 寒灯相对记畴昔,
   夜雨何时听萧瑟?
   君知此意不可亡,
   慎勿苦爱高官职!(《东坡诗文选》)
   Remember, *my brother*, whenever you sit in the lamplight on a cold evening, how we promised to each other *that we shall sleep in opposite beds* and listen to the rain in the night. *Keep this in mind*, and *don't* let us

be carried away by our official ambitions.

2. "山高月小,水落石出"。(《浮生六记》)

The moon seemed so small on the top of the high mountain and rocks stood up above the surface of the water, *making a most enchanting picture*.

例文1是苏东坡为一个叫子由的朋友所做的离别诗中的一节。本节的翻译跟整首诗的译文[①]一样,在形式上一个突出的特点就是林氏以散文的形式来翻译原文的诗句,丝毫没有韵文所具备的押韵、节奏和整齐的句长等特征。而在语气和措辞上,林氏采用了韵文里不常见的祈使句口语词汇及结构,如 remember, keep, don't let,等。而放弃了韵文形式上的译文在意义上则较为完整而贴切地传递了原文的信息,甚至还将隐含的内容补充了进去。因为这是一首写给友人的诗,所以,林氏在译文里添加了诸如 *my brother*, *sleep in opposite beds* 这样的信息,给人的感觉好像是面对面的交谈,将两人的亲密关系进一步烘托出来。总的来看,这段诗的译文在形式上有所忽略,但在意义的传达上比较到位,因而译者重视原文及其蕴含的文化意义这一翻译意图也就体现出来了。这同时也说明在东西方的对话中,他不自觉地站到了东方文化这一边。

例文2原文是一个偶句,结构简单但是严格对称。与例文1的翻译方式一样,林氏以一个长句的形式来体现了原文,同样没有韵文的特点。在意义的表现上,这个复合长句的译文将原文的内容全部囊括进去,而且还加入了一个评述结构 *making a most enchanting picture*,虽然严格说来不能算忠实,却有助于烘托原文的意境。

见意舍形的诗词翻译倾向看似与见形舍意的倾向互相矛盾,相互冲突,实际上这种矛盾恰恰反映了译者林语堂矛盾的文化观及其在翻译中的表现。林氏重视原文内容的忠实的同时也做到了忠实于原文所蕴含的文化信息。当他在翻译中不能够做到同时兼顾内容和韵文外在形式的时候,其深厚的东方文化情结驱使他暂时放弃了诗的外形而将原文的意义展示出来。以上这两个译例都体现了林语堂在韵文翻译中强调意义而忽略形式的态度,通过对其翻译意图的分析,可以看出他立足于原文和源语文化的选择;但是不能否定的是他通过真实地再现原文的意

---

① 见林语堂中英对照丛书之《东坡诗文选》,第89页。

义,也同样做到了对译文读者负责。所以可以说,林氏在东西方文化间游走的过程中,并没有绝对地选择西方或东方作为自己的文化立场,也因而印证了其文化观"矛盾统一"的特点。

9.1.3 意形兼顾

因为汉英诗歌在意义的表现和形式的审美判断上都有诸多的差异,在翻译中要做到对原文的意义和形式忠实,同时又要使译文符合读者对韵文的审美期待是很难的,所以从翻译效果来看,许渊冲先生提出的诗歌翻译意美、音美和形美的三个标准是韵文翻译应追求的理想。而从译者的责任来看,如果同时兼顾了韵文意义的忠实和形式上的审美特征,那么可以说他不仅对原文和原作者尽到了责任,同时对译文读者也是负责的。由此,在两种语言文化的对话中,源语文化和译入语文化也得以兼顾,而并非顾此失彼。在林氏汉语诗词的英译中,同样有不少意形兼顾的优秀译例,这不仅能够体现林氏的汉语和英语的深厚根底,而且也反映了他在向西方传递东方文化的过程中既要保持东方文化色彩又要迎合西方读者的理解需求和品味期待的双重文化立场。先看以下译例:

1. 饮湖上初清后雨
  水光潋滟晴方好;
  山色空濛雨亦奇。
  欲把西湖比西子:
  浓妆艳抹总相宜。(《东坡诗文选》)
  The light of water sparkles on a sunny day;
  And misty mountains lend excitement to the rain.
  I like to compare the West Lake to "*Miss West*",
  Pretty in a gay dress, and pretty in simple again.

2. 有笔头千字,胸中万卷,致君尧舜,此事何难。(《东坡诗文选》)
  With *a thousand words* from our pens,
  And *ten thousand volumes* in our breasts,
  We thought it not difficult to make our
  Emperors the best.

例文1是苏东坡所做的一首描写西湖景色的七言律诗,后三行押韵。林语堂的译文整体结构整齐,偶行押韵,这就基本保证了译文里诗的外形和音律的审美效果。在意义的传递上,总的看来林氏用了直译的手法来展现原文描写的景色。其中第二句"山色空濛雨亦奇"林氏译为 And misty mountains lend excitement to the rain,一个 lend 巧妙地运用了拟人的修辞手段,形象地将山色和奇雨之间的关系淋漓尽致地表现了出来,充分展现了译者英文文字的驾驭功底。另外值得一提的是,原文中"西子"是一个汉语典故名词,因为诗词翻译有必要考虑到译文语言的简洁经济,所以林氏以 Miss West 直译之,并以引号做了特别标识,这样就对译文读者起到了一个有效的提示作用,使其意识到这是一个具有特殊意义的名词,同时依据对上下文的参考,译文读者也并不会产生理解的困难,同时译文又得以很好地保留了汉语原文的文化色彩。所以,意义和形式的兼顾,也让林语堂做到了同时兼顾原作、作者和译文读者,以及由此而兼顾到了尊重东方文化与满足西方读者的文化期待这两个目的。例文2原文取自苏东坡的一首沁园春《赴密州,早行,马上寄子由》,诗句错落有致,具有较强的节奏感。林氏的译文也在形式上体现了这一特点,并且做到了偶句押韵。他依然用直译的方法来表现原文的意义,像"千字"、"万卷"这样的夸张手法林氏也以直译的方式传递,从而有效地复制了汉语的修辞手段。与前一句所不同的是,当中的文化词"尧舜"林氏没有用直译,而是直接以文化置换的方法将其简译为 Emperors,虽然原文的文化意义有所损失,但是在译文中保证了诗词语言的简洁。实际上原文中的"尧舜"作为借代的用法,实际上指的也正是 Emperors,所以,这种翻译手段首先照顾到了译文的形式和读者的理解,同时也将其蕴含的意义表现了出来。

纵观林氏的韵文翻译,见形舍意、见意舍形、意形兼顾这三种不同的策略似乎是各自独立,彼此相互对立矛盾的,实则不然。由于韵文是一种特殊的文学形式,汉诗英译面临着重重困难,所以译者需要在可支配的语言资源内寻求最适合的翻译方法;但对于林语堂来说,除了这个纯语言的因素之外,这三种不同的韵文翻译手段的运用共同体现了他的文化观和文化立场。林氏矛盾的文化观以及他所面临的特殊的文化环境决定了他在韵文翻译中既要考虑尊重汉语语言文化和复制原文意义的需求,又要为英语读者清除理解障碍并满足他们的审美期待。这种表面上相互冲突的翻译意图就导致了林氏在韵文翻译中采用了在表面上看来相互对立的翻译策略。而在本质上,这三种不同的策略又一致地反映了林语堂这类游走于东西方两种不同文化之间的特殊学者群的特质。所以,如果在某一特定情况下,其韵文翻译体现出来的是译者的东方主义的文化倾向,也必然在其中潜伏着他不可磨灭的东方文化情结,从而使得这三种韵文翻译方式并非完全独立和纯粹,而只是林语堂的东方文化情结与东方主义的文化观在翻译中此消彼长产生作用的结果。

9.2 模糊语言的审美再现

模糊(fuzziness)在文学中的定义应该是"当事物出现几种可能状态时,尽管说话者对这些状态进行了仔细的思考,实际上仍不确定,是把这些状态排除某个命题还是归属于这个命题"(周方珠,2004:266)。模糊性是文学作品的共性,一部好的文学作品离不开语言的模糊美和含蓄美。语言的精确性只是相对的,而其不确定性则能够赋予读者广阔的阐释空间和想象空间。作品模糊性越强,读者再创作的余地就越大;反之,如果非要让文学作品"清晰"、"精确"起来的话,那种朦胧、神秘的意境就会随之消失殆尽,文学的魅力也会因此削弱。试以《浮生六记》为例,文中的模糊语言随处可见。首先,当涉及不便直接表达的内容时,模糊语言不失为一种有效的间接表达手段,看以下例文:

    1. 一生辛苦,常在客中,欲觅一起居服役之人而不可得。

    2. 今则天各一方,风流云散,兼之玉碎香埋,不堪回首矣!

例文1的"起居服役之人"表面上看似乎是指"照料其起居生活的侍佣",实际上是作者特别采用的一种委婉模糊的表达,含蓄地指出(作者沈复之父)因公长期独自在外,辛苦孤寂,有意续纳一妾,以解烦闷之苦。"起居服役之人"的使用,不仅避免了直接表达带来的尴尬,而且留给读者充分的想象空间。而例文2读起来文字优雅,凄婉动人,而作者寓于凄美景物中的真实情感则是对久别友人的扼腕之悲,更有对亡妻的断肠之痛。"风流云散"、"玉碎香埋"为这种情感罩上了朦胧的面纱,使其若隐若现,耐人寻味。同时,在意象的表现上,这种模糊的语言也有不可替代的效果。直白的表达可能给读者留下单一的或平面的意象,而模糊的语言则会赋予读者丰满的、立体的想象,从而加深了原文的内涵。

其次,模糊语言中还往往蕴涵着深刻的历史文化内容,读者通过挖掘可以了解隐藏在文字背后的丰富含义,同时也能从中领略到其中的审美效果。同样以《浮生六记》中的语句为例:

3. 倩绘一像:一手挽红丝,一手携杖悬姻缘簿,童颜鹤发,奔驰于非烟非雾中。

该例文向读者展示了中国古老传说中的月下老人的形象,这里的"红丝"也就是指婚礼上联结新婚夫妇的红线了,而"姻缘簿"则突出了月下老人的身份。作者在这两句用模糊的词汇表达了深层的文化历史含义,寓虚于实,虚实结合,为读者留下了广阔的想象空间,具有较高的审美价值。

模糊语言在文学中属于审美的范畴。从宏观上看,一种语言文化中的读者,因共有一定的文化历史背景,会形成相应的文化共识,这种文化共识反过来会影响其审美观。也就是说,对语言的审美具有地域文化共性。而从微观的角度看,读者的受教育程度、生活时代、性格差异、性别差异、阅读期待等诸多因素又使其审美观带有强烈的个性特征,因此也必然会对同一作品产生不同的理解和阐释。譬如一部《红楼梦》,多情男女看到"缠绵",禅学家看到"空",易学家看到"阴阳",道学家看到的则是"淫"(冯庆华,2002:118)。由此看来,对文学作品中的模糊语言产生不同的理解和审美感受就不足为怪了。对于模糊语言的翻译,译者的文化背景和个性特征都会影响到他对于这种语言现象的翻译态度。根据林语堂所提出的"忠实、通顺、美"的翻译标准,要对原文做到忠实,应该将原文中的模糊语言明确化呢,还是应该还原其模糊的本来面貌?两者哪种做法更容易达到美的标准?由于译者既要对原作和原作者负责,又要对译文读者负责,因此他需要在各种因素之间平衡取舍。现以林语堂对《浮生六记》中出现的大量模糊语言的翻译为分析对象,从文化角度来解读其并不单一的翻译策略。概括来看,林氏大致采用了模糊手法、模糊与补充的手法相结合和直白化的手法来翻译文中的模糊语言,力求在忠实与美的标准间达到平衡。

9.2.1 模糊的手法

模糊语言给原文读者带来丰富的联想空间,译者如果通过翻译能够在译文里再现语言的模糊效果,也可以使译文读者享有同样自由的想象空间。反之,为了达到理解的清晰化而一味地将含蓄的文字转化为直白,则会使译文的美感大打折扣。孙艺风认为译者应该恰当把握译文与原作和译文读者的距离。"至关重要的还是表达基本信息,但是基本信息并非完整信息,在文学作品里,话语信息本身不是最重要的,所传递的附属信息更为重要。无论如何,翻译的任务是在译文里保持这个极为重要的审美距离,同样让译入语的读者也能倾听到言语的簌簌细响,并通过言语提供的美学空间,去了解与分享他者的体验,以达到自己美感的体验"。(孙艺风,2004:58)

英汉两种文化对于审美的期待自然不同,但是原文的模糊语言所创造出的意象空间如果通过翻译为译文读者同样创造出广阔的意象空间的话,那么其翻译的审美效果也就在一定程度上得以实现。林语堂通过模糊的翻译手法来解决原文的模糊语言现象,从而赋予了译文丰富的想象空间,不失为一个兼顾原文审美文化和译文读者的审美期待的有效方法。现以《浮生六记》中以下例文来看林语堂的模糊译法:

1. 自此耳鬓相磨,亲同形影,爱恋之情有不可以言语形容者。(《浮生六记》)
   And so every day *we rubbed shoulders together and clung to each other like an object and its shadow*, and the love between us was something that surpassed the language of words.

2. 一生辛苦,常在客中,欲觅一起居服役之人而不可得。(《浮生六记》)
   I have been living all my life away from home, and have found it very difficult to find *some one to look after my personal comforts*.

例文1中"耳鬓相磨,亲同形影"的描写可以使中文读者产生丰富的想象,林语堂将其不加任何雕饰地直接翻译为 We rubbed shoulders together and clung to each other like an object and its shadow,在不影响传递原文意义的同时,也形象地再现了原文的意象,而尤为重要的是译文为英语读者保留了一定的想象空间和审美空间。例文 2 以"起居服役之人"含蓄地表达了作者的本意,若隐若现,耐人寻味。林语堂以模糊译模糊,其译文 some one to look after my personal comforts 同样含蓄而委婉,不仅避免了直白表达带来的难堪,恰到好处地达到了译文的审美效果,而且会令译文读者产生自由的联想,符合英语里常用的讳饰(euphemism)的修辞手法,自然巧妙,不露斧痕。

林氏以模糊手法解决原文中的模糊语言,在实现译文审美效果的同时,也并未影响原文意义的传递,可以说,译者做到了尊重原文,同时也照顾到了译入语读者对意义的理解和对审美的期待。从文化角度看,林氏也成功地兼顾了中西两种文化,将其进行了较为完美的融合。

9.2.2 模糊手法与补充手法相结合

译文里再现模糊的语言是为了给译入语读者以相应的想象空间,满足他们对译作的审美需求。但是要求译者使译入语读者和原文读者享有等量的阐释空间是不现实的。首先,读者作为作品的受众,具有明显的个体特征,因此对同一作品的阐释是有区别的。译者同时也是具有个体性的读者,即使担负着客观传递原文信息的使命,也难免使译文带有其本人理解与表达的独特性。其次,汉语和英语属于两种截然不同的语言文化体系,读者因所处的文化不同,对同一语言现象产生不同的理解和心理感受也是难免的。在这个前提下,译者对源语里某些特有的文化语言仅仅用模糊的手法翻译来满足译文读者的审美需求是不够的。要完整地传达原文信息,还需要借助于一定的辅助手段。因此,林语堂在翻译过程中对部分汉语原文中的语言采用了模糊与补充手法相结合的方式。试看如下例文:

1. 今则天各一方,风流云散,兼之玉碎香埋,不堪回首矣!(《浮生六记》)

To-day *these friends are scattered to the four corners of the earth like clouds dispersed by a storm , and the woman I loved is dead , like broken jade and buried incense* . How sad indeed to look back upon these things.

2. 近日写字作画,满街都是名士,岂不令诸葛怀羞,高人齿冷?(《板桥家书》) Now the city is full of painters and writers of calligraphy who are called "famous scholars". Would this not make Chuko Liang's cheeks burn and *turn the high-minded ones' teeth cold*〔*make them sneer*〕?

例文1中的"风流云散"、"玉碎香埋"都是汉语里的成语,除了有表象意义,更有深层含义,前者多表示与自己亲近的人像风和云一样离散;后者则表示人,尤其指年轻女性生命的逝去。这类成语在汉语读者当中不会引起误读或不解,所以无须解释。但是直接转换成英语,在语境不够清晰的情况下,读者要领会作者本意就会面临实际的困难。林语堂在译文中补充了原文蕴涵的内容 *these friends are scattered to the four corners of the earth* 和 *the woman I loved is dead*,从而为读者扫除了理解的障碍,同时因其以模糊的手法来直译成语,也给译文读者以丰富的联想空间,整体看来,意义和审美相得益彰,神貌兼顾。同样,我们看到在例文2中,"齿冷"在原文里表示人在嗤笑时发出声音令牙齿感到酸冷,将意义非常形象地表达出来。林氏先将其直译,将原文的表象意义体现出来,然后以文内注的形式解释原文的深层含义,这样不仅忠实于原文的意义,也创造出了丰富的审美空间;对于译文读者来说,这不仅解决了理解的困难,还将原文的意象也展现给了他们。

总的来看,在译文中再现模糊是实现译入语读者审美的有效途径,但是决不能与意义的传达相矛盾,为了使两者协调,一定的补充手段是必要的。这也体现出林语堂在翻译中保持原文的文化审美意义同时又要迎合西方读者的理解和审美期待所做的努力。

9.2.3 模糊语言的直白化

因林氏的汉英翻译原文文本有相当一部分是文言文,所以当中的模糊语言中难免会有相当多的典故词汇或汉语习语。由于汉英读者的文化认知环境的不同,此类词语很难直接进入到英语读者的审美领域。如果直接传递到英语中,其读者理解都会有困难,要找到源语读者的审美体验就是难上加难了。"译入语文本不具备经验的直接性,译入语读者缺少对源语文本的直接感受,译文要设法克服距离造成的隔膜感,同时也有必要建立历史与现实之间的联系,使时间的距离感消解,化作设身处地的对美的欣赏"(孙艺风,2004:59)。在这种情况下,译者将模糊语言清晰化和直白化成为达到翻译目的必要手段。林语堂在实际翻译中对原文中部分模糊语言作了直白化和清晰化的处理,有效地消除了译文读者的理解隔膜。这种翻译手法也足以体现其强烈的读者意识:

1. 有女名憨园,瓜期未破,亭亭玉立,真"一泓秋水照人寒"者也。(《浮生六记》)

    But she had a girl by the name of Hunyuan, who was a very sweet young maiden, *still in her teens*. Her eyes looked "like an autumn lake that cooled one by its cold splendour."

句中,"瓜期未破"为"破瓜"之延伸用法。按照《古代汉语词典》的解释,"破瓜"是指女子十六岁:"瓜字破之为二八字,言其二八十六岁耳"。由此看来,"破瓜"的含义是由汉语所特有的析字的修辞方式得来的。由于英汉两种语言符号之间的显著差异,这种审美效果只有懂汉语的人才能够体会,是无法直接传递到英文中去的。林语堂将其概念直白地表达为 *still in her teens*,虽然原文的审美效果有所减损,但是将意义清晰地体现了出来,照顾了译文读者的接受程度。类似的直白化的翻译我们不妨再看两例:

2. 况锦衣玉食者,未必能安于荆钗布裙也。(《浮生六记》)

    Besides, one who is used to beautiful dresses and nice food like her will hardly be satisfied with *the lot of a poor housewife*.

3. 素不贪屠门之嚼,至是饭量且因笋而减。(《浮生六记》)

    I was not usually fond of *meat*, and this time I ate so much bamboo-shoots that I could scarcely take any rice.

文本中模糊语言的运用是为了达到审美的效果供读者鉴赏,但是当原文的模糊语言超出了译入语读者的鉴赏能力范畴时,译者退而求其次,通过直白化的方法将原文的模糊语言的意义传递到译入语中,也不失为一种可行的翻译策略。而在这个过程中,林氏显然倾向于向译文读者传递原文的根本含义,相对而言,原文的审美意义在某种意义上被弱化甚至忽略。这在一定程度上体现了林氏迎合译入语读者的理解能力和阅读期待的翻译意图以及由此而体现出来的文化立场。

总之,模糊语言因其意义和意象的不确定性而使读者产生丰富的阐释空间,译者作为模糊语言的解读者和传递者,不仅肩负着传递原文信息的责任,还要在译入语中再现原文的审美效果,将原文读者所能领略到的想象空间赋予译文读者。但是源语与译入语之间的实际差异致使这种目标往往成为翻译的一个难以企及的理想。首先,原文的联想空间是一个无法界定的概念,译者本人的阐释具有一定的个体性;其次,原文中的模糊语言有时超出译入语读者的认知范围和鉴赏范围,在这种情况下,再现原文的模糊语言只能导致译文读者的理解困难。译者只有通过变通的手段,在信息与审美的传递中力求达到平衡。而透过这些变通手段以及从中体现的译者与原文和译文读者之间的关系,我们可以管窥到林氏的东方文化情结和无法回避的东方主义的矛盾与统一。

9.3 其他修辞语言的审美翻译

修辞语言是体现所在文化的思维方式和审美标准的又一参数,所以对于修辞语言的翻译,译者除了要体现原文语言形式的审美意义,也要体现其中蕴含的文化意义,这就要求他不仅要熟知语言内容,更要熟知语言形式背后的文化内涵。同时,从翻译目的角度分析译者对修辞语言的翻译策略也可以反观其文化立场。

深谙中英两种语言文化的林语堂在传递汉语的修辞语言的文化意义,实现其审美效果的过程中,根据原文修辞语言的特点而采取了不同的翻译策略。通过对这些策略的分析,也同样能够探究出译者在文化立场中的选择。

首先,虽然英汉两种语言在表现形式上有诸多差异,但是由于双方的思维方式存在诸多共通之处,所以读者对于本土语言中不存在的语言表达形式也有可能够理解和欣赏,其中习语的用法就是很好的例证。例如,汉语中的成语"班门弄斧"与英语中的 to teach the fish to swim 大致对应,但是如果要彼此互为译文则有些勉强,因为两个词所蕴含的智慧和意象都在交互替代中被抹杀掉了,因此,直译的方式不失为可行的选择。如将"班门弄斧"英译为 to exercise one's axe before the carpenter master;而将 to teach the fish to swim 汉译为"教鱼游泳",虽然表达形式有些"异国情调",但是却完整地在译文里保留了原文的修辞色彩。林语堂在汉英翻译中,对于汉语原文中的部分修辞语言也采取了这样的翻译方式。看下面译例:

1. 五脏六腑里,像熨斗熨过,无一处不服贴;三万六千个毛孔,像吃了人参果,无一个毛孔不畅快。(《扬州瘦马》)

   It was as if all their bowels had been ironed over with a warm iron and set at ease, or as if they had just eaten ginseng, so that every single one of the 36,000 pores on their body was glowing with joy.

2. 为月忧云,为书忧蠹,为花忧风雨,为才子佳人忧命薄,真是菩萨心肠。(《幽梦影》)

   It shows the heart of Buddha (misericordia) to worry about clouds with the moon, about moths with books, about winds and rains with flowers, and to sympathize with beautiful women and brilliant poets about their harsh fate.

例文 1 原文一句话里包含了明喻、夸张和拟人三种不同的修辞手法,形象地描绘出观众看了表演以后酣畅淋漓的感受。林语堂对原文的翻译,不仅再现了原文的意义,也再现了原文的审美形式。译文中以 as if 实现了译文的明喻的修辞手法,而 set at ease 和 glowing with joy 则很明显是拟人的表现手法。原文的数字夸张也在译文里得到了复制,如此一来,原文的审美形式被直接搬到了译文里。由于原文的描写紧接着是评述性的文字,所以当其结构在译文里被借用后,即使译文里并没有类似的表现方式,读者对之产生的意象也完全可以跟意义联系起来,因而并不会产生理解的偏差。所以林氏的翻译不仅体现了对原文意义和审美形式的尊重,也照顾到了译文读者的理解,同时也迎合了他们了解东方语言文化本色的愿望。例文 2 里出现了排比和类比的修辞手法。

与例文1相似的是该句也是描写性的文字后面接着评述文字,这便给直接复制原文的修辞手法而不影响译文读者的理解提供了可能。林语堂也正是将原文的修辞语言直接移植到译文中,同样保留了原文的审美形式。他所做的唯一调整是将原文的总结部分"真是菩萨心肠"提到句首,从而将原文的归纳性结构转换为演绎性结构,以符合英文的表达习惯与英语文化的思维习惯。其翻译效果也同样是既体现了原文的审美意义及其形式,又照顾了译文读者的审美期待和理解需求。类似的情况也出现在以下译例中:

3. 蛛为蝶之敌国,驴为马之附庸。(《幽梦影》)

The spider is the racial enemy of the butterfly, while the donkey is a satellite of the horse.

当然,原文的修辞也不可能在任何情况下都可以复制。当在原文中出现无法由译文读者理解的语言对象时,原文的审美形式也不得已让位于意义的传递:

4. 久欲为比邱,苦不得公然吃肉。(《不亦快哉》)

I have long wanted to become *a monk*, but was worried because I would not be permitted to eat meat.

该句出现了暗喻的修辞手段,但喻体"比邱"是一个具有文化特色的词。"比邱"也为"比丘",梵语,是印度出家修道者之通称,后专属佛教之出家人①。如果直译,译文读者无从理解其真正的意义,更不用提欣赏其修辞的审美效果了。因此林语堂将原文的文化词概括化为"和尚",借以传递原文的含义。

但是值得一提的是,林语堂在翻译原文的修辞语言时也出现了刻意避开原文的修辞形式,而寻求译入语里更为常用的表达形式来替代,其翻译意图体现出来的则是他在文化立场上向西方文化的倾斜。看以下例文:

5. 文人讲武事,大都纸上谈兵;武将论文章,半属道听途说。(《幽梦影》)

A literary man discussing wars and battles is mostly *an armchair strategist*; a military man who discusses literature relies mostly on rumors picked up

---

① http://www.amtb-la.org/jingtuxiaocidian/biqiu.htm

from hearsay.

6. 秀峰今翠明红,俗谓之跳槽,甚至一招两妓。(《浮生六记》)
   Hsiufeng used to *go from one girl to another*, or "*jump the trough*", in the sing-song slang, and sometimes even had two girls at the same time.

以上两句如果以直译的方式复制原文的修辞形式,也并不见得会造成理解上的障碍。如例文 5 中"纸上谈兵"直译形式可以是 *fight only on paper*,而例文 6 的"今翠明红"也同样可以直译为 *with a Green today while with a Red tomorrow*,这样能够保留原文的修辞形式同时也不影响意义的传递。但是不可否认的是林氏将"纸上谈兵"译为英文中的习语 *an armchair strategist*,虽然其意象与原文略有差别,但是从语言形式和意义上都表现得十分充分,不失为佳译。林氏体现在这两个例文翻译中的文化立足点是英语语言表达习惯和西方读者的思维习惯,从而也在一定程度上疏离了汉语语言和东方文化。以下例文则更突出地体现了这一点:

7. 其所厚者薄,而其所薄者厚,未之有也。(《不亦快哉》)
   There has never been a tree whose trunk is slender and whose top branches are heavy and strong.

林氏在译文里完全放弃了原文的形式,以英文中的一个比喻形式来代替表达原文的意义。从译文形式上看,固然有较强的视觉冲击力,并可以为读者创造丰满的意象,但问题是更为重要的意义传递却有所缺失。原文以对称的语言表现了事物的两个极端,而译文则以具体的事物来取代了原文的泛指,所以,虽然译文形式便于英语读者的理解和接受,但严格说并不能算真正的忠实,这也在某种意义上体现了译者的东方主义的文化倾向。

9.4 小 结

东西方文化的双重背景赋予了林语堂特殊的文化身份,这种复合的文化身份使得以传递文化为己任的他在文学创作和翻译活动中表现出既矛盾又统一的文化取向。东方文化的根基培养了林语堂对于东方哲学、宗教、文学、历史以及审美观的浓厚兴趣和情感,而这种挥之不去的东方文化情结在其后来的作品中时时显露出明显的痕迹;同时,其基督教牧师的家庭背景、教会学校的教育以及后来30余年的海外生活经历又让林语堂深入地认识并感受着西方文化,在体验西方工业发展带来的便利的同时,也认识到物质化的西方在精神生活上的欠缺。这两种不同的文化因素共同作用于林氏的文化观。一方面,他对中国文化的深厚情感促使他极力向西方介绍东方的以儒家伦理和道家思想为主的东方哲学以及东方文化的精髓,并力图维护和宣扬这些来自本土的精神内容。而另一方面,在文明高度发展的西方,林语堂又需要面对市场需求、读者对东方文化的理解期待、审美期待和文化期待等诸多因素的约束,所以,他所传递的东方文化并非是毫无选择的,也并非是机械的。他在一定情况下为了迎合西方对东方文化的期待和品味,对他笔下的东方文化做了相应的调整和改写,因而形成了他文化立场中实质性的东方主义倾向。他的东方文化情结和东方主义这对既矛盾又统一的二元并立的文化倾向在其翻译和创作中相互交融,此消彼长,令其呈现出多彩纷呈的特征。

　　对于翻译中的审美问题,尤其是在解决韵文、模糊语言和修辞语言的翻译问题时,林语堂针对于英汉两种语言文化的实际差异,采取了不同的应对措施。而这些措施并非随意而为或杂乱无章的。通过分析,我们发现林氏所采用的这些翻译策略以及在译本中所表现的各种特征都能够从不同角度折射出林氏文化选择中的东方文化情结和东方主义交互作用的特点。

　　总之,任何翻译家的翻译思想及翻译特点都不是偶然的。通过互文性的视角分析林语堂的文化观与其翻译中审美再现的关系,为其复杂的翻译现象提供了一个合理的阐释,也为综合研究林氏的翻译提供了一条途径。

第十章

结 论

10.1 本研究的回顾

林语堂作为一名翻译家有大量优秀的译品,同时他也有自己独特的翻译理论,因此,在翻译领域里,他无疑具有较高的研究价值。林氏来自东方文化,对中国的语言、文学、历史以及以道家思想和儒家伦理为代表的中国哲学思想都有浓厚的兴趣,并具备扎实的知识功底。与此同时,他又出生于一个基督教牧师的家庭,从小接受教会的教育和影响,为其英文语言能力打下了良好的基础,并对西方文化形成了初步的认识。当他进入创作和翻译的鼎盛期时,开始了长达三十年的海外旅居生活,因而他得以深入到西方文化之中。也正是因为林氏的这种特殊的双重文化身份,令他得以通过翻译与创作活动向西方读者介绍中国文化。而在这个过程中,他的文化立场表现出了明显的两面性:一方面,他具有深厚的东方文化情结,热爱、尊重东方文化并力图将其发扬光大;而另一方面,他又要迎合西方文化主导的读者群对东方文化的期待与品味,因而在创作与翻译活动中对东方文化作了选择性的传递,甚至在一定程度上对之做了片面的描述,这便造成了东方文化与西方文化之间在交流中实际上的不平等状态,而在林氏身上则表现出了他文化观中的自我东方主义的倾向。

由于林氏大量的汉英译作都是以向西方介绍中国文化为目的,所以其翻译内容必定离不开文化;同时,在互文性理论的观照下,其典型的双重文化观必然影响其汉英翻译活动与英文创作活动,而其译本中表现出来的种种语言特征又能够折射出译者的文化观。这两个因素决定了从文化角度研究林语堂翻译的可行性与必要性。

因为林语堂的文化观中存在着东方文化情结与自我东方主义倾向的二元并立的特征,所以,东方主义作为该研究的关键元素之一,首先有必要厘清其概念。作者概括地介绍了东方主义理论,接着分别论述了其文化观中的自我东方主义与东方文化情结这两种成分的形成背景、原因以及具体的表现形式。这为进一步从文化角度探究其翻译提供了依据和基础。

在从文化角度阐释林氏翻译之前,作者先对其翻译理论、翻译实践以及其译本中表现出来的具体语言观与语言特征进行了全方位的廓清与研究,其目的是为了梳理出林氏在汉英翻译中表现出来的各种特征,为接下来从文化视角探讨具体的翻译问题提供了数据参考。

此外,要从文化角度研究林语堂的翻译,对其文化观的形成及表现的探究同样是一个必不可少的基础。因此,作者从宗教哲学观、女性观和审美观等角度分析了林氏文化观中的东西方文化的成因。由于在作者的思想观念与其作品之间,以及作品与作品之间都会形成广泛的互文关系,所以作者在这一部分里通过互文性的理论挖掘林氏的哲学思想、女性观和审美观等文化观成分在其作品中的体现,而这些体现也反过来印证了在林氏文化观中自我东方主义与东方文化情结的矛盾统一的存在形式。

在林氏东西方文化观探源的基础上,作者着手从文化角度分析和阐释其翻译中的文本选择、翻译策略以及翻译审美等方面的特征。译者的文化观会影响其翻译目的,而翻译目的进而会影响其翻译文本和翻译策略的选择以及对原文审美语言的再现方式。反之,翻译文本和翻译策略的选择又能折射出译者的翻译目的,进而体现出他的文化观。所以,作者将译本中出现的不同特点通过互文性理论与林氏的文化观联系起来,在林氏的东方文化情结和自我东方主义的文化观中找到其翻译文本中表现出来的各种现象及特征的合理解释。通过这个过程的研究作者也发现,林氏的自我东方主义与东方文化情结看似矛盾和对立,但在翻译中并不是各自孤立地发挥作用,而是相互交错,相互融合,既对立又统一地影响着林语堂的翻译过程,因而使得他的译本呈现出多姿多彩的表象特点。

10.2 本研究的价值与不足

相对于林语堂翻译的研究总体上角度较为单一、翻译素材范围较为有限的情况来说,本研究从林语堂的双重文化身份出发,收集了其大量汉英翻译以及英文创作方面的素材,从跨文化的视角观察其翻译,通过互文性理论将其所处的主客观文化环境及其复杂的文化观与其汉英翻译联系起来,在综合分析译者文化观的成因及其表现的基础上对其翻译文本中的特点进行了合理的阐释。独特的视角、严谨的分析、丰富的素材以及恰当的理论运用增强了本研究的说服力,同时也为林语堂的翻译研究提供了新的思路。具体来看,本研究的价值主要表现在以下几个方面。

首先,自上世纪 80 年代以来,对林语堂的生平、民族观、文学观、女性观、哲学观、宗教观等方面的研究日益丰富,同时对林语堂的翻译研究也得以不断发展。但总体上看来,林氏的翻译研究还存在着角度相对单一、研究范围过于局限、研究成果缺乏系统性等不足。本研究通过跨文化的视角,深入探讨了林氏文化观中自我东方主义与东方文化情结的矛盾统一的存在形态,并进而通过互文性理论将之与其汉英翻译研究结合起来,开辟出一条合理地解读林氏翻译的途径。从整体上看,本研究以跨文化作为切入点来探讨林语堂的汉英翻译,较为全面地梳理了其主观与客观的文化环境及对其文化观的影响,并总结出其文化观的具体表现;在综述了林氏的翻译理论并廓清其翻译文本特点的基础上,从文化角度对之进行解读,最终归结为译者的文化观与其翻译的关系上。这个研究框架结合了林语堂的思想体系研究与翻译研究,可以说是较为全面和合理的一个审视过程。

在素材的收集上,作者在该研究开始之前以及进行的过程中对林氏的汉英翻译文本做了大量的阅读和整理。这些翻译素材除了取自林语堂的汉英翻译文本,也包括取自其英文创作中明显带有汉英翻译痕迹的部分,因为这些语言现象与林氏的翻译语言一样,既能够体现译者的翻译思想,又能体现影响其翻译思想的文化背景因素。这些涉猎多种翻译文本和英语创作文本的素材都由作者独立整理,没有重复以往研究当中被反复引用的译例。相对于以往较为单薄的翻译素材,如《浮生六记》的译本,这些素材在研究论证过程中起到更有效的参考作用,也增强了论证的说服力,同时也为更深入地研究林氏的翻译提供了客观而可靠的依据。

在论述主题的过程中,该研究涉及多种相关的理论和概念,作者根据论证的需要对这些理论做了清晰的解释和灵活的运用,为更透彻地说明问题发挥了重要作用。首先,东方主义是与主题相关的关键概念之一。作者对其理论做了概括性的介绍,结合对林氏文化观的形成背景以及具体表现的探讨,引入了东方主义的引申概念"自我东方主义",使得该概念更为清晰地凸显出来,并且合理而有效地作用于对林氏文化观的阐释。在讨论林语堂的文化观的过程中,涉及的另一重要理论是互文性理论。译者的文化观与其创作之间、文化观与翻译思想之间,都存在着必然的互文关系。所以借助于该理论,作者从林氏的作品中发掘其文化观的表现,进而有力地印证了其特殊的文化观的存在与影响;而更为重要的是,互文性将林氏的文化观与其汉英翻译有机结合起来,为合理解读其翻译文本中的特征及其翻译思想开辟了一条合理的途径。此外,本书在透过文化的视角研究林氏的翻译过程中,还用到了翻译目的论以及文化移植所涉及的种种概念;在探讨林氏的翻译的审美体现时,用到了模糊语言的理论。对于这些理论,作者都采用了先解释理论概念,再将其与研究的实体相融合的方法,通过理论更好地阐释观点,又通过对实例的解读与理论相互呼应。这些理论的灵活运用拓展了不同理论与翻译研究相结合的途径,同时也有助于增强论证的严谨性以及说服力。

但是必须承认,由于作者的能力和精力有限,该研究还存在着明显的局限性。首先,该研究的目标仅限于林语堂的汉英翻译,而并未包括其英汉翻译。因为相对于其汉英翻译作品来说,林氏英译汉作品在数量上较少,而作者对其素材的收集也相对有限,不足以代表其英汉翻译的整体,因此只好放弃将英汉翻译纳入研究对象的打算。而对于从跨文化角度研究林语堂的翻译来说,从汉译英和英译汉两个方向的译本共同考察无疑更具说服力。所以,将林氏的英译汉纳入研究范围为本研究留下了进一步扩展的空间。

其次,由于本研究的对象是林语堂的文化观、翻译观和翻译文本特征,从大范畴上属于对翻译家的个例研究。林语堂作为个体的译者,其翻译过程所受到的客观的外部因素影响,如文化背景、时代背景以及政治、历史、文学环境等等,是可以从总体上把握和分析的;但是除了客观的外部因素之外,译者在翻译中必然还会受到一些不确定的内外主观因素的影响,如译者的情绪变化、特定时刻的思想波动或短时期内的外部环境的特殊化,等等不稳定的因素,都有可能对译者当时的翻译策略的选择产生影响,因而产生超出其翻译规律的现象。这类不稳定的因素对于研究者来说很难以把握或将之有效运用于其翻译体系中进行研究。正是由于该原因,作者无法做到对林语堂的所有翻译现象做完全客观的阐释。当然,对于任何一名译者来说,都无法避免影响其翻译过程的不确定因素的存在。由于这些因素难以衡量,这个缺憾也难免会出现在任何一个翻译家的个例研究当中。因此,作者对林语堂的翻译研究是在大的文化历史背景和个人思想体系的参照下,对其翻译中相对规律的现象进行梳理和并展开跨文化阐释的。

10.3　林语堂翻译研究的前景展望

任何一名翻译家的翻译思想及其表现出来的翻译特点都不是偶然

或孤立存在的。某些微观因素,如译者的兴趣、品味及其所受到的教育影响等,及宏观因素,如译者所处的时代背景、文化背景、意识形态以及政治经济环境等都会对其翻译思想产生影响。同时,随着翻译学科与文化、文学和语言学等学科的不断深入的交叉与结合,从多个视角来研究译者个例的可能性便大大地提高了。

对于林语堂来说,因为其特殊的文化身份,从译者的文化观探讨其翻译倾向自然是一个重要的研究途径,但是文化是一个覆盖面非常广泛的范畴,可以细分出多种不同的角度,如宗教、审美、女性观、民族观、语言观,等等。这些分支范畴都可以作为研究林语堂翻译的具体视角。而与其他学科,如语言学和文学进行交叉来分析林氏的翻译现象也同样不失为一种可行的研究途径。

另外,像林语堂一样具有东西方双重文化背景和文化身份的学者还有很多,如华裔美国作家汤亭亭(Maxine Hong Kingston)、谭恩美(Amy Tan)和熟知中国文化的美国作家赛珍珠(Pearl S. Buck),等等。如果将这一类翻译家和作家放到一起,对其具体的主观和客观的文化背景或语言运用作平行的或交叉的比较,在总结和分析其共性与个性的基础上,也同样可以凸显出林语堂表现在翻译上的个性特征。

就某一个特定的角度对林语堂的翻译进行更细化的研究也有助于深化研究层次。而在研究方法上,数据统计、问卷调查等辅助方式也可以作为操作性较强的研究方法的选择,并能够有效地提高研究的科学性。

总之,林语堂的翻译和创作为翻译研究提供了丰富的资源。在当前研究成果的基础上,翻译学者们只有不断地开辟新的研究视角,创新研究方法,才能够脱离原有研究模式的束缚,为林语堂的翻译研究注入新鲜的血液,也为翻译研究带来新的思路、引发更深的思考。

参考文献

Baker, Mona. *In Other Words: A Coursebook on Translation*. Beijing: Foreign Language Teaching and Research Press, 2000.

Baker, Mona. *Routledge Encyclopedia of Translation Studies*. Shanghai: Shanghai Foreign Language Press, 2004.

Bassnett, Susan. *Translation Studies*. London and New York: Routledge, 1991.

Bassnett, Susan & André Lefevere. General Editors' Preface. *Translation, Rewriting & Manipulation of Literary Fame*. London & New York: Routledge, 1992.

Bassnet, Susan & André Lefevere. *Construction Cultures—Essays on Literary Translation*. Shanghai: Shanghai Foreign Language Press, 2001.

Croll, Elisabeth. *Feminism and Socialism in China*. London: Routledge & Kegan Paul, 1978.

Even-Zohar, Itamar. *The Position of Translated Literature within the Literary Polysystem*. Poetics Today, 1990(5).

Hatim, Basil. *Communication across Cultures: Translation theory and Contrastive Text Linguistics*. Shanghai: Shanghai Foreign Language Education Press, 2001.

Hermans, Theo. Introduction: Translation Studies and a New Paradigm. Hermans, Theo. ed. *The Manipulation of Literary Translation*. London & Sydney: Croom Helm, 1985.

Hervey, Sándor & Ian Higgins. *Thinking Translation: A Course in Translation Method: French to English*. London: Routledge, 1992.

Kristeva, J. *Semeiotike. Recherches pour une sémananlyse*. Paris: Seuil (translated as *Desire in Language: A Semiotic Approach to Literature and Art*), edited by L. S. Roudiez, translated by A. Jardine, T. A. Gora and L. S. Roudiez. Oxford: Blackwell, 1969.

Lefevere, André. ed. *Translation/ History/ Culture— A Sourcebook*. Shanghai: Shanghai Foreign Language Education Press, 2004.

Lefevere, André. *Translation, Rewriting and the Manipulation of Literary Fame*. Shanghai: Shanghai Foreign Language Education Press, 2004.

Lin Yutung. *A Nun of Taishan and Other Translation*. Shanghai：The Commercial Press Limited, Shanghai, China, 1936.

Lin Yutung. *Between Tears and Laughter*. New York：John Day Company, 1943.

Lin Yutung. *Famous Chinese Short Stories*. New York：John Day Company, 1952.

Lin Yutung. *The Best of an Old Friend*. New York：Mason/Charter, 1975.

Lin Yutung. *The Chinese Theory of Art — Translations from the Masters of Chinese Art*. London：Panther Books, 1969.

Lin Yutung. *The Wisdom of Laotse*. London：Michael Joseph, 1958.

Lin Yutung. *The Wisdom of Confucius*. New York：Random House, 1943.

Nord, Christiane. *Translation as a Purposeful Activity — Functionalist Approaches Explained*. Shanghai：Shanghai Foreign Language Education Press, 2001.

Said, Edward. *Orientalism*. New York：Random House, 1978.

Shuttleworth, Mark & Moira Cowie 著, 谭载喜译. 翻译研究词典. 北京：外语教学与研究出版社, 2005.

Soguk, Nevsat. "Reflections on the 'Orientalised Orientals'". *Alternatives*, 1993(18).

Toury, Gideon. *Descriptive Translation Studies and Beyond*. Shanghai：Shanghai Foreign Language Press, 2001.

Venuti, Lawrence. *The Translator's Invisibility: A History of Translation*. London & New York：Routledge, 1995.

Wilss, Wolfram. *The Science of Translation — Problems and Methods*. Shanghai：Shanghai Foreign Language Education Press, 2001.

爱德华·W. 萨义德（Edward W. Said）著, 王宇根译. 东方学. 北京：三联书店, 1999.

巴尔胡达罗夫著, 蔡毅等编译. 语言与翻译. 北京：中国对外翻译出版公司, 1985.

陈爱敏. "东方主义"与美国华裔文学中的男性形象建构. 外国文学研究, 2004(6).

陈福康. 中国译学理论史稿. 上海：上海外语教育出版社, 2000.

陈复华. 古代汉语词典. 北京：商务印书馆, 1998.

陈家洋. 林语堂"对外讲中"透析. 华文文学, 2003(4).

陈荣东. 一篇不该忽视的译论——从《论翻译》一文看林语堂的翻译思想. 中国翻译, 1997(4).

陈旋波. 从林语堂到汤婷婷中心与边缘的文化叙事. 外国文学评论, 1995(4).

陈旋波. 论林语堂与佛学的关系. 齐鲁学刊, 2002(2).

程锡麟. 互文性理论概述. 外国文学, 1996(1).

丛郁. 后殖民主义·东方主义·文学批评——关于若干后殖民批评语汇的思考. 当代外国文学, 1995(1).

丛郁. 文学与霸权主义——萨伊德的文学的文化政治观照. 徐州大学学报（哲学社会

科学版),1995(1).
董大中.鲁迅与林语堂.石家庄:河北人民出版社,2003.
董史良.翻译的思维问题.中国翻译,1988(2).
杜承南,文军.中国当代翻译百论.重庆:重庆大学出版社,1994.
杜运通.伊甸园之歌——林语堂现象透视.开封:河南大学出版社,1997.
范若兰.近年我国关于宗教妇女观与妇女地位的评述.世界历史,1999(3).
方梦之.译论研究的综合性原则——译学方法论思考之一.中国翻译,1996(4).
冯庆华(主编).文体翻译论.上海:上海外语教育出版社,2002.
冯羽.林语堂与中国闽南基督教.世界华文文学论坛,2001(4).
福柯.权力的眼睛——福柯访谈录.上海:上海人民出版社,1997.
高健.近年来林语堂作品重刊本中的编选,文本及其他问题.山西大学学报(哲学社会科学版),1994(4).
高鸿著.跨文化的中国叙事——以赛珍珠、林语堂、汤亭亭为中心的讨论.上海:三联出版社,2005.
辜鸿铭著,陈高华译.中国人的精神.西安:陕西师范大学出版社,2006.
顾卫民.基督教与近代中国社会.上海:上海人民出版社,1996.
郭著章.翻译名家研究.武汉:湖北教育出版社,1999.
洪治纲(主编).林语堂经典文存.上海:上海大学出版社,2004.
胡勇.文化资源与文学阐释——试论美国华裔文学的中西文化利用范式.世界华文文学论坛,2002(4).
贾岩.基督精神与林语堂的人生追求.东方论坛,2002(6).
老子著,Arthur Waley 译.道德经.北京:外语教学与研究出版社,1999.
李里峰."东方主义"与自我认同——梁启超中西文化观的再阐释.福建论坛(人文社会科学版),2005(1).
李少君(编).速读中国现当代文学大师与名家丛书——林语堂卷.北京:蓝天出版社,2003.
林语堂.生活的艺术.北京:外语教学与研究出版社,1998.
林语堂.八十自叙.北京:宝文堂书店,1990.
林语堂.成功之路.长春:东北师范大学出版社,1994.
林语堂.当代汉英词典.香港:香港中文大学出版部,1972.
林语堂.风声鹤唳.长春:东北师范大学出版社,1994.
林语堂.讽颂集.长春:东北师范大学出版社,1994.
林语堂.红牡丹.长春:东北师范大学出版社,1994.
林语堂.辉煌的北京.长春:东北师范大学出版社,1994.
林语堂.翦拂集.大荒集.长春:东北师范大学出版社,1994.
林语堂.京华烟云(上).长春:东北师范大学出版社,1994.
林语堂.京华烟云(下).长春:东北师范大学出版社,1994.

林语堂.京华烟云.北京：外语教学与研究出版社,1998.
林语堂.京华烟云.西安：陕西师范大学出版社,2002.
林语堂.孔子的智慧.长春：东北师范大学出版社,1994.
林语堂.赖柏英.长春：东北师范大学出版社,1994.
林语堂.老子的智慧.长春：东北师范大学出版社,1994.
林语堂.林语堂传.长春：东北师范大学出版社,1994.
林语堂.林语堂评说中国文化（第一集：1930—1932）.北京：中共中央党校出版社,2001.
林语堂.林语堂评说中国文化（第二集：1933—1935）.北京：中共中央党校出版社,2001.
林语堂.林语堂自传.从异教徒到基督徒.八十自叙.长春：东北师范大学出版社,1994.
林语堂.论译诗.翻译纵横谈.香港：香港辰卫图书出版公司,1969.
林语堂.女子与知识.易卜生评传.卖花女.新的文评.长春：东北师范大学出版社,1994.
林语堂.平心论高鹗.长春：东北师范大学出版社,1994.
林语堂.奇岛.长春：东北师范大学出版社,1994.
林语堂.生活的艺术.长春：东北师范大学出版社,1994.
林语堂.拾遗集(上).长春：东北师范大学出版社,1994.
林语堂.拾遗集(下).长春：东北师范大学出版社,1994.
林语堂.苏东坡传.长春：东北师范大学出版社,1994.
林语堂.唐人街.长春：东北师范大学出版社,1994.
林语堂.啼笑皆非.长春：东北师范大学出版社,1994.
林语堂.啼笑皆非.重庆：商务印书馆,1945.
林语堂.无所不谈合集.长春：东北师范大学出版社,1994.
林语堂.吾国与吾民.北京：外语教学与研究出版社,2000.
林语堂.吾国与吾民.长春：东北师范大学出版社,1994.
林语堂.吾家.长春：东北师范大学出版社,1994.
林语堂.武则天传.长春：东北师范大学出版社,1994.
林语堂.行素集.披荆集.长春：东北师范大学出版社,1994.
林语堂.幽默人生.西安：陕西师范大学出版社,2004.
林语堂.语言学论丛.长春：东北师范大学出版社,1994.
林语堂.中国传奇.长春：东北师范大学出版社,1994.
林语堂.朱门.长春：东北师范大学出版社,1994.
林语堂译,埃弗雷特·威廉·劳德著.怎样训练你自己.西安：陕西师范大学出版社,2004.
林语堂译,罗杰·马尔腾著.成功之路.西安：陕西师范大学出版社,2003.

林语堂译.板桥家书.天津：百花文艺出版社,2002.
林语堂译.不亦快哉.天津：百花文艺出版社,2002.
林语堂译.东坡诗文选.天津：百花文艺出版社,2002.
林语堂译.浮生六记.北京：外语教学与研究出版社,1999.
林语堂译.记旧历除夕.天津：百花文艺出版社,2002.
林语堂译.冥寥子游.天津：百花文艺出版社,2002.
林语堂译.西湖七月半.天津：百花文艺出版社,2002.
林语堂译.扬州瘦马.天津：百花文艺出版社,2002.
林语堂译.幽梦影.天津：百花文艺出版社,2002.
林语堂著,刘启升译.美国的智慧.西安：陕西师范大学出版社,2005.
林语堂著,徐诚斌译.啼笑皆非.西安：陕西师范大学出版社,2004.
林语堂著,越裔汉译.生活的艺术.西安：陕西师范大学出版社,2003.
林语堂著,张振玉译.京华烟云.西安：陕西师范大学出版社,2004.
林语堂著,张振玉译.吾国与吾民.北京：作家出版社,1996.
刘宓庆.现代翻译理论.南昌：江西教育出版社,1989.
刘炎生.林语堂评传.天津：百花文艺出版社,1997.
罗世平.东方主义与西方主义比较研究.学术论坛,2003(5).
马佳.十字架下的徘徊.上海：学林出版社,1995.
敏米.殖民者与受殖者.文化/社会研究译丛编委会.解殖与民族主义.香港：牛津大学出版社,1998.
齐亚乌丁·萨达尔著,马雪峰,苏敏译.东方主义.长春：吉林人民出版社,2005.
秦文华.翻译研究的互文性视角.上海：上海译文出版社,2006.
赛义德.〈东方主义〉导言.赛义德自选集.中国社会科学出版社,1999.
沈复.浮生六记.北京：外语教学与研究出版社,1999.
施建伟.林语堂：幽默情结和幽默观.同济大学学报（人文·社会科学版）,1997(2).
施建伟.林语堂传.北京：北京十月文艺出版社,1999.
施建伟.林语堂研究论集.上海：同济大学出版社,1997.
施建伟.林语堂在海外.天津：百花文艺出版社,1992.
施建伟.幽默大师林语堂.上海：上海书店出版社,1999.
施建伟.幽默大师——名人笔下的林语堂,林语堂笔下的名人.上海：东方出版中心,1998.
施萍.林语堂：文化转型的人格符号.北京：北京大学出版社,2005.
史景迁著.廖世奇,彭小樵译.文化类同与文化利用——世界文化总体对话中的中国形象.北京：北京大学出版社,1990.
宋兴无."西方主义者"的误区.新加坡：联合早报,2002/05/27/28.
孙艺风.视角　阐释　文化——文学翻译与翻译理论.北京：清华大学出版社,2004.
孙致礼.中国的文学翻译：从归化趋向异化.中国翻译,2002(1).

汤成雄.翻译三题.杜承南,文军.中国当代翻译百论.重庆:重庆大学出版社,1994.
田艳.冗余信息与增译和省译.中国翻译,2001(5).
万平近.林语堂论.西安:陕西人民出版社,1987.
万平近. 林语堂论中西文化.上海:上海社会科学院出版社,1989.
王本朝.传统文化与基督教的相遇与交战——林语堂与基督教关系的文化阐释.重庆工学院学报,2005(2).
王东风.文化缺省与翻译补偿.郭建中.文化与翻译.北京:中国对外翻译出版公司,2000.
王东风.翻译文学的文化地位与译者的文化态度.中国翻译,2000(4).
王建开.五四以来我国英美文学作品译介史(1919—1949).上海:上海外语教育出版社,2003.
王宁.东方主义反思.外国文学,1996(5).
王宁.文化相对主义、文化多元主义和比较文学东方学派的崛起——兼评亨廷顿《文明的冲突》.北京大学学报,1994(5).
王宁.文化研究的历史与现状:西方与中国.文化研究.天津:天津社会科学出版社,2000.
王岳川.后殖民与新历史主义文论.济南:山东教育出版社,1999.
王兆胜(主编).解读林语堂经典——风行水上的潇洒.石家庄:花山文艺出版社,2005.
王兆胜.林语堂 两脚踏东西文化.北京:文津出版社,2005.
王兆胜.林语堂大传.北京:作家出版社,2006.
王兆胜.林语堂的文化选择.台北:秀威资讯科技股份有限公司,2004.
王正仁,高健.林语堂前期中文作品与其英文原本的关系.外国语,1995(5).
王忠亮.关于文学翻译中的注释问题.外语学刊,1991(2).
王佐良.翻译:思考与试笔.北京:外语教学与研究出版社,1989.
吴玲玲,李丹.林语堂英文作品翻译之特点.北京第二外国语学院学报,2004(2).
武景全.翻译心理研究:目的、课题、方法.上海科技翻译,1999(2).
萧南.衔着烟斗的林语堂.成都:四川文艺出版社,1995.
谢天振.译介学.上海:上海外语教育出版社,1998.
许渊冲.文学语翻译.北京:北京大学出版社,2003.
杨柳.林语堂翻译研究——审美现代性透视.长沙:湖南人民出版社,2005.
杨武能.尴尬与自如 傲慢与自卑——文学翻译家心理人格漫说.杜承南,文军.中国当代翻译百论.重庆:重庆大学出版社,1994.
杨自俭.翻译新论.武汉:湖北教育出版社,1994.
于琦.东方主义之后——论赛义德消除文化霸权的话语革命策略.重庆师院学报(哲学社会科学版),2002(4).
张京媛(编).后殖民理论与文化批评.北京:北京大学出版社,1999.

张宽.萨伊德的"东方主义"与西方的汉学研究.瞭望,1995(27).
张兴成.文化发展与中国形象.人民日报,2003/06/10.
赵文书.华裔美国的文学创新与中国的文化传统.外国文学研究,2003(3).
赵毅衡.林语堂与诺贝尔奖.中华读书报,2000/03/12.
周方珠.翻译多元论.北京:中国对外翻译出版公司,2004.
周仕宝.林语堂的翻译观.外语学刊,2004(2).
朱丽.西方视野下的东方——谈谈萨义德的《东方主义》.成都理工大学学报(社会科学版),2003(1).
子通(主编).林语堂评说七十年.北京:中国华侨出版社,2003.
http://www.amtb-la.org/jingtuxiaocidian/biqiu.htm.
http://www.fli.com.cn/lyt.htm.

附 录

林语堂汉文英译鉴赏

1.《葬花诗》

原　文	林语堂译文
黛玉葬花诗 曹雪芹	**Taiyu Predicting Her Own Death** Tsao Shuehchin
花谢花飞飞满天,红消香断有谁怜? 游丝软系飘春榭,落絮轻沾扑绣帘。	FLY, FLY, ye faded and broken dreams 　　Of fragrance, for the spring is gone! Behold the gossamer entwine the screens, 　　And wandering catkins kiss the stone.
闺中女儿惜春暮,愁绪满怀无著处。 手把花锄出绣帘,忍踏落花来复去?	Here comes the maiden from out her chamber door, 　　Whose secret no one shall share. She gathers the trodden blossoms lingeringly, 　　And says to them her votive prayer.
柳丝榆荚自芳菲,不管桃飘与李飞。 桃李明年能再发,明年闺中知有谁?	I smell the scent of elm seeds and the willow 　　Where once did blush the peach and pear. When next they bloom in their new-made spring dress, 　　She may be gone——no one knows where.
三月香巢初垒成,梁间燕子太无情。 明年花发虽可啄,却不道,人去梁空巢已倾。	Sweet are the swallows' nests, whose labors of love 　　This spring these eaves and girders grace. Next year they'll come and see the mistress's home 　　To find her gone-without a trace.
一年三百六十日,风刀霜剑严相逼。 明媚鲜妍能几时?一朝飘泊难寻觅。	The frost and cutting wind in whirling cycle 　　Hurtle through the season's round. How but a while ago these flowers did smile 　　Then quietly vanished without a sound.

续 表

原　文	林语堂译文
黛玉葬花诗 曹雪芹	**Taiyu Predicting Her Own Death** Tsao Shuehchin
花开易见落难寻，阶前愁杀葬花人。 独把花锄偷洒泪，洒上空枝见血痕。	With stifled sobs she picks the wilted blooms, 　　And stands transfixed and dazed hourlong, 　　And sheds her scalding tears which shall be changed 　　Into the cuckoo's heartbreak song.
杜鹃无语正黄昏，荷锄归去掩重门。 青灯照壁人初睡，冷雨敲窗被未温。	But the cuckoo is silent in the twilight eve, 　　And she returns to her lone home. 　　The flickering lamp casts shadows upon the wall, 　　And night rain patters, bed unwarmed.
怪侬底事倍伤神？半为怜春半恼春： 怜春忽至恼忽去，至又无言去不闻。	Oh, ask not why and wherefore she is grieved. 　　For loving spring, her heart is torn 　　That it should have arrived without warning, 　　And just as noiselessly is gone.
昨宵庭外悲歌发，知是花魂与鸟魂？ 花魂鸟魂总难留，鸟自无言花自羞。	I heard last night a mournful wail and I knew 　　It was the souls of parting flowers, 　　Harried and reluctant and all in a rush, 　　Bidding their last farewell hours.
愿侬此日生双翼，随花飞到天尽头。 〔天尽头，何处有香丘？〕 未若锦囊收艳骨，〔一抔净土掩风流。 质本洁来还洁去，〕①不教污淖陷渠沟。	Oh, that I might take winged flight to heaven, 　　With these beauties in my trust! 　　'Twere better I buried you undefiled, 　　Than let them trample you to dust.
尔今死去侬收葬，未卜侬身何日丧？ 侬今葬花人笑痴，他年葬侬知是谁？	Now I take the shovel and bury your scented breath, 　　A-wondering when my turn shall be. Let me be silly and weep atop your grave, 　　For the next year who will bury me?
试看春残花渐落，便是红颜老死时。 一朝春尽红颜老，花落人亡两不知！	Oh, look upon these tender, fragile beauties, 　　Of perfumed flesh and bone and hair. The admirer shan't be there when her time is up, 　　And the admired shall no longer care!

① 两处括号内的诗句均未英译。

2.《声声慢》

原　文	林语堂译文
声声慢 李易安	**Forlorn** Li Yi-an
寻寻觅觅，冷冷清清，凄凄惨惨戚戚，	So dim, so dark, 　So dense, so dull, 　　So damp, so dank, 　　　So dead!
乍暖还寒时候，最难将息，	The weather, now warm, now cold, 　Makes it harder 　　Than ever to forget!
三杯两盏淡酒，怎敌他，晚风来急。	How can a few cups of thin wine Bring warmth against 　The chilly winds of sunset?
雁过也，正伤心，却是旧时相识。	I recognize the geese flying overhead: 　My old friends, 　　Bring not the old memories back!
满地黄花堆积，憔悴损，如今有谁堪摘。	Let fallen flowers lie where they fall. 　To what purpose 　　And for whom should I decorate?
守着窗儿，独自怎生得黑？	Be the window shut, 　Guarding it along, 　　To see the sky has turned so black!
梧桐更兼细雨，到黄昏，点点滴滴，	And the drizzle on the kola nut 　Keeps on droning: 　　Pit-a — pat, pit — a-pat!
这次第，怎一个，愁字了得。	Is this the kind of mood and moment 　To be expressed 　　By one word "sad"?

3.《归去来辞》

原　　文	林语堂译文
归去来辞 陶渊明	**Ah, Homeward Bound I Go!** Tao Yuanming
归去来兮！田园将芜，胡不归？既自以心为形役；奚惆怅而独悲？	Ah, homeward I go! Why not go home, seeing that my field and garden with weeds are overgrown? Myself have made my soul serf to my body : why have vain regrets and mourn alone?
悟以往之不谏，知来者之可追。实迷途其未远，觉今是而昨非。	Fret not over bygones and the forward journey take. Only a short distance have gone astray, and I know today I am right, if yesterday was a complete mistake.
舟摇摇以轻飏，风飘飘而吹衣。问征夫以前路，恨晨光之熹微。	Lightly floats and drifts the boat, and the wind gently flows and flaps my gown. I inquire the road of a wayfarer, and sulk at the dimness of dawn.
乃瞻衡宇，载欣载奔。僮仆欢迎，稚子候门。	Then when I catch sight of my old roofs, joy will my steps quicken. Servants will be there to bid me welcome, and waiting at the door are the greeting children.
三径就荒，松菊犹存。携幼入室，有酒盈樽。	Gone to seed, perhaps, are my garden paths, but there will still be the chrysanthemums and the pines! I shall lead the youngest boy in by the hand, and on the table there stands a cup full of wine!
引壶觞以自酌，眄庭柯以怡颜。倚南窗以寄傲，审容膝之易安。	Holding the pot and cup, I give myself a drink, happy to see in the courtyard the hanging bough. I lean upon the southern window with an immense satisfaction, and note that the little place is cosy enough to walk around.
园日涉以成趣，门虽设而常关。策扶老以流憩，时矫首而遐观。	The garden grows more familiar and interesting with the daily walks. What if no one knocks at the always closed door! Carrying a cane I wander at peace, and now and then look aloft to gaze at the blue above.
云无心以出岫，鸟倦飞而知还。景翳翳以将入，抚孤松而盘桓。	There the clouds idle away from their mountain recesses without any intent or purpose, and birds, when tired of their wandering flights, will think of home. Darkly then fall the shadows and, ready to come home, I yet fondle the lonely pines and loiter around.

续 表

原 文	林语堂译文
归去来辞 陶渊明	**Ah, Homeward Bound I Go!** Tao Yuanming
归去来兮,请息交以绝游。世与我而相违,复驾言兮焉求?	Ah, homeward bound I go! Let me from now on learn to live alone! The world and I are not made for one another, and why drive round like one looking for what he has not found?
悦亲戚之情话,乐琴书以消忧。农人告余以春及,将有事于西畴。	Content shall I be with conversations with my own kin, and there will be music and books to while away the hours. The farmers will come and tell me that spring is here and there will be work to do at the western farm.
或命巾车,或棹孤舟。既窈窕以寻壑,亦崎岖而经邱。	Some order covered wagons; some row in small boats. Sometimes we explore quiet, unknown ponds, and sometimes we climb over steep, rugged mounds.
木欣欣以向荣,泉涓涓而始流。善万物之得时,感吾生之行休。	There the trees, happy of heart, grow marvelously green, and spring water gushes forth with a gurgling sound. I admire how things grow and prosper according to their seasons, and feel that thus, too, shall my life go its round.
已矣乎,寓形宇内复几时,曷不委心任去留。胡为乎遑遑兮欲何之?	Enough! How long yet shall I this mortal shape keep? Why not take life as it comes, and why hustle and bustle like one on an errand bound?
富贵非吾愿,帝乡不可期。怀良辰以孤往,或植杖而耘耔。	Wealth and power are not my ambitions, and unattainable is the abode of the gods! I would go forth alone on a bright morning, or perhaps, planting my cane, begin to pluck the weeds and till the ground.
登东皋以舒啸,临清流而赋诗。聊乘化以归尽,乐夫天命复奚疑。	Or I would compose a poem beside a clear stream, or perhaps go up to Tungkao and make a long-drawn call on top of the hill. So would I be content to live and die, and without questionings of the heart, gladly accept Heaven's will.

4.《上神宗皇帝万言书》(节选)
苏东坡

原文:

《书》曰:"予临兆民,凛乎若朽索之御六马",言天下莫危于人主也。聚则为君民,散则为仇雠,聚散之间,不容毫厘。故天下归往谓之王,人各有心谓之独夫。由此观之,人主之所恃者,人心而已。人心之于人主也,如木之有根,如灯之有膏,如鱼之有水,如农夫之有田,如商贾之有财。木无根则槁,灯无膏则灭,鱼无水则死,农无田则饥,商贾无财则贫,人主失人心则亡。此理之必然,不可逭之灾也。其为可畏,从古已然。

陛下与二三大臣,亦闻其语矣。然而莫之顾者,徒曰:"我无其事,又无其意,何恤于人言?"夫人言虽未必皆然,而疑似则有以致谤。人必贪财也,而后人疑其盗。人必好色也,而后人疑其淫……夫制置三司条例司,求利之名也。六七少年与使者四十馀辈,求利之器也。驱鹰犬而赴林薮,语人曰:"我非猎也",不如放鹰犬而兽自驯。操罔罟而入江湖,语人曰:"我非渔也",不如捐罔罟而人自信。……

古者建国,使内外相制,轻重相权,如周,如唐,则外重而内轻。如秦,如魏,则外轻而内重,内重之末,必有奸臣指鹿之患。外重之弊,必有大国问鼎之忧。圣人方盛而虑衰,常先立法以救弊,……以古揆今,则似内重。恭惟祖宗所以深计而预虑,固非小臣所能臆度而周知,然其委任台谏之一端,则是圣人过防之至计。……而自建隆以来,未尝罪一言者,……风采所系,不问尊卑,言及乘舆则天子改容,事关廊庙则宰相待罪。故仁宗之世,议者讥宰相,但奉行台谏风旨而已。

圣人深意,流俗岂知,盖擢用台谏,未必皆贤,所言亦未必皆是,然须养其锐气,而借之重权者,岂徒然哉。将以折奸臣之萌,而救内重之弊也。夫奸臣之始,以台谏折之而有馀,及其既成,以干戈取之而不足,……陛下得不上念祖宗设此官之意,下为子孙立万世之防,朝廷纪纲,孰大於此。

臣自幼小所记,及闻长老之谈,皆谓台谏所言,常随天下公议,公议所与,台谏亦与之,公议所击,台谏亦击之,……今者物论沸腾,怨讟交至,公议所在,亦可知矣。……夫弹劾积威之后,虽庸人亦可奋扬风采,消委之馀,虽豪杰有所不能振起。臣恐自兹以往,习惯成风,尽为执政私人,以致人主孤立。纪纲一废,何事不生。……是以知为国者,平居必有亡躯犯颜之士,则临难庶几有徇义守死之臣。若平居尚不能一言,则临难何以责其死节?

……故孙宝有言:"周公上圣,召公大贤,犹不相悦,著於经典,两不相损。"晋之王导,可谓元臣,每与客言,举坐称善,而王述不悦,以为"人非尧舜,安得每事尽善",导亦敛袵谢之。若使言无不同,意无不合,更唱迭和,何者非贤,万一有小人居其间,则人主何缘得知觉。

林语堂译文：

Memorial to His Majesty Emperor Shentsung (excerpt)
Su Tungpo

  It is said in the *Book of History*, "In ruling over the people, I feel as if holding six horses with worn-out reins." This means that no one in the nation is in a more precarious position than the emperor himself. When the emperor and the people come together, they are ruler and subjects; when they detest each other, they become foes. But the line of division, determining whether the people go with the ruler or against him, is extremely tenuous. He who is able to command the support the millions becomes a king, while he who alienates their support becomes a solitary private individual. The basis of the ruler's power lies, therefore, entirely in the support of the people in their hearts. The relation of the people's support to the ruler may be likened to that of the roots to a tree, oil to the lamp, water to the fish, rice fields to the farmer, and capital to the businessman. A tree dries up when its roots are cut; the lamp goes out when the oil is gone; fish die when they leave the water; farmers starve when deprived of their rice fields, and merchants go bankrupt when they have no more capital. And when an emperor loses the support of the people, it spells his ruin. This is an inexorable law from whose consequences no ruler can hope to escape. From ancient times such has been, always, the danger confronting a ruler...

  Even Your Majesty and the few ministers close to you have heard of these rumors. You have disregarded them by saying, "Why should I worry about these rumors when there is no basis for them?" while it is true that such rumors may not all be correct, yet they must have sprung up for good reasons. A man must be greedy before he is accused of being a thief, and a man must be loose in his morals before he is accused of immorality with women ... You have established the bureau of economic planning which is for the purpose of securing revenue. You have sent out over forty tax commissioners, whose evident objective can only be to raise money for the government. It is useless for a man to ride out to the forests with a pack of greyhounds and announce to the world, "I am not going hunting", or for a man to go with a fish net to the lakes and declare, "I am not going fishing." It would be much better to stop the rumors by throwing away the fish nets and sending home the hunting dogs...

From a study of the government systems of the ancient times, we see that there was always the question of balance of power between the central and the provincial governments. In the Chou and Tang dynasties the system inclined toward decentralization, while in the Chin and Wei it inclined toward centralization. The result of over-centralization was that a few corrupt men close to the court were able to make the emperor their tool for power, while the result of over decentralization was that the provincial government became too powerful and sometimes raised the banner of rebellion. A great statesman shows foresight by providing against the cause of corruption and decay while a country is yet at its height of prosperity... In comparison with the other dynasties, it [the present dynasty] may be described as inclining toward a centralized system of government. I do not presume to know what the founders of this dynasty, the Imperial Ancestors, had in mind as the means to check the dangers of over-centralization. But it seems to me the establishment of the Imperial Censorate was meant as such a safeguard... Since the founding of the Sung house, never has an official censor been severely punished... Where an important matter of government was concerned, a censor would speak up and it did not matter what rank the person concerned held. If it concerned the personal character and morals of the emperor, he always listened with attentive respect; if it concerned important government polices, the cabinet ministers held themselves ready for questioning. This was carried out to such an extent in the regime of Jentsung that it was derisively said of the cabinet ministers of the time that they were merely servants of the censorate carrying out their orders.

Now there is a deep purpose in the establishment of the system of the censorate, of which people are not usually aware. It is true that the censors may not all be wise and what suggest may not be always right, but it is of the greatest importance that these critics should be given complete freedom and great responsibility, not merely as a matter of form, but for the very definite purpose of checking the rise of selfish men to power and of safeguarding against the danger always inherent in a strongly centralized government. Before a bad minister comes into power, it is a comparatively easy thing for the censors to stop him, but after

207

he is entrenched in his position, it may take an army to overthrow him, and then it may not always succeed... I hope Your Majesty will ponder deeply the purpose and meaning of this institution of government critics, and keep it alive for the protection of Your Imperial Descendants. There is in my mind nothing more important than maintaining the proper functioning of the government than this institution.

What I have memorized since childhood and what I have heard from the elders agree that the censors always reflected faithfully the public opinion of the country; what the public praised, the censors also praised, and what the public disliked, the censors condemned... Now the country is in an uproar and grumblings are heard on every side; it should not be difficult for Your Majesty to gauge what the state of public opinion is like.

... It appears to me that when the atmosphere for free criticism prevails, even mediocre people will be encouraged to speak up; but when such freedom is destroyed, even the best people will be inclined to hold their tongues. I fear that from now on the pattern may be set and the censors will become no more than the flunkies of the cabinet ministers, with the result that the Emperor will stand in complete isolation from his people. Once the system has been destroyed, anything may happen... One cannot, furthermore, escape the conclusion that when there are no fearless critics of the government in times of peace, there will also be no national heroes willing to die for the country in times of trouble. If you do not permit your people even to put in a word of criticism, how do you expect them to die for the country when trouble comes?

... Sun Pao has well said, "The Duke of Chou was a great sage and the Duke of Shao was a great genius, and yet history records they seldom agreed with one another at court." There was, too, Wang Tao of the Chin dynasty, who may be considered truly a great minister. But when at dinner the guests approved of whatever he said, Whang Shu was displeased. "No one is a sage; you cannot always be right," said Wang Shu, and the minister thanked him for the advice. If Your Majesty wants everybody to think the same thought and express the same opinion and the whole court to sing the same tune; everybody can do it. But should there be in the government unprincipled men serving along with the rest, how will Your Majesty expect every to find it out?